चर्चित एवं लोकप्रिय कहानियाँ
"रविन्द्रनाथ टैगोर"

चर्चित एवं लोकप्रिय कहानियाँ
"रविन्द्रनाथ टैगोर"

रविन्द्रनाथ टैगोर

प्रशान्त बुक डिस्ट्रीब्यूटर
दिल्ली-110002

रविन्द्रनाथ टैगोर

प्रकाशक	:	**प्रशान्त बुक डिस्ट्रीब्यूटर** रूम नं. 213, 7/28, महावीर स्ट्रीट, अंसारी रोड, दरियागंज, नई दिल्ली-110002
Email Id	:	prashantpbd@yahoo.co.in
दूरभाष	:	011-43586184 मो. 9811734184
प्रथम संस्करण	:	2024
ISBN	:	978-93--83963-36-2
मूल्य	:	550/-

अनुक्रम

प्रस्तावना v

1. अन्तिम प्यार 1
2. अनमोल भेंट 13
3. अनाथ 19
4. अपरिचिता 31
5. अवगुंठन 45
6. कंचन 53
7. कवि और कविता 59
8. कवि का हृदय 64
9. काबुलीवाला 67
10. खोया हुआ मोती 76
11. गूंगी 92
12. धन की भेंट 100
13. नई रोशनी 112
14. पत्नी का पत्र 119
15. प्रेम का मूल्य 134
16. पाषाणी 139

17. पिंजर 158
18. भिखारिन 165
19. यह स्वतन्त्रता 171
20. विदा 176
21. समाज का शिकार 190
22. सीमान्त 194
23. विद्रोही 211

1

अन्तिम प्यार

आर्ट स्कूल के प्रोफेसर मनमोहन बाबू घर पर बैठे मित्रों के साथ मनोरंजन कर रहे थे, ठीक उसी समय योगेश बाबू ने कमरे में प्रवेश किया।

योगेश बाबू अच्छे चित्रकार थे, उन्होंने अभी थोड़े समय पूर्व ही स्कूल छोड़ा था। उन्हें देखकर एक व्यक्ति ने कहा-योगेश बाबू! नरेन्द्र क्या कहता है, आपने सुना कुछ?

योगेश बाबू ने आराम-कुर्सी पर बैठकर पहले तो एक लम्बी सांस ली, पश्चात् बोले-क्या कहता है?

नरेन्द्र कहता है- बंग-प्रान्त में उसकी कोटि का कोई भी चित्रकार इस समय नहीं है।

ठीक है, अभी कल का छोकरा है न। हम लोग तो जैसे आज तक घास छीलते रहे हैं। झुंझलाकर योगेश बाबू ने कहा।

जो लड़का बातें कर रहा था, उसने कहा-केवल यही नहीं, नरेन्द्र आपको भी सम्मान की दृष्टि से नहीं देखता।

योगेश बाबू ने उपेक्षित भाव से कहा-क्यों, कोई अपराध!

वह कहता है आप आदर्श का ध्यान रखकर चित्र नहीं बनाते।

तो किस दृष्टिकोण से बनाता हूं?

दृष्टिकोण

रुपये के लिए।

योगेश ने एक आंख बन्द करके कहा-व्यर्थ! फिर आवेश में कान के पास से अपने अस्त-व्यस्त बालों की ठीक कर बहुत देर तक मौन बैठा रहा। चीन का जो सबसे बड़ा चित्रकार हुआ है उसके बाल भी बहुत बड़े थे। यही कारण था कि योगेश ने भी स्वभाव-विरुद्ध सिर पर लम्बे-लम्बे बाल रखे हुए थे। ये बाल उसके मुख पर बिल्कुल नहीं भाते थे। क्योंकि बचपन में एक बार चेचक के आक्रमण से उनके प्राण तो बच गये थे। किन्तु मुख बहुत कुरूप हो गया था। एक तो स्याम-वर्ण, दूसरे चेचक के दाग। चेहरा देखकर सहसा यही जान पड़ता था, मानो किसी ने बन्दूक में छर्रे भरकर लिबलिबी दाब दी हो।

कमरे में जो लड़के बैठे थे, योगेश बाबू को क्रोधित देखकर उसके सामने ही मुंह बन्द करके हंस रहे थे।

सहसा वह हंसी योगेश बाबू ने भी देख ली, क्रोधित स्वर में बोले-तुम लोग हंस रहे हो, क्यों?

एक लड़के ने चाटुकारिता से जल्दी-जल्दी कहा-नहीं महाशय! आपको क्रोध आये और हम लोग हंसे, यह भला कभी सम्भव हो सकता है?

ऊंह! मैं समझ गया, अब अधिक चातुर्य की आवश्यकता नहीं। क्या तुम लोग यह कहना चाहते हो कि अब तक तुम सब दांत निकालकर रो रहे थे, मैं ऐसा मूर्ख नहीं हूं? यह कहकर उन्होंने आंखें बन्द कर ली।

लड़कों ने किसी प्रकार हंसी रोककर कहा-चलिए यों ही सही, हम हंसते ही थे और रोते भी क्यों? पर हम नरेन्द्र के पागलपन को सोचकर हंसते थे। वह देखो मास्टर साहब के साथ नरेन्द्र भी आ रहा है।

मास्टर साहब के साथ-साथ नरेन्द्र भी कमरे में आ गया।

योगेश ने एक बार नरेन्द्र की ओर वक्र दृष्टि से देखकर मनमोहन बाबू से कहा-महाशय! नरेन्द्र मेरे विषय में क्या कहता है?

मनमोहन बाबू जानते थे कि उन दोनों की लगती है। दो पाषाण जब परस्पर टकराते हैं तो अग्नि उत्पन्न हो ही जाती है। अतएव वह बात को संभालते, मुस्कराते-से बोले-योगेश बाबू, नरेन्द्र क्या कहता है?

नरेन्द्र कहता है कि मैं रुपये के दृष्टिकोण से चित्र बनाता हूं। मेरा कोई आदर्श नहीं है?

मनमोहन बाबू ने पूछा- क्यों नरेन्द्र?

नरेन्द्र अब तक मौन खड़ा था, अब किसी प्रकार आगे आकर बोला-हां कहता हूं, मेरी यही सम्मति है।'

योगेश बाबू ने मुंह बनाकर कहा- बड़े सम्मति देने वाले आये। छोटे मुंह बड़ी बात। अभी कल का छोकरा और इतनी बड़ी-बड़ी बातें।

मनमोहन बाबू ने कहा-योगेश बाबू जाने दीजिए, नरेन्द्र अभी बच्चा है, और बात भी साधारण है। इस पर वाद-विवाद की क्या आवश्यकता है?

योगेश बाबू उसी तरह आवेश में बोले-बच्चा है। नरेन्द्र बच्चा है। जिसके मुंह पर इतनी बड़ी-बड़ी मूंछें हों, वह यदि बच्चा है तो बूढ़ा क्या होगा? मनमोहन बाबू! आप क्या कहते हैं?

एक विद्यार्थी ने कहा-महाशय, अभी जरा देर पहले तो आपने उसे कल का छोकरा बताया था।

योगेश बाबू का मुख क्रोध से लाल हो गया, बोले-कब कहा था?

अभी इससे जरा देर पहले।श

झूठ! बिल्कुल झूठ!! जिसकी इतनी बड़ी-बड़ी मूंछें हैं उसे छोकरा कहूं, असम्भव है। क्या तुम लोग यह कहना चाहते हो कि मैं बिल्कुल मूर्ख हूं।

सब लड़के एक स्वर से बोले-नहीं, महाशय! ऐसी बात हम भूलकर भी जिह्वा पर नहीं ला सकते।

मनमोहन बाबू किसी प्रकार हंसी को रोककर बोले- चुप-चुप! गोलमाल न करो।

योगेश बाबू ने कहा- हां नरेन्द्र! तुम यह कहते हो कि बंग-प्रान्त में तुम्हारी टक्कर का कोई चित्रकार नहीं है।

नरेन्द्र ने कहा-आपने कैसे जाना?

तुम्हारे मित्रों ने कहा।

मैं यह नहीं कहता। तब भी इतना अवश्य कहूंगा कि मेरी तरह हृदय-रक्त पीकर बंगाल में कोई चित्र नहीं बनाता।

इसका प्रमाण?

नरेन्द्र ने आवेशमय स्वर में कहा- प्रमाण की क्या आवश्यकता है? मेरा अपना यही विचार है।

तुम्हारा विचार असत्य है।

नरेन्द्र बहुत कम बोलने वाला व्यक्ति था। उसने कोई उत्तर नहीं दिया।

मनमोहन बाबू ने इस अप्रिय वार्तालाप को बन्द करने के लिए कहा- नरेन्द्र इस बार प्रदर्शनी के लिए तुम चित्र बनाओगे ना?

नरेन्द्र ने कहा- विचार तो है।

देखूंगा तुम्हारा चित्र कैसा रहता है?

नरेन्द्र ने श्रध्दा-भाव से उनकी पग-धूलि लेकर कहा- जिसके गुरु आप हैं उसे क्या चिन्ता? देखना सर्वोत्तम रहेगा।

योगेश बाबू ने कहा- राम से पहले रामायण! पहले चित्र बनाओ फिर कहना।

नरेन्द्र ने मुंह फेरकर योगेश बाबू की ओर देखा, कहा कुछ भी नहीं, किन्तु मौन भाव और उपेक्षा ने बातों से कहीं अधिक योगेश के हृदय को ठेस पहुंचाई।

मनमोहन बाबू ने कहा- 'योगेश बाबू, चाहे आप कुछ भी कहें मगर नरेन्द्र को अपनी आत्मिक शक्ति पर बहुत बड़ा विश्वास है। मैं दृढ़ निश्चय से कह सकता हूं कि यह भविष्य में एक बड़ा चित्रकार होगा।'

नरेन्द्र धीरे-धीरे कमरे से बाहर चला गया।

एक विद्यार्थी ने कहा- 'प्रोफेसर साहब, नरेन्द्र में किसी सीमा तक विक्षिप्तता की झलक दिखाई देती है।'

मनमोहन बाबू ने कहा- हां, मैं भी मानता हूं। जो व्यक्ति अपने घाव अच्छी तरह प्रकट करने में सफल हो जाता है, उसे सर्व-साधारण किसी सीमा तक विक्षिप्त समझते हैं। चित्र में एक विशेष प्रकार का आकर्षण तथा मोहकता उत्पन्न करने की उसमें असाधारण योग्यता है। तुम्हें मालूम है, नरेन्द्र ने एक बार क्या किया था? मैंने देखा कि नरेन्द्र के बायें हाथ की उंगली से खून का फव्वारा छूट रहा है और वह बिना किसी कष्ट के बैठा चित्र बना रहा है। मैं तो देखकर चकित रह गया। मेरे मालूम करने पर उसने उत्तर दिया कि उंगली काटकर देख रहा था कि खून का वास्तविक रंग क्या है? अजीब व्यक्ति है। तुम लोग इसे विक्षिप्तता कह सकते हो, किन्तु इसी विक्षिप्तता के ही कारण तो वह एक दिन अमर कलाकार कहलायेगा।

योगेश बाबू आंख बन्द करके सोचने लगे। जैसे गुरु वैसे चेले दोनों के दोनों पागल हैं।

नरेन्द्र सोचते-सोचते मकान की ओर चला-मार्ग में भीड़-भाड़ थी। कितनी ही गाड़ियां चली जा रही थींय किन्तु इन बातों की ओर उसका ध्यान नहीं था। उसे क्या चिन्ता थी? सम्भवतः इसका भी उसे पता न था।

वह थोड़े समय के भीतर ही बहुत बड़ा चित्रकार हो गया, इस थोड़े-से समय में वह इतना सुप्रसिद्ध और सर्व-प्रिय हो गया था कि उसके ईष्यालु मित्रों को अच्छा न लगा। इन्हीं ईष्यालु मित्रों में योगेश बाबू भी थे। नरेन्द्र में एक विशेष योग्यता और उसकी तूलिका में एक असाधारण शक्ति है। योगेश बाबू इसे दिल-ही-दिल में खूब समझते थे, परन्तु ऊपर से उसे मानने के लिए तैयार न थे।

इस थोड़े समय में ही उसका इतनी प्रसिद्धि प्राप्त करने का एक विशेष कारण भी था। वह यह कि नरेन्द्र जिस चित्र को भी बनाता था अपनी सारी योग्यता उसमें लगा देता था उसकी दृष्टि केवल चित्र पर रहती थी, पैसे की ओर भूलकर भी उसका ध्यान नहीं जाता था। उसके हृदय की महत्वाकांक्षा थी कि चित्र बहुत ही सुन्दर हो। उसमें अपने ढंग की विशेष विलक्षणता हो। मूल्य चाहे कम मिले या अधिक। वह अपने विचार और भावनाओं की मधुर रूप-रेखायें अपने चित्र में देखता था। जिस समय चित्र चित्रित करने बैठता तो चारों ओर फैली हुई असीम प्रकृति और उसकी सारी रूप-रेखायें हृदय-पट से गुम्फित कर देता। इतना ही नहींय वह अपने अस्तित्व से भी विस्मृत हो जाता। वह उस समय पागलों की भांति दिखाई पड़ता और अपने प्राण तक उत्सर्ग कर देने से भी उस समय सम्भवतः उसको संकोच न होता। यह दशा उस समय की एकाग्रता की होती।

वास्तव में इसी कारण से उसे यह सम्मान प्राप्त हुआ। उसके स्वभाव में सादगी थी, वह जो बात सादगी से कहता, लोग उसे अभिमान और प्रदर्शनी से लदी हुई समझते। उसके सामने कोई कुछ न कहता परन्तु पीछे-पीछे लोग उसकी बुराई करने से न चूकते, सब-के-सब नरेन्द्र को संज्ञाहीन-सा पाते, वह किसी बात को कान लगाकर न सुनता, कोई पूछता कुछ और वह उत्तर देता कुछ और ही। वह सर्वदा ऐसा प्रतीत होता जैसे अभी-अभी स्वप्न देख रहा था और किसी ने सहसा उसे जगा दिया हो, उसने विवाह किया और एक लड़का भी उत्पन्न हुआ, पत्नी बहुत सुन्दर थी, परन्तु नरेन्द्र को गार्हस्थिक जीवन में किसी प्रकार का आकर्षण न था, तब भी उसका हृदय प्रेम का अथाह सागर था, वह हर समय इसी धुन में रहता था कि चित्रकला में प्रसिध्दि प्राप्त करे। यही कारण था कि लोग उसे पागल समझते थे। किसी हल्की वस्तु को यदि पानी में जबर्दस्ती डुबो दो तो वह किसी प्रकार भी न डूबेगी, वरन ऊपर तैरती रहेगी। ठीक यही दशा उन लोगों की होती है जो अपनी धुन के पक्के होते हें। वे सांसारिक दुरूख-सुख में किसी प्रकार डूबना नहीं जानते। उनका हृदय हर समय कार्य की पूर्ति में संलग्न रहता है।

नरेन्द्र सोचते-सोचते अपने मकान के सामने आ खड़ा हुआ। उसने देखा कि द्वार के समीप उसका चार साल का बच्चा मुंह में उंगली डाले किसी गहरी चिन्ता में खड़ा है। पिता को देखते ही बच्चा दौड़ता हुआ आया और दोनों हाथों से नरेन्द्र को पकड़कर बोला- बाबूजी!

क्यों बेटा?

बच्चे ने पिता का हाथ पकड़ लिया और खींचते हुए कहा- बाबूजी, देखो हमने एक मेंढक मारा है जो लंगड़ा हो गया है...

नरेन्द्र ने बच्चे को गोद में उठाकर कहा-तो मैं क्या करूं? तू बड़ा पाजी है।

बच्चे ने कहा- वह घर नहीं जा सकता-लंगड़ा हो गया है, कैसे जाएगा? चलो उसे गोद में उठाकर घर पहुंचा दो।

नरेन्द्र ने बच्चे को गोद में उठा लिया और हंसते-हंसते घर में ले गया।

एक दिन नरेन्द्र को ध्यान आया कि इस बार की प्रदर्शनी में जैसे भी हो अपना एक चित्र भेजना चाहिए। कमरे की दीवार पर उसके हाथ के किंतने ही चित्र लगे हुए थे। कहीं प्राकृतिक दृश्य, कहीं मनुष्य के शरीर की रूप-रेखा, कहीं स्वर्ण की भांति सरसों के खेत की हरियाली, जंगली मनमोहक दृश्यावलि और कहीं वे रास्ते जो छाया वाले वृक्षों के नीचे से टेढ़े-तिरछे होकर नदी के पास जा मिलते थे। धुएं की भांति गगनचुम्बी पहाड़ों की पंक्ति, जो तेज धूप में स्वयं झुलसी जा रही थीं और सैकड़ों पथिक धूप से व्याकुल होकर छायादार वृक्षों के समूह में शरणार्थी थे, ऐसे कितने ही दृश्य थे। दूसरी ओर अनेकों पक्षियों के चित्र थे। उन सबके मनोभाव उनके मुखों से प्रकट हो रहे थे। कोई गुस्से में भरा हुआ, कोई चिन्ता की अवस्था में तो कोई प्रसन्न-मुख।

कमरे के उत्तरीय भाग में खिड़की के समीप एक अपूर्ण चित्र लगा हुआ था, उसमें ताड़ के वृक्षों के समूह के समीप सर्वदा मौन रहने वाली छाया के आश्रय में एक सुन्दर नवयुवती नदी के नील-वर्ण जल में अचल बिजली-सी मौन खड़ी थी। उसके होंठों और मुख की रेखाओं में चित्रकार ने हृदय की पीड़ा अंकित की थी। ऐसा प्रतीत होता था मानो चित्र बोलना चाहता है, किन्तु यौवन अभी उसके शरीर में पूरी तरह प्रस्फुटित नहीं हुआ है।

इन सब चित्रों में चित्रकार के इतने दिनों की आशा और निराशा मिश्रित थी, परन्तु आज उन चित्रों की रेखाओं और रंगों ने उसे अपनी ओर आकर्षित न किया। उसके हृदय में बार-बार यही विचार आने लगे कि इतने दिनों उसने केवल बच्चों का खेल किया है। केवल कागज के टुकड़ों पर रंग पोता है। इतने दिनों से उसने जो कुछ रेखाएं कागज पर खींची थीं, वे सब उसके हृदय को अपनी ओर आकर्षित न कर सकी, क्योंकि उसके विचार पहले की अपेक्षा बहुत उच्च थे। उच्च ही नहीं बल्कि बहुत उच्चतम होकर चील की भांति आकाश में मंडराना चाहते थे। यदि वर्षा ऋतु का सुहावना दिन हो तो क्या कोई शक्ति

उसे रोक सकती थी? वह उस समय आवेश में आकर उड़ने की उत्सुकता में असीमित दिशाओं में उड़ जाता। एक बार भी फिरकर नहीं देखता। अपनी पहली अवस्था पर किसी प्रकार भी वह सन्तुष्ट नहीं था। नरेन्द्र के हृदय में रह-रहकर यही विचार आने लगा। भावना और लालसा की झड़ी-सी लग गई।

उसने निश्चय कर लिया कि इस बार ऐसा चित्र बनाएगा। जिससे उसका नाम अमर हो जाये। वह इस वास्तविकता को सबके दिलों में बिठा देना चाहता था कि उसकी अनुभूति बचपन की अनुभूति नहीं है।

मेज पर सिर रखकर नरेन्द्र विचारों का ताना-बाना बुनने लगा। वह क्या बनायेगा? किस विषय पर बनायेगा? हृदय पर आघात होने से साधारण प्रभाव पड़ता है। भावनाओं के कितने ही पूर्ण और अपूर्ण चित्र उसकी आंखों के सामने से सिनेमा-चित्र की भांति चले गये, परन्तु किसी ने भी दमभर के लिए उसके ध्यान को अपनी ओर आकर्षित न किया। सोचते-सोचते सन्ध्या के अंधियारे में शंख की मधुर ध्वनि ने उसको मस्त कर देने वाला गाना सुनाया। इस स्वर-लहरी से नरेन्द्र चौंककर उठ खड़ा हुआ। पश्चात् उसी अंधकार में वह चिन्तन-मुद्रा में कमरे के अन्दर पागलों की भांति टहलने लगा। सब व्यर्थ! महान प्रयत्न करने के पश्चात् भी कोई विचार न सूझा।

रात बहुत जा चुकी थी। अमावस्या की अंधेरी में आकाश परलोक की भांति धुंधला प्रतीत होता था। नरेन्द्र कुछ खोया-खोया-सा पागलों की भांति उसी ओर ताकता रहा।

बाहर से रसोइये ने द्वार खटखटाकर कहा- बाबूजी!

चौंककर नरेन्द्र ने पूछा- कौन है?

बाबूजी भोजन तैयार है, चलिये।

झुंझलाते हुए नरेन्द्र ने कटु स्वर में कहा- मुझे तंग न करो। जाओ मैं इस समय न खाऊंगा।

कुछ थोड़ा-सा।

मैं कहता हूं बिल्कुल नहीं। और निराश-मन रसोइया भारी कदमों से वापस लौट गया और नरेन्द्र ने अपने को चिन्तन-सागर में डुबो दिया। दुनिया में जिसको ख्याति प्राप्त करने का व्यसन लग गया हो उसको चौन कहां?

एक सप्ताह बीत गया। इस सप्ताह में नरेन्द्र ने घर से बाहर कदम न निकाला। घर में बैठा सोचता रहता- किसी-न-किसी मन्त्र से तो साधना की देवी अपनी कला दिखाएगी ही।

इससे पूर्व किसी चित्र के लिऐ उसे विचार-प्राप्ति में देर न लगती थी, परन्तु इस बार किसी तरह भी उसे कोई बात न सूझी। ज्यों-ज्यों दिन व्यतीत होते जाते थे वह निराश होता जाता था? केवल यही क्यों? कई बार तो उसने झुंझलाकर सिर के बाल नोंच लिये। वह अपने आपको गालियां देता, पृथ्वी पर पेट के बल पड़कर बच्चों की तरह रोया भी परंतु सब व्यर्थ।

प्रातरूकाल नरेन्द्र मौन बैठा था कि मनमोहन बाबू के द्वारपाल ने आकर उसे एक पत्र दिया। उसने उसे खोलकर देखा। प्रोफेसर साहब ने उसमें लिखा था-

प्रिय नरेन्द्र,

प्रदर्शनी होने में अब अधिक दिन शेष नहीं हैं। एक सप्ताह के अन्दर यदि चित्र न आया तो ठीक नहीं। लिखना, तुम्हारी क्या प्रगति हुई है और तुम्हारा चित्र कितना बन गया है?

योगेश बाबू ने चित्र चित्रित कर दिया है। मैंने देखा है, सुन्दर है, परन्तु मुझे तुमसे और भी अच्छे चित्र की आशा है। तुमसे अधिक प्रिय मुझे और कोई नहीं। आशीर्वाद देता हूं, तुम अपने गुरु की लाज रख सको।

इसका ध्यान रखना। इस प्रदर्शनी में यदि तुम्हारा चित्र अच्छा रहा तो तुम्हारी ख्याति में कोई बाधा न रहेगी। तुम्हारा परिश्रम सफल हो, यही कामना है।

मनमोहन

पत्र पढ़कर नरेन्द्र और भी व्याकुल हुआ। केवल एक सप्ताह शेष है और अभी तक उसके मस्तिष्क में चित्र के विषय में कोई विचार ही नहीं आया। खेद है अब वह क्या करेगा?

उसे अपने आत्म-बल पर बहुत विश्वास था, पर उस समय वह विश्वास भी जाता रहा। इसी तुच्छ शक्ति पर वह दस व्यक्तियों में सिर उठाए फिरता रहा?

उसने सोचा था अमर कलाकार बन जाऊंगा, परन्तु वाह रे दुर्भाग्य! अपनी अयोग्यता पर नरेन्द्र की आंखों में आंसू भर आये।

रोगी की रात जैसे आंखों में निकल जाती है उसकी वह रात वैसे ही समाप्त हुई। नरेन्द्र को इसका तनिक भी पता न हुआ। उधर वह कई दिनों से चित्रशाला ही में सोया था। नरेन्द्र के मुख पर जागरण के चिन्ह थे। उसकी पत्नी दौड़ी-दौड़ी आई और शीघ्रता से उसका हाथ पकड़कर बोली- अजी बच्चे को क्या हो गया है, आकर देखो तो।

नरेन्द्र ने पूछा- क्या हुआ?

पत्नी लीला हांफते हुए बोली- शायद हैजा! इस प्रकार खड़े न रहो, बच्चा बिल्कुल अचेत पड़ा है।

बहुत ही अनमने मन से नरेन्द्र शयन-कक्ष में प्रविष्ट हुआ।

बच्चा बिस्तर से लगा पड़ा था। पलंग के चारों ओर उस भयानक रोग के चिन्ह दृष्टिगोचर हो रहे थे। लाल रंग दो घड़ी में ही पीला हो गया था। सहसा देखने से यही ज्ञात होता था जैसे बच्चा जीवित नहीं है। केवल उसके वक्ष के समीप कोई वस्तु धक-धक कर रही थी, और इस क्रिया से ही जीवन के कुछ चिन्ह दृष्टिगोचर होते थे।

वह बच्चे के सिरहाने सिर झुकाकर खड़ा हो गया।

लीला ने कहा- इस तरह खड़े न रहो। जाओ, डॉक्टर को बुला लाओ।

मां की आवाज सुनकर बच्चे ने आंखें मलीं। भर्राई हुई आवाज में बोला- मां! ओ मां!!

मेरे लाल! मेरी पूंजी। क्या कह रहा है? कहते-कहते लीला ने दोनों हाथों से बच्चे को अपनी गोद से चिपटा लिया। मां के वक्ष पर सिर रखकर बच्चा फिर पड़ा रहा।

नरेन्द्र के नेत्र सजल हो गए। वह बच्चे की ओर देखता रहा।

लीला ने उपालम्भमय स्वर में कहा-अभी तक डॉक्टर को बुलाने नहीं गये?

नरेन्द्र ने दबी आवाज में कहा-ऐं...डॉक्टर?

पति की आवाज का अस्वाभाविक स्वर सुनकर लीला ने चकित होते हुए कहा-क्या?

कुछ नहीं।

जाओ, डॉक्टर को बुला लाओ।

अभी जाता हूं।

नरेन्द्र घर से बाहर निकला।

घर का द्वार बन्द हुआ। लीला ने आश्चर्य-चकित होकर सुना कि उसके पति ने बाहर से द्वार की जंजीर खींच ली और वह सोचती रही- यह क्या?

नरेन्द्र चित्रशाला में प्रविष्ट होकर एक कुर्सी पर बैठ गया।

दोनों हाथों से मुंह ढांपकर वह सोचने लगा। उसकी दशा देखकर ऐसा लगता था कि वह किसी तीव्र आत्मिक पीड़ा से पीड़ित है। चारों ओर गहरे सूनेपन का राज्य था। केवल दीवार लगी हुई घड़ी कभी न थकने वाली गति से टिक-टिक कर रही

थी और नरेन्द्र के सीने के अन्दर उसका हृदय मानो उत्तर देता हुआ कह रहा था- धक! धक! सम्भवतः उसके भयानक संकल्पों से परिचित होकर घड़ी और उसका हृदय परस्पर कानाफूसी कर रहे थे। सहसा नरेन्द्र उठ खड़ा हुआ। संज्ञाहीन अवस्था में कहने लगा- क्या करूं? ऐसा आदर्श फिर न मिलेगा, परन्तु ...वह तो मेरा पुत्र है।

वह कहते-कहते रुक गया। मौन होकर सोचने लगा। सहसा मकान के अन्दर से सनसनाते हुए बाण की भांति 'हाय' की हृदयबेधक आवाज उसके कानों में पहुंची।

मेरे लाल! तू कहां गया?

जिस प्रकार चिल्ला टूट जाने से कमान सीधी हो जाती है, चिन्ता और व्याकुलता से नरेन्द्र ठीक उसी तरह सीधा खड़ा हो गया। उसके मुख पर लाली का चिन्ह तक न था, फिर कान लगाकर उसने आवाज सुनी, वह समझ गया कि बच्चा चल बसा।

मन-ही-मन में बोला- भगवान! तुम साक्षी हो, मेरा कोई अपराध नहीं।

इसके बाद वह अपने सिर के बालों को मुट्ठी में लेकर सोचने लगा। जैसे कुछ समय पश्चात् ही मनुष्य निद्रा से चौंक उठता है उसी प्रकार चौंककर जल्दी-जल्दी मेज पर से कागज, तूलिका और रंग आदि लेकर वह कमरे से बाहर निकल गया।

शयन-कक्ष के सामने एक खिड़की के समीप आकर वह अचकचा कर खड़ा हो गया। कुछ सुनाई देता है क्या? नहीं सब खामोश हैं। उस खिड़की से कमरे का आन्तरिक भाग दिखाई पड़ रहा था। झांककर भय से थर-थर कांपते हुए उसने देखा तो उसके सारे शरीर में कांटे-से चुभ गये। बिस्तर उलट-पुलट हो रहा था। पुत्र से रिक्त गोद किए मां वहीं पड़ी तड़प रही थी।

और इसके अतिरिक्त...मां कमरे में पृथ्वी पर लोटते हुए, बच्चे के मृत शरीर को दोनों हाथों से वक्षरूस्थल के साथ चिपटाए, बाल बिखरे, नेत्र विस्फारित किए, बच्चे के निर्जीव होंठों को बार-बार चूम रही थी।

नरेन्द्र की दोनों आंखों में किसी ने दो सलाखें चुभो दी हों। उसने होंठ चबाकर कठिनता से स्वयं को संभाला और इसके साथ ही कागज पर पहली रेखा खींची। उसके सामने कमरे के अन्दर वही भयानक दृश्य उपस्थित था। संभवतः संसार के किसी अन्य चित्रकार ने ऐसा दृश्य सम्मुख रखकर तूलिका न उठाई होगी।

देखने में नरेन्द्र के शरीर में कोई गति न थी, परन्तु उसके हृदय में कितनी वेदना थी? उसे कौन समझ सकता है, वह तो पिता था।

नरेन्द्र जल्दी-जल्दी चित्र बनाने लगा। जीवन-भर चित्र बनाने में इतनी जल्दी उसने कभी न की। उसकी उंगलियां किसी अज्ञात शक्ति से अपूर्व शक्ति प्राप्त कर चुकी थी। रूप-रेखा बनाते हुए उसने सुना- बेटा, ओ बेटा! बातें करो, बात करो, जरा एक बार तुम देख तो लो?

नरेन्द्र ने अस्फुट स्वर में कहा- उफ! यह असहनीय है। और उसके हाथ से तूलिका छूटकर पृथ्वी पर गिर पड़ी।

किन्तु उसी समय तूलिका उठाकर वह पुनः चित्र बनाने लगा। रह-रहकर लीला का क्रन्दन-रुदन कानों में पहुंचकर हृदय को छेड़ता और रक्त की गति को मन्द करता और उसके हाथ स्थिर होकर उसकी तूलिका की गति को रोक देते।

इसी प्रकार पल-पर-पल बीतने लगे।

मुख्य द्वार से अन्दर आने के लिए नौकरों ने शोर मचाना शुरू कर दिया था, परन्तु नरेन्द्र मानो इस समय विश्व और विश्वव्यापी कोलाहल से बहरा हो चुका था।

वह कुछ भी न सुन सका। इस समय वह एक बार कमरे की ओर देखता और एक बार चित्र की ओर, बस रंग में तूलिका डुबोता और फिर कागज पर चला देता।

वह पिता था, परन्तु कमरे के अन्दर पत्नी के हृदय से लिपटे हुए मृत बच्चे की याद भी वह धीरे-धीरे भूलता जा रहा था।

सहसा लीला ने उसे देख लिया। दौड़ती हुई खिड़की के समीप आकर दुखित स्वर में बोली-क्या डॉक्टर को बुलाया? जरा एक बार आकर देख तो लेते कि मेरा लाल जीवित है या नहीं...यह क्या? चित्र बना रहे हो?

चौंककर नरेन्द्र ने लीला की ओर देखा। वह लड़खड़ाकर गिर रही थी।

बाहर से द्वार खटखटाने और बार-बार चिल्लाने पर भी जब कपाट न खुले, तो रसोइया और नौकर दोनों डर गये। वे अपना काम समाप्त करके प्रायः संध्या समय घर चले जाते थे और प्रातरूकाल काम करने आ जाते थे। प्रतिदिन लीला या नरेन्द्र दोनों में से कोई-न-कोई द्वार खोल देता था, आज चिल्लाने और खटखटाने पर भी द्वार न खुला। इधर रह-रहकर लीला की क्रन्दन-ध्वनि भी कानों में आ रही थी।

उन लोगों ने मुहल्ले के कुछ व्यक्तियों को बुलाया। अन्त में सबने सलाह करके द्वार तोड़ डाला।

सब आश्चर्य-चकित होकर मकान में घुसे। जीने से चढ़कर देखा कि दीवार का सहारा लिये, दोनों हाथ जंघाओं पर रखे नरेन्द्र सिर नीचा किए हुए बैठा है।

उनके पैरों की आहट से नरेन्द्र ने चौंककर मुंह उठाया। उसके नेत्र रक्त की भांति लाल थे। थोड़ी देर पश्चात् वह ठहाका मारकर हंसने लगा और सामने लगे चित्र की ओर उंगली दिखाकर बोल उठा- डॉक्टर! डॉक्टर!! मैं अमर हो गया।

दिन बीतते गये, प्रदर्शनी आरम्भ हो गई।

प्रदर्शनी में देखने की कितनी ही वस्तुएं थीं, परन्तु दर्शक एक ही चित्र पर झुके पड़ते थे। चित्र छोटा-सा था और अधूरा भी, नाम था श्अन्तिम प्यार।'

चित्र में चित्रित किया हुआ था, एक मां बच्चे का मृत शरीर हृदय से लगाये अपने दिल के टुकड़े के चन्दा से मुख को बार-बार चूम रही है।

शोक और चिन्ता में डूबी हुई मां के मुख, नेत्र और शरीर में चित्रकार की तूलिका ने एक ऐसा सूक्ष्म और दर्दनाक चित्र चित्रित किया कि जो देखता उसी की आंखों से आंसू निकल पड़ते। चित्र की रेखाओं में इतनी अधिक सूक्ष्मता से दर्द भरा जा सकता है, यह बात इससे पहले किसी के ध्यान में न आई थी।

इस दर्शक-समूह में कितने ही चित्रकार थे। उनमें से एक ने कहा- देखिए योगेश बाबू, आप क्या कहते हैं?

योगेश बाबू उस समय मौन धारण किए चित्र की ओर देख रहे थे, सहसा प्रश्न सुनकर एक आंख बन्द करके बोले- यदि मुझे पहले से ज्ञात होता तो मैं नरेन्द्र को अपना गुरु बनाता।

दर्शकों ने धन्यवाद, साधुवाद और वाह-वाह की झड़ी लगा दीय परन्तु किसी को भी मालूम न हुआ कि उस सज्जन पुरुष का मूल्य क्या है, जिसने इस चित्र को चित्रित किया है।

किस प्रकार चित्रकार ने स्वयं को धूलि में मिलाकर रक्त से इस चित्र को रंगा है, उसकी यह दशा किसी को भी ज्ञात न हो सकी।

2

अनमोल भेंट

रायचरण बारह वर्ष की आयु से अपने मालिक का बच्चा खिलाने पर नौकर हुआ था। उसके पश्चात् काफी समय बीत गया। नन्हा बच्चा रायचरण की गोद से निकलकर स्कूल में प्रविष्ट हुआ, स्कूल से कॉलिज में पहुँचा, फिर एक सरकारी स्थान पर लग गया। किन्तु रायचरण अब भी बच्चा खिलाता था, यह बच्चा उसकी गोद के पाले हुए अनुकूल बाबू का पुत्र था।

बच्चा घुटनों के बल चलकर बाहर निकल जाता। जब रायचरण दौड़कर उसको पकड़ता तो वह रोता और अपने नन्हे-नन्हे हाथों से रायचरण को मारता।

रायचरण हंसकर कहता- हमारा भैया भी बड़ा होकर जज साहब बनेगा- जब वह रायचरण को चन्ना कहकर पुकारता तो उसका हृदय बहुत हर्षित होता। वह दोनों हाथ पृथ्वी पर टेककर घोड़ा बनता और बच्चा उसकी पीठ पर सवार हो जाता।

इन्हीं दिनों अनुकूल बाबू की बदली परयां नदी के किनारे एक जिले में हो गई। नए स्थान की ओर जाते हुए कलकत्ते से उन्होंने अपने बच्चे के लिए मूल्यवान आभूषण और कपड़ों के अतिरिक्त एक छोटी-सी सुन्दर गाड़ी भी खरीदी।

वर्षा ऋतु थी। कई दिनों से मूसलाधर वर्षा हो रही थी। ईश्वर-ईश्वर करते हुए बादल फटे। संध्या का समय था। बच्चे ने बाहर जाने के लिए आग्रह किया। रायचरण उसे गाड़ी में बिठाकर बाहर ले गया। खेतों में पानी खूब भरा हुआ था। बच्चे ने फूलों का गुच्छा देखकर जिद की, रायचरण ने उसे बहलाना चाहा किन्तु

वह न माना। विवश रायचरण बच्चे का मन रखने के लिए घुटनों-घुटनों पानी में फूल तोड़ने लगा। कई स्थानों पर उसके पांव कीचड़ में बुरी तरह धंस गये। बच्चा तनिक देर मौन गाड़ी में बैठा रहा, फिर उसका ध्यान लहराती हुई नदी की ओर गया। वह चुपके से गाड़ी से उतरा। पास ही एक लकड़ी पड़ी थी, उठा ली और भयानक नदी के तट पर पहुंचकर उसकी लहरों से खेलने लगा। नदी के शोर में ऐसा मालूम होता था कि नदी की चंचल और मुंहजोर जल-परियां सुन्दर बच्चे को अपने साथ खेलने के लिए बुला रही हैं।

रायचरण फूल लेकर वापस आया तो देखा गाड़ी खाली है। उसने इधर-उधर देखा, पैरों के नीचे से धरती निकल गई। पागलों की भांति चहुंओर देखने लगा। वह बार-बार बच्चे का नाम लेकर पुकारता था लेकिन उत्तर में श्चन्नाश की मधुर ध्वनि न आती थी।

चारों ओर अंधेरा छा गया। बच्चे की माता को चिन्ता होने लगी। उसने चारों ओर आदमी दौड़ाये। कुछ व्यक्ति लालटेन लिये हुए नदी के किनारे खोज करने पहुँचे। रायचरण उन्हें देखकर उनके चरणों में गिर पड़ा। उन्होंने उससे प्रश्न करने आरम्भ किये किन्तु वह प्रत्येक प्रश्न के उत्तर में यही कहता-मुझे कुछ मालूम नहीं।

यद्यपि प्रत्येक व्यक्ति की यह सम्मति थी कि छोटे बच्चे को परयां नदी ने अपने आंचल में छिपा लिया है किन्तु फिर भी हृदय में विभिन्न प्रकार की शंकायें उत्पन्न हो रही थीं। एक यह कि उसी संध्या को निर्वासितों का एक समूह नगर से गया था और मां को संदेह था कि रायचरण ने कहीं बच्चे को निर्वासित के हाथों न बेच दिया हो। वह रायचरण को अलग ले गई और उससे विनती करते हुए कहने लगी-रायचरण, तुम मुझसे जितना रुपया चाहो ले लो, किन्तु परमात्मा के लिए मेरी दशा पर तरस खाकर मेरा बच्चा मुझको वापस कर दो।

परन्तु रायचरण कुछ उत्तर न दे सका, केवल माथे पर हाथ मारकर मौन हो गया।

स्वामिनी ने क्रोध और आवेश की दशा में उसको घर-से बाहर निकाल दिया। अनुकूल बाबू ने पत्नी को बहुत समझाया किन्तु माता के हृदय से शंकाएं दूर न हुईं। वह बराबर यही कहती रही कि- मेरा बच्चा सोने के आभूषण पहने हुए था, अवश्य इसने...

रायचरण अपने गांव वापस चला आया। उसे कोई सन्तान न थी और न ही सन्तान होने की कोई सम्भावना थी। किन्तु साल की समाप्ति पर उसके घर पुत्र ने

जन्म लियाय परन्तु पत्नी सूतिका-गृह में ही मर गई। घर में एक विधवा बहन थी। उसने बच्चे के पालन-पोषण का भार अपने ऊपर लिया।

जब बच्चा घुटनों के बल चलने लगा, वह घर वालों की नजर बचा कर बाहर निकल जाता। रायचरण जब उसे दौड़कर पकड़ता तो वह चंचलता से उसको मारता। उस समय रायचरण के नेत्रों के सामने अपने उस नन्हें मालिक की सूरत फिर जाती जो परयां नदी की लहरों में लुप्त हो गया था।

बच्चे की जबान खुली तो वह बाप को 'बाबा' और बुआ को 'मामा' इस ढंग से कहता था जिस ढंग से रायचरण का नन्हा मालिक बोलता था। रायचरण उसकी आवाज से चौंक उठता। उसे पूर्ण विश्वास था कि उसके मालिक ने उसके घर में जन्म लिया है।

इस विचार को निर्धारित करने के लिए उसके पास तीन प्रमाण थे। एक तो यह कि वह नन्हे मालिक की मृत्यु के थोड़े ही समय पश्चात् उत्पन्न हुआ। दूसरे यह कि उसकी पत्नी वृद्ध हो गई थी और सन्तान-उत्पत्ति की कोई आशा न थी। तीसरे यह कि बच्चे के बोलने का ढंग और उसकी सम्पूर्ण भाव-भंगिमाएं नन्हे मालिक से मिलती-जुलती थी।

वह हर समय बच्चे की देख-भाल में संलग्न रहता। उसे भय था कि उसका नन्हा मालिक फिर कहीं गायब न हो जाए। वह बच्चे के लिए एक गाड़ी लाया और अपनी पत्नी के आभूषण बेचकर बच्चे के लिए आभूषण बनवा दिये। वह उसे गाड़ी में बिठाकर प्रतिदिन वायु-सेवन के लिए बाहर ले जाता था।

धीरे-धीरे दिन बीतते गये और बच्चा सयाना हो गया। परन्तु इस लाड़-चाव में वह बहुत बिगड़ गया था। किसी से सीधे मुंह बात न करता। गांव के लड़के उसे लाट साहब कहकर छेड़ते।

जब लड़का शिक्षा-योग्य हुआ तो रायचरण अपनी छोटी-सी जमीन बेचकर कलकत्ता आ गया। उसने दौड़-धूप करके नौकरी खोजी और फलन को स्कूल में दाखिल करवा दिया। उसको पूर्ण विश्वास था कि बड़ा होकर फलन अवश्य जज बनेगा।

होते-होते अब फलन की आयु बारह वर्ष हो गई। अब वह खूब लिख-पढ़ सकता था। उसका स्वास्थ्य अच्छा और सूरत-शक्ल भी अच्छी थी। उसको बनाव- श्रृंगार की भी बड़ी चिन्ता रहती थी। जब देखो दर्पण हाथ में लिये बाल बना रहा है।

वह अपव्ययी भी बहुत था। पिता की सारी आय व्यर्थ की विलास-सामग्री में व्यय कर देता। रायचरण उससे प्रेम तो पिता की भांति करता था, किन्तु प्रायः उसका

बर्ताव उस लड़के से ऐसा ही था जैसे मालिक के साथ नौकर का होता है। उसका फलन भी उसे पिता न समझता था। दूसरी बात यह थी कि रायचरण स्वयं को फलन का पिता प्रकट भी न करता था।

छात्रावास के विद्यार्थी रायचरण के गंवारपन का उपहास करते और फलन भी उन्हीं के साथ सम्मिलित हो जाता।

रायचरण ने जमीन बेचकर जो कुछ रुपया प्राप्त किया था वह अब लगभग सारा समाप्त हो चुका था। उसका साधारण वेतन फलन के खर्चों के लिए कम था। वह प्रायः अपने पिता से जेब-खर्च और विलास की सामग्री तथा अच्छे-अच्छे वस्त्रों के लिए झगड़ता रहता था।

आखिर एक युक्ति रायचरण के मस्तिष्क में आई उसने नौकरी छोड़ दी और उसके पास जो कुछ शेष रुपया था फलन को सौंपकर बोला- फलन, मैं एक आवश्यक कार्य से गांव जा रहा हूं, बहुत जल्द वापस आ जाऊंगा। तुम किसी बात से घबराना नहीं।

रायचरण सीधा उस स्थान पर पहुंचा जहां अनुकूल बाबू जज के ओहदे पर लगे हुए थे। उनके और कोई दूसरी संतान न थी इस कारण उनकी पत्नी हर समय चिन्तित रहती थी।

अनुकूल बाबू कचहरी से वापस आकर कुर्सी पर बैठे हुए थे और उनकी पत्नी सन्तानोत्पत्ति के लिए बाजारू दवा बेचने वाले से जड़ी-बूटियां खरीद रही थी।

काफी दिनों के पश्चात् वह अपने वृध्द नौकर रायचरण को देखकर आश्चर्यचकित हुई, पुरानी सेवाओं का विचार करके उसको रायचरण पर तरस आ गया और उससे पूछा- क्या तुम फिर नौकरी करना चाहते हो?

रायचरण ने मुस्कराकर उत्तर दिया- मैं अपनी मालकिन के चरण छूना चाहता हूं।

अनुकूल बाबू रायचरण की आवाज सुनकर कमरे से निकल आये। रायचरण की शक्ल देखकर उनके कलेजे का जख्म ताजा हो गया और उन्होंने मुख फेर लिया।

रायचरण ने अनुकूल बाबू को सम्बोधित करके कहा- सरकार, आपके बच्चे को परयां ने नहीं, बल्कि मैंने चुराया था।

अनुकूल बाबू ने आश्चर्य से कहा- तुम यह क्या कह रहे हो, क्या मेरा बच्चा वास्तव में जिन्दा है?

उसकी पत्नी ने उछलकर कहा- भगवान के लिए बताओ मेरा बच्चा कहां है?

रायचरण ने कहा- आप सन्तोष रखें, आपका बच्चा इस समय भी मेरे पास है।

अनुकूल बाबू की पत्नी ने रायचरण से अत्यधिक विनती करते हुए कहा- मुझे बताओ।

रायचरण ने कहा- मैं उसे परसों ले आऊंगा।

रविवार का दिन था। जज साहब अपने मकान में बेचैनी से रायचरण की प्रतीक्षा कर रहे थे। कभी वह कमरे में इधर-उधर टहलने लगते और कभी थोड़े समय के लिए आराम-कुर्सी पर बैठ जाते। आखिर दस बजे के लगभग रायचरण ने फलन का हाथ पकड़े हुए कमरे में प्रवेश किया।

अनुकूल बाबू की घरवाली फलन को देखते ही दीवानों की भांति उसकी ओर लपकी और उसे बड़े जोर से गले लगा लिया। उनके नेत्रों से अश्रुओं का समुद्र उमड़ पड़ा। कभी वह उसको प्यार करती, कभी आश्चर्य से उसकी सूरत तकने लग जाती। फलन सुन्दर था और उसके कपड़े भी अच्छे थे। अनुकूल बाबू के हृदय में भी पुत्र-प्रेम का आवेश उत्पन्न हुआ, किन्तु जरा-सी देर के बार उनके पितृ-प्रेम का स्थान कानून भावना ने ले लिया और उन्होंने रायचरण से पूछा-भला इसका प्रमाण क्या है कि यह बच्चा मेरा है?

रायचरण ने उत्तर दिया- इसका उत्तर मैं क्या दूं सरकार! इस बात का ज्ञान तो परमात्मा के सिवाय और किसी को नहीं हो सकता कि मैंने ही आपका बच्चा चुराया था।

जब अनुकूल बाबू ने देखा कि उनकी पत्नी फलन को कलेजे से लगाये हुए है तो प्रमाण मांगना व्यर्थ है। इसके अतिरिक्त उन्हें ध्यान आया कि इस गंवार को ऐसा सुन्दर बच्चा कहां मिल सकता था और झूठ बोलने से क्या लाभ हो सकता है।

सहसा उन्हें अपने वृद्ध नौकर की बेध्यानी याद आ गई और कानूनी मुद्रा में बोले-रायचरण, अब तुम यहां नहीं रह सकते।

रायचरण ने ठंडी उसांस भरकर कहा-सरकार, अब मैं कहां जाऊं। बूढ़ा हो गया हूं, अब मुझे कोई नौकर भी न रखेगा। भगवान के लिए अपने द्वार पर पड़ा रहने दीजिये।

अनुकूल बाबू की पत्नी बोली- रहने दो, हमारा क्या नुकसान है? हमारा बच्चा भी इसे देखकर प्रसन्न रहेगा।

किन्तु अनुकूल बाबू की कानूनी नस भड़की हुई थी। उन्होंने तुरन्त उत्तर दिया-नहीं, इसका अपराध बिल्कुल क्षमा नहीं किया जा सकता।

रायचरण ने अनुकूल बाबू के पांव पकड़ते हुए कहा- सरकार, मुझे न निकालिए, मैंने आपका बच्चा नहीं चुराया था बल्कि परमात्मा ने चुराया था।

अनुकूल बाबू को गंवार की इस बात पर और भी अधिक क्रोध आ गया। बोले-नहीं, अब मैं तुम पर विश्वास नहीं कर सकता। तुमने मेरे साथ कृतघ्नता की है।

रायचरण ने फिर कहा- सरकार, मेरा कुछ अपराध नहीं।

अनुकूल बाबू त्यौरियों पर बल डालकर कहने लगे- तो फिर किसका अपराध है?

रायचरण ने उत्तर दिया- मेरे भाग्य का।

परन्तु शिक्षित व्यक्ति भाग्य का अस्तित्व स्वीकार नहीं कर सकता।

फलन को जब मालूम हुआ कि वह वास्तव में एक धनी व्यक्ति का पुत्र है तो उसे भी रायचरण की इस चेष्टा पर क्रोध आया, कि उसने इतने दिनों तक क्यों उसे कष्ट में रखा। फिर रायचरण को देखकर उसे दया भी आ गई और उसने अनुकूल बाबू से कहा- पिताजी, इसको क्षमा कर दीजिए। यदि आप इसको अपने साथ नहीं रखना चाहते तो इसकी थोड़ी पेंशन कर दें।

इतना सुनने के बाद रायचरण अपने बेटे को अन्तिम बार देखकर अनुकूल बाबू की कोठी से निकलकर चुपचाप कहीं चला गया।

महीना समाप्त होने पर अनुकूल बाबू ने रायचरण के गांव कुछ रुपया भेजा किन्तु मनीआर्डर वापस आ गया क्योंकि गांव में अब इस नाम का कोई व्यक्ति न था।

3

अनाथ

गांव की किसी एक अभागिनी के अत्याचारी पति के तिरस्कृत कर्मों की पूरी व्याख्या करने के बाद पड़ोसिन तारामती ने अपनी राय संक्षेप में प्रकट करते हुए कहा- "आग लगे ऐसे पति के मुंह में।"

सुनकर जयगोपाल बाबू की पत्नी शशिकला को बहुत बुरा लगा और ठेस भी पहुंची। उसने जबान से तो कुछ नहीं कहा, पर अन्दर-ही-अन्दर सोचने लगी कि पति जाति के मुख में सिगरेट सिगार की आग के सिवा और किसी तरह की आग लगाना या कल्पना करना कम-से-कम नारी जाति के लिए कभी किसी भी अवस्था में शोभा नहीं देता?

शशिकला को गुम-सुम बैठा देखकर कठोर हृदय तारामती का उत्साह दूना हो गया, वह बोली- "ऐसे खसम से तो जन्म-जन्म की रांड भली।" और चटपट वहां से उठकर चल दी, उसके जाते ही बैठक समाप्त हो गई।

शशिकला गम्भीर हो गई। वह सोचने लगी, पति की ओर से किसी दोष की वह कल्पना भी नहीं कर सकती, जिससे उनके प्रति ऐसा कठोर भाव जागृत हो जाए। विचारते-विचारते उसके कोमल हृदय का सारा प्रतिफल अपने प्रवासी पति की ओर उच्छ्‌वासित होकर दौड़ने लगा। पर जहां उसके पति शयन किया करते थे, उस स्थान पर दोनों बांहें फैलाकर वह औंधी पड़ी रही और बारम्बार तकिए को छाती से लगाकर चूमने लगी, तकिए में पति के सिर के तेल की सुगन्ध को वह महसूस करने लगी

और फिर द्वार बन्द करके बक्स में से पति का एक बहुत पुराना चित्र और स्मृति-पत्र निकालकर बैठ गई। उस दिन की निस्तब्ध दोपहरी, उसकी इसी प्रकार कमरे में एकान्त-चिन्ता, पुरानी स्मृति और व्यथा के आंसुओं में बीत गई।

शशिकला और जयगोपाल बाबू का दाम्पत्य जीवन कोई नया हो, सो बात नहीं है। बचपन में शादी हुई थी और इस दौरान में कई बाल-बच्चे भी हो चुके थे। दोनों ने बहुत दिनों तक एक साथ रहकर साधारण रूप में दिन काटे। किसी भी ओर से इन दोनों के अपरिमित स्नेह को देखने कभी कोई नहीं आया? लगभग सोलह वर्ष की एक लम्बी अवधि बिताने के बाद उसके पति को महज काम-धाम ढूंढ़ने के लिए अचानक परदेश जाना पड़ा और विच्छेद ने शशि के मन में एक प्रकार का प्रेम का तूफान खड़ा कर दिया। विरह-बंधन में जितनी खिंचाई होने लगी, कोमल हृदय की फांसी उतनी ही कड़ी होने लगी। इस ढीली अवस्था में जब उसका अस्तित्व भी मालूम नहीं पड़ा, तब उसकी पीड़ा अन्दर से टीसें मारने लगी। इसी से, इतने दिन बाद, इतनी आयु में बच्चों की मां बनकर शशिकला आज बसन्त की दुपहरिया में निर्जन घर में विरह-शैया पर पड़ी नव-वधू का-सा सुख-स्वप्न देखने लगी। जो स्नेह अज्ञात रूप जीवन के आगे से बहा चला गया है सहसा आज उसी के भीतर जागकर मन-ही-मन बहाव से विपरीत तैरकर पीछे की ओर बहुत दूर पहुंचना चाहती है। जहां स्वर्णपुरी में कुंज वनों की भरमार है, और स्नेह की उन्माद अवस्था किन्तु उस अतीत के स्वर्णिम सुख में पहुंचने का अब उपाय क्या है? फिर स्थान कहां है? सोचने लगी, अबकी बार जो वह पति को पास पाएगी तब जीवन की इन शेष घड़ियों को और बसन्त की आभा भी निष्फल नहीं होने देगी। कितने ही दिवस, कितनी ही बार उसने छोटी-मोटी बातों पर वाद-विवाद करके इतना ही नहीं, उन बातों पर कलह कर-करके पति को परेशान कर डाला है। आज अतृप्त मन ने भी एकान्त इच्छा से संकल्प किया कि भविष्य में कदापि संघर्ष न करेगी, कभी भी उनकी इच्छा के विरुध्द नहीं चलेगी, उनकी आज्ञा को पूरी तरह पालेगी, सब काम उनकी तबीयत के अनुसार किया करेगी, स्नेह-युक्त विनम्र हृदय से अपने पति का बुरा-भला व्यवहार सब चुपचाप सह लिया करेगीय कारण पति सर्वस्व है, पति प्रियतम है, पति देवता है।

बहुत दिनों तक शशिकला अपने माता-पिता की एकमात्र लाडली बेटी रही है। उन दिनों जयगोपाल बाबू वास्तव में मामूली नौकरी किया करते थे, फिर भी भविष्य के लिए उसे किसी प्रकार की चिन्ता न थी। गांव में जाकर पूर्ण वैभव के साथ रहने के लिए उसके श्वसुर के पास पर्याप्त मात्रा में चल-अचल संपत्ति थी।

इसी बीच, बिल्कुल ही असमय में शशिकला के वृद्ध पिता कालीप्रसन्न के यहां पुत्र ने जन्म लिया। सत्य कहने में क्या है? भाई के इस जन्म से शशिकला को बहुत दुरूख हुआ और जयगोपाल बाबू भी इस नन्हें साले को पाकर विशेष प्रसन्न नहीं हुए।

अधिक आयु में बच्चा होने के कारण उस पर माता-पिता के लाड़-प्यार का कोई ठिकाना न रहा। उस नवजात छोटे दूध-पीते निद्रातुर साले ने अपनी अज्ञानता में न जाने कैसे अपने कोमल हाथों की छोटी-छोटी मुट्ठियों में जयगोपाल बाबू की सारी आशाएं पीसकर जब चकनाचूर कर दीं तब वह आसाम के किसी छोटे बगीचे में नौकरी करने के लिए चल दिया?

सबने कहा सुना कि पास में ही कहीं छोटा-मोटा काम-धन्धा खोज करके यहीं रहो तो अच्छा हो, किन्तु चाहे गुस्से के कारण से हो या गैरों की नौकरी करने में शीघ्र ही अमीर बनने की धुन से हो, उसने किसी की बात पर ध्यान नहीं दिया। शशि को बच्चों के साथ उसके मायके में छोड़कर वह आसाम चला गया। विवाह के उपरान्त इस दम्पति में यह पहला विच्छेद था।

पति के चले जाने से, शशि को दुधमुंहे भाई पर बड़ा क्रोध आया। जो मन की पीड़ा को स्पष्ट रूप में कह नहीं सकता, उसी को क्रोध अधिक आता है। छोटा-सा नवजात शिशु मां के स्तनों को चूमता और आंख मींचकर निश्चिन्तता से सोता, और उसकी बड़ी बहन अपने बच्चों के लिए गर्म दूध, ठण्डा भात स्कूल जाने की देर इत्यादि अनेक कारणों से रात-दिन रूठकर मुंह फुलाये रहती और सारे परिवार को परेशान करती।

थोड़े दिन बाद ही बच्चे की मां का स्वर्गवास हो गया। मरते समय मां अपने गोद के बच्चे को लड़की के हाथ सौंप गई।

अब तो बहुत ही शीघ्र मातृहीन शिशु ने अपनी कठोरहृदया दीदी का हृदय जीत लिया। हा हा, ही-ही करता हुआ वह शिशु जब अपनी दीदी के ऊपर जा पड़ता और अपने बिना दांत के छोटे से मुख में उसका मुंह, नाक, कान सब कुछ ले जाना चाहता, अपनी छोटी-सी मुट्ठी में उसका जूड़ा पकड़कर जब खींचता और किसी कीमत पर भी हाथों में आई वस्तु को छोड़ने के लिए तैयार न होता, दिवाकर के उदय होने से पहले ही उठकर जब वह गिरता-पड़ता हुआ अपनी दीदी को कोमल स्पर्श से पुलकित करता, किलकारियां मार-मारकर शोर मचाना आरम्भ कर देता, और जब वह क्रमशः दी...दी...दीदी पुकार-पुकारकर बारम्बार उसका ध्यान बंटाने लगा और जब उसने काम-काज और फुर्सत के समय, उस पर उपद्रव करने आरम्भ कर दिए,

तब शशि से स्थिर नहीं रहा गया। उसने उस छोटे से स्वतन्त्र प्रेमी अत्याचारी के आगे पूरे तौर पर आत्मसमर्पण कर लिया। बच्चे की मां नहीं थी, इसी से शायद उस पर उसकी सुरक्षा का अधिक भार आ पड़ा।

शिशु का नाम हुआ नीलमणि। जब वह दो वर्ष का हुआ तब उसके पिता असाध्यम रोगी हो गये। बहुत ही शीघ्र चले आने के लिए जयगोपाल बाबू को लिखा गया। जयगोपाल बाबू जब मुश्किल से उस सूचना को पाकर ससुराल पहुँचे, तब श्वसुर कालीप्रसन्न मौत की घड़ियां गिन रहे थे।

मरने से पूर्व कालीप्रसन्न ने अपने एकमात्र नाबालिग पुत्र नीलमणि का सारा भार दामाद जयगोपाल बाबू पर छोड़ दिया और अपनी अचल संपत्ति का एक चौथाई भाग अपनी बेटी शशिकला के नाम कर दिया।

इसलिए चल-अचल संपत्ति की सुरक्षा के लिए जयगोपाल बाबू को आसाम की नौकरी छोड़कर ससुराल चले आना पड़ा।

बहुत दिनों के उपरान्त पति-पत्नी में मिलन हुआ। किसी जड़-पदार्थ के टूट जाने पर, उनके जोड़ों को मिलाकर किसी प्रकार उसे जोड़ा जा सकता है, किन्तु दो मानवी हृदयों को, जहां से फट जाते हैं, विरह की लंबी अवधि बीत जाने पर फिर वहां ठीक पहले जैसा जोड़ नहीं मिलता? कारण हृदय सजीव पदार्थ है, क्षणों में उसकी परिणति होती है और क्षण में ही परिवर्तन।

इस नए मिलन पर शशि के मन में अबकी बार नए ही भावों का श्रीगणेश हुआ। मानो अपने पति से उसका पुनः विवाह हुआ हो। पहले दाम्पत्य में पुरानी आदतों के कारण जो एक जड़ता-सी आ गई थी, विरह के आकर्षण से वह एकदम टूट गई, और अपने पति को मानो उसने पहले की अपेक्षा कहीं अधिक पूर्णता के साथ पा लिया। मन-ही-मन में उसने संकल्प किया कि चाहे कैसे ही दिन बीतें, वह पति के प्रति उद्दीप्त स्नेह की उज्ज्वलता को तनिक भी म्लान न होने देगी।

किन्तु इस नए मिलन में जयगोपाल बाबू के मन की दशा कुछ और ही हो गई। इससे पूर्व जब दोनों अविच्छेद रूप से एक साथ रहा करते थे, जब पत्नी के साथ उसके पूरे स्वार्थ और विभिन्न कार्यों में एकता का संबंध था, जब पत्नी के साथ उसके जीवन का एक नित्य सत्य हो रही थी और जब वह उसे पृथक् करके कुछ करना चाहते थे तो दैनिकचर्या की राह में चलते-चलते अवश्य उनका पांव अकस्मात गहरे गर्त में पड़ जाता। उदाहरणतः कहा जा सकता है कि परदेश जाकर पहले-पहल वह भारी मुसीबत का शिकार हो गये। वहां उन्हें ऐसा प्रतीत होने लगा, मानो

अकस्मात उन्हें किसी ने गहरे जल में धक्का दे दिया है। लेकिन क्रमशः उनके उस विच्छेद में नए कार्य को थेकली लगा दी गई।

केवल इतना ही नहीं, अपितु पहले जो उनके दिन व्यर्थ आलस्य में कट जाए करते थे, उधर दो वर्ष से अपनी आर्थिक अवस्था सुधरने की कोशिश के रूप में उनके मन में एक प्रकार की जबर्दस्त क्रांति का उदय हुआ। उनके मन के सम्मुख मालदार बनने की एकनिष्ठ इच्छा के सिवा और कोई चीज नहीं थी। इस नए उन्माद की तीव्रता के आगे पिछला जीवन उनको बिल्कुल ही सारहीन-सा दृष्टिगत होने लगा।

नारी जाति की प्रकृति में खास परिवर्तन ले आता है स्नेह, और पुरुष जाति की प्रकृति में कोई खास परिवर्तन होता है, तो उसकी जड़ में रहती है कोई-न-कोई दुष्ट-प्रवृत्ति।

जयगोपाल बाबू दो वर्ष पश्चात् आकर पत्नी से मिले तो उन्हें हू-ब-हू पहली-सी पत्नी नहीं मिली। उनकी पत्नी शशि के जीवन में उनके नवजात साले ने एक नई ही परिधि स्थित कर दी है, जो पहले से भी कहीं अधिक विस्तृत और संकीर्णता से कोसों दूर है। शशि के मन के इस भाव से वह बिल्कुल ही अनभिज्ञ थे और न इससे उनका मेल ही बैठता था। शशि अपने इस नवजात शिशु के स्नेह में से पति को भाग देने का बहुत यत्न करती, पर उसमें इसे सफलता मिली या नहीं, कहना कठिन है।

शशि नीलमणि को गोदी में उठाकर हंसती हुई पति के सामने आती और उनकी गोद में देने की चेष्टा करती, किन्तु नीलमणि पूरी ताकत के साथ दीदी के गले से चिपट जाता और अपने सम्बन्ध की तनिक भी परवाह न करके दीदी के कन्धे से मुंह को छिपाने का प्रयत्न करता।

शशि की इच्छा थी कि उसके इस छोटे से भाई को मन बहलाने की जितनी ही प्रकार की विद्या आती है, सबकी सब बहनोई के आगे प्रकट हो जाए। लेकिन न तो बहनोई ने ही इस विषय में कोई आग्रह दिखाया और न साले ने ही कोई दिलचस्पी दिखाई। जयगोपाल बाबू की समझ में यह बिल्कुल न आया कि इस दुबले-पतले चौड़े माथे वाले मनहूस सूरत काले-कलूटे बच्चे में ऐसा कौन-सा आकर्षण है, जिसके लिए उस पर प्यार की इतनी फिजूलखर्ची की जा रही है।

प्यार की सूक्ष्म से सूक्ष्म बातें नारी-जाति चट से समझ जाती है। शशि तुरन्त ही समझ गई कि जयगोपाल बाबू को नीलमणि के प्रति कोई खास रुचि नहीं है और वह शायद मन से उसे चाहते भी नहीं हैं। तब से वह अपने भाई को बड़ी सतर्कता

से पति की दृष्टि से बचाकर रखने लगी। जहां तक हो सकता, जयगोपाल की विराग दृष्टि उस पर नहीं पड़ने पाती।

और इस प्रकार वह बच्चा उस अकेली का एकमात्र स्नेह का आधर बन गया। उसकी वह इस प्रकार देखभाल रखने लगी, जैसे वह उसका बड़े यत्न से इकट्ठा किया हुआ गुप्त धन है। सभी जानते हैं कि स्नेह जितना ही गुप्त और जितना ही एकान्त का होता, उतना ही तेज हुआ करता है।

नीलमणि जब कभी रोता तो जयगोपाल बाबू को बहुत ही झुंझलाहट आती। अतः शशि झट से उसे छाती से लगाकर खूब प्यार कर-करके हंसाने का प्रयत्न करतीय खासकर रात को उसके रोने से यदि पति की नींद उचटने की सम्भावना होती और पति यदि उस रोते हुए शिशु के प्रति हिंसात्मक भाव से क्रोध या घृणा जाहिर करता हुआ तीव्र स्वर में चिल्ला उठता, तब शशि मानो अपराधिनी-सी संकुचित और अस्थिर हो जाती और उसी क्षण उसे गोदी में लेकर दूर जाकर प्यार के स्वर में कहती- 'सो जा मेरा राजा बाबू, सो जा' वह सो जाता।

बच्चों-बच्चों में बहुधा किसी-न-किसी बात पर झगड़ा हो ही जाता है? शुरू-शुरू में ऐसे अवसरों पर शशि अपने भाई का पक्ष लिया करती थीय कारण उसकी मां नहीं है। जब न्यायाधीश के साथ-साथ न्याय में भी अन्तर आने लगा तब हमेशा ही निर्दोष नीलमणि को कड़ा-से-कड़ा दण्ड भुगतना पड़ता। यह अन्याय शशि के हृदय में तीर के समान चुभ जाता और इसके लिए वह दण्डित भाई को अलग ले जाकर, उसे मिठाई देकर खिलौने देकर, गाल चूम करके, दिलासा देने का प्रयत्न किया करती।

परिणाम यह देखने में आता है कि शशि नीलमणि को जितना ही अधिक चाहती, जयगोपाल बाबू उतना ही उस पर जलते-भुनते रहते और वह जितना ही नीलमणि से घृणा करते, गुस्सा करते शशि उतना ही उसे अधिक प्यार करती।

जयगोपाल बाबू उन इंसानों में से हैं जो कि अपनी पत्नी के साथ कठोर व्यवहार नहीं करते और शशि भी उन स्त्रियों में से है जो स्निग्ध स्नेह के साथ चुपचाप पति की बराबर सेवा किया करती है। किन्तु अब केवल नीलमणि को लेकर अन्दर-ही-अन्दर एक गुठली-सी पकने लगी जो उस दम्पति के लिए व्यथा दे रही है।

इस प्रकार के नीरव द्वन्द्व का गोपनीय आघात-प्रतिघात प्रकट संघर्ष की अपेक्षा कहीं अधिक कष्टदायक होता है, यह बात उन समवयस्कों से छिपाना कठिन है जो कि विवाहित दुनिया की सैर कर चुके हों।

नीलमणि की सारी देह में केवल सिर ही सबसे बड़ा था। देखने में ऐसा प्रतीत होता जैसे विधाता ने एक खोखले पतले बांस में फूंक मारकर ऊपर के हिस्से पर एक हंडिया बना दी है। डॉक्टर भी अक्सर भय प्रगट करते हुए कहा करते कि लड़का उस ढांचे के समान ही निकम्मा साबित हो सकता है। बहुत दिनों तक उसे बात करना और चलना नहीं आया। उसके उदासीन गम्भीर चेहरे को देखकर ऐसा प्रतीत होता कि उसके माता-पिता अपनी वृध्दावस्था की सारी चिन्ताओं का भार, इसी नन्हे-से बच्चे के माथे पर लाद गये हैं।

दीदी के यत्न और सेवा से नीलमणि ने अपने भय का समय पार करके छठे वर्ष में पदार्पण किया।

कार्तिक में भइया-दूज के दिन शशि ने नीलमणि को नए-नए, बढ़िया वस्त्र पहनाये, खूब सजधज के साथ बाबू बनाया और उसके विशाल माथे पर टीका करने के लिए थाली सजाई। भइया को पटड़े पर बिठाकर अंगूठे में रोली लगाकर टीका लगा ही रही थी कि इतने में पूर्वोक्त मुंहफट पड़ोसिन तारा आ पहुंची और आने के साथ ही बात-ही-बात में शशि के साथ संघर्ष आरम्भ कर दिया।

वह कहने लगी- “हाय, हाय! छिपे-छिपे भइया का सत्यानाश करके ठाट-बाट से लोक दिखाऊ टीका करने से क्या फायदा?”

सुनकर शशि पर एक साथ आश्चर्य, क्रोध और वेदना की दामिनी-सी टूट पड़ी। अन्त में उसे सुनना पड़ा कि वे दोनों औरत-मर्द मिलकर सलाह करके नाबालिग नीलमणि की अचल संपत्ति को मालगुजारी-वसूली में नीलाम करवाकर पति के फुफेरे भाई के नाम खरीदने के साजिश कर रहे हैं।

शशि ने सुनकर कोसना शुरू किया- “जो लोग इतनी बड़ी झूठी बदनामी कर रहे हैं, भगवान करे उनकी जीभ जल जाऐ।” और अश्रु बहाती हुई सीधी वह पति के पास पहुंची तथा उनसे सब बात कह सुनाई।

जयगोपाल बाबू ने कहा- “आजकल के जमाने में किसी का भरोसा नहीं किया जा सकता। उपेन्द्र मेरा सगा फुफेरा भाई है, उस पर सारी अचल संपत्ति का भार डालकर मैं निश्चिंत था। उसने कब मालगुजारी नहीं भरी और कब नीलाम में हासिलपुर खरीद लिया, मुझे कुछ पता ही नहीं लगा।”

शशि ने आश्चर्य के साथ पूछा- “तुम नालिश नहीं करोगे?”

जयगोपाल बाबू ने कहा- “भाई के नाम नालिश कैसे करूं और फिर नालिश करने से कुछ फल भी नहीं निकलेगा, गांठ से और रुपये-पैसे की बर्बादी होगी?”

पति की बात पर भरोसा करना शशि का कर्त्तव्य है किन्तु वह किसी भी तरह भरोसा न कर सकी? तब फिर उसकी अपनी सुख की घर-गृहस्थी और स्नेह का दाम्पत्य जीवन सब-कुछ सहसा भयानक रूप में उसके समक्ष आ खड़ा हुआ। जिस घर-द्वार को वह अपना आश्रय समझ रही थी, अचानक देखा कि उसके लिए वह एक निष्ठुर फांसी बन गया है, जिसने चारों ओर से उन दोनों बहन-भाई को घेर रखा है। वह अकेली अबला है, असहाय नीलमणि को कैसे बचाये, उसकी कुछ समझ में नहीं आता। जैसे-जैसे वह सोचने लगी। वैसे-वैसे भय और घृणा से संकट में पड़े हुए अबोध भाई पर उसका प्यार बढ़ता ही गया। उसका हृदय ममता और आंखें अश्रुओं से भर आईं। वह सोचने लगी यदि उसे उपाय मालूम होता तो वह लाट साहब के दरबार में अपनी अर्जी दिलवाती और वहां से भी कुछ न होता तो महारानी विक्टोरिया के पास खत भेजकर अपने भाई की जायदाद अवश्य बचा लेती और महारानी साहिबा नीलमणि की वार्षिक सात सौ अट्ठावन रुपये लाभ की जायदाद हासिलपुर कदापि नहीं बिकने देती।

इस प्रकार शशि जबकि सीधा महारानी विक्टोरिया के दरबार में न्याय कराके अपने फुफेरे देवर को ठीक करने का उपाय सोच रही थी, तब सहसा नीलमणि को तीव्र ज्वर चढ़ आया और ऐसा दौरा पड़ने लगा कि हाथ-पांव तन गये और बारम्बार बेहोशी बढ़ने लगी।

जयगोपाल ने गांव के एक देशी काले डॉक्टर को बुलवाया। शशि ने अच्छे डॉक्टर के लिए प्रार्थना की तो जयगोपाल बाबू ने उत्तर दिया- "क्यों? मोतीलाल क्या बुरा डॉक्टर है?"

शशि जब उनके पांवों पर गिर गई, अपनी सौगंध खिलाकर भयभीत हिरनी की तरह निहारने लगी, तब जयगोपाल बाबू ने कहा- "अच्छा, शहर से डॉक्टर बुलवाता हूं, ठहरो।"

शशि नीलमणि को छाती से चिपकाये पड़ी रही। नीलमणि भी एक पल के लिए भी उसे आंखों से ओझल नहीं होने देताय भय खाता कि उसे धोखा देकर दीदी उसकी कहीं चली जाए और इसलिए वह सदा उससे चिपटा रहता, यहां तक कि सो जाने पर भी पल्लू कदापि नहीं छोड़ता।

सारा दिन इसी प्रकार बीत गया। संध्या के बाद दीया-बत्ती के समय जयगोपाल बाबू ने आकर कहा- "शहर का डॉक्टर नहीं मिला, वह दूर कहीं मरीज देखने गया है।" और इसके साथ ही यह भी कहा- "मुकदमे के कारण मुझे अभी

इसी समय बाहर जाना पड़ रहा है। मैंने मोतीलाल से कह दिया है, दोनों वक्त आकर, अच्छी प्रकार से देखभाल किया करेंगे।"

रात को नीलमणि अंटसंट बकने लगा। भोर होते ही शशि और कुछ भी न सोचकर खुद रोगी भाई को लेकर नाव में बैठ कलकत्ता के लिए चल दी।

कलकत्ता जाकर देखा कि डॉक्टर घर पर ही हैं, कहीं बाहर नहीं गये हैं। भले घर की स्त्री समझकर डॉक्टर ने झटपट उसके लिए ठहरने का प्रबन्ध कर लिया और उसकी मदद के लिए एक अधेड़ विधवा को नियुक्त कर दिया। नीलमणि का इलाज चलने लगा।

दूसरे ही दिन जयगोपाल बाबू भी कलकत्ता आ धमके। मारे गुस्से के आग-बबूला होकर उसने शशि को तत्काल ही घर लौटने का हुक्म दिया।

शशि ने कहा- "मुझे यदि तुम काट भी डालो, तब भी मैं अभी घर नहीं लौटने की। तुम सब मिलकर मेरे नीलमणि को मार डालना चाहते हो। उसके बाप नहीं, मां नहीं, मेरे सिवा उसका है ही कौन? मैं उसे बचाऊंगी, बचाऊंगी, अवश्य बचाऊंगी।"

जयगोपाल बाबू भावावेश में आकर बोले- "तो तुम यहीं रहो, मेरे घर अब कदापि मत आना।"

शशि ने उसी क्षण तपाक से कहा-"तुम्हारा घर कहां से आया? घर तो मेरे भाई का है।"

जयगोपाल बाबू बोले- "अच्छा देखा जाएगा।"

कुछ दिनों तक इस घटना को लेकर मोहल्ले के लोगों में चुहलबाजियां चलती रहीं, अनेक वाद-विवाद होते रहे। तभी पड़ोसिन तारा ने कहा- "अरे! खसम के साथ लड़ना ही हो तो घर पर रहकर लड़ो न, जितना लड़ना हो। घर छोड़कर बाहर लड़ने-झगड़ने की क्या जरूरत, कुछ भी हो, आखिर है तो अपना घरवाला ही?"

हाथ में जो कुछ जमा-पूंजी थी सब खर्च करके, आभूषण आदि जो कुछ भी थे सब बेचकर किसी प्रकार शशि ने अपने नाबालिग भाई को मौत के मुंह से निकाल लिया? और तब उसे पता लगा कि दुआर-गांव में उन लोगों की जो बड़ी भारी खेती की जमीन थी और उस पर उनकी पक्की हवेली भी थी, जिसकी वार्षिक आय लगभग डेढ़ सहस्र थी। वह भी जमींदार के साथ मिलकर जयगोपाल बाबू ने अपने नाम करा ली है। अब सारी अचल संपत्ति उसके पति की है, भाई का उसमें कुछ भी हक नहीं रहा है।

रोग से छुटकारा मिलने पर नीलमणि ने करुण स्वर में कहा- "दीदी! घर चलो।" वहां अपने साथियों से खेलने के लिए उसका जी मचल रहा है। इसी से प्रेरित होकर वह बार-बार कहने लगा- "दीदी! अपने उसी घर में चलो न।"

सुनकर शशि रोने लगी, बोली- "हम लोगों का अब घर कहां है?"

लेकिन, केवल रोने से ही फल क्या? अब दीदी के सिवा इस दुनिया में उसके भाई का है ही कौन? यह सोचकर शशि ने आंखें पोंछ डालीं और साहस बटोरकर डिप्टी-मजिस्ट्रेट तारिणी बाबू के घर जाकर, उसकी पत्नी की शरण ली।

मजिस्ट्रेट साहब जयगोपाल बाबू को भली-भांति जानते थे। भले घर की बहू-बेटी घर से निकलकर जमीन-जायदाद के लिए पति से झगड़ना चाहती है, इस बात पर वे शशि पर गुस्सा हुए। उसे बातों से फुसलाये रखकर उसी समय उन्होंने जयगोपाल बाबू को पत्र लिखा। जयगोपाल बाबू साले सहित शशि को जबर्दस्ती नाव पर बैठकर गांव ले गया।

इस दम्पति का द्वितीय विच्छेद के बाद, फिर वह द्वितीय मिलन हुआ। जन्म-जन्म का साथ सृष्टिकर्ता का विधान जो ठहरा।

बहुत दिनों बाद घर लौटकर पुराने साथियों को पाकर नीलमणि बहुत खुश हुआ आनन्दपूर्वक घूमने-फिरने लगा। उसकी निश्चिंत खुशी को देखकर भीतर-ही-भीतर शशि की छाती फटने लगी।

शरद ऋतु आई। मजिस्ट्रेट साहब गांवों में छानबीन करने दौरे पर निकले और शिकार करने के लिए, जंगल से सटे हुए एक गांव में तम्बू तन गये। गांव के मार्ग में साहब के साथ नीलमणि की भेंट हुई। उसके सभी साथी साहब को देखकर दूर हट गये। निरीक्षण करता रहा। न जाने साहब को उससे कुछ दिलचस्पी हुई, उसने पास बुलाकर पूछा- "तुम स्कूल में पढ़ते हो?"

बालक ने चुपचाप खड़े रहकर सिर हिला दिया- "हां।"

साहब ने पुनः पूछा- "कौन-सी पुस्तक पढ़ते हो?"

नीलमणि 'पुस्तक' शब्द का मतलब न समझ सका, अतः साहब के मुंह की ओर देखता रहा।

घर पहुंचकर नीलमणि ने साहब के साथ अपने इस परिचय की बात खूब उत्साह के साथ दीदी को बताई।

दोपहर को अचकन, पाजामा, पगड़ी आदि बांधकर जयगोपाल बाबू साहब का अभिवादन करने के लिए पहुँचे। साहब उस समय तम्बू के बाहर खुली छाया में कैम्प मेज लगाये बैठे थे। सिपाही वगैरा की चारों ओर धूम मची हुई थी। उन्होंने जयगोपाल

बाबू को चौकी पर बैठाकर गांव के हालचाल पूछे। जयगोपाल बाबू सर्वसाधारण गांव वालों के सामने जो इस प्रकार बड़प्पन का स्थान घेरे बैठा है, इसके लिए वह मन-ही-मन फूला नहीं समा रहा है उसके मन में बार-बार यह विचार उठ रहे थे कि इस समय चक्रवर्ती और नन्दी घराने का कोई आकर देख जाता तो, कितना अच्छा होता?

इतने में नीलमणि को साथ लिये अवगुण्ठन ताने एक स्त्री सीधी साहब के सामने आकर खड़ी हो गई, बोली- "साहब आपके हाथ में मैं इस अनाथ भाई को सौंप रही हूं, आप इसकी रक्षा कीजिए।"

साहब पूर्व परिचित गम्भीर प्रकृति वाले बालक को देखकर उसके साथ वाली स्त्री को भले घर की बहू-बेटी समझ कर, उसी क्षण उठ के खड़े हो गये, बोले- "आप तम्बू में आइये।"

"मुझे जो कुछ कहना है, वह यहीं कहूंगी।"

जयगोपाल बाबू का चेहरा फीका पड़ गया और घबराहट के मारे ऐसा हो गया, मानो अंगारे पर अचानक उसका पांव पड़ गया हो। गांव के लोग तमाशा देखने के लिए खिसक-खिसककर पास आने की चेष्टा करने लगे। तभी साहब ने बेंत उठाया और सब भाग खड़े हुए।

तब फिर शशिकला ने अपने अनाथ भाई का हाथ थामते हुए उस अनाथ बच्चे का सारा इतिहास शुरू से आखिर तक कह सुनाया। जयगोपाल बाबू ने बीच-बीच में रुकावट डालने की चेष्टा की, पर साहब ने गरजकर उसे जहां का तहां बैठा दिया। "चुप रहो।" और बेंत के संकेत से उसे चौकी से उठाकर सामने खड़ा होने का हुक्म दिया।

जयगोपाल बाबू शशि को मन-ही-मन कोसता हुआ सामने खड़ा रहा और नीलमणि अपनी दीदी से बिल्कुल चिपटकर मुंह बनाये चुपचाप खड़ा सुनता रहा।

शशि की बात सुन लेने पर साहब ने जयगोपाल बाबू से कई प्रश्न पूछे और उनका उत्तर पाकर, बहुत देर तक चुप रहकर शशि को सम्बोधित करके बोले- "बेटी! यह मामला मेरी कचहरी में नहीं चल सकता, पर तुम बेफिक्र रहो, इस विषय में मुझे जो कुछ करना होगा, अवश्य करूंगा। तुम इस अनाथ भाई को लेकर बेधड़क घर जा सकती हो।"

शशि ने कहा- "साहब जब तक इस अनाथ को अपना मकान नहीं मिल सकता तब तक इसे लेकर घर जाने का साहस मैं नहीं कर सकती। अब, यदि आप इसे अपने पास नहीं रखते तो और कोई भी इस अनाथ की रक्षा नहीं कर सकता?"

साहब ने पूछा- "तुम कहां जाओगी?"

शशि ने उत्तर दिया- "मैं अपने पति के घर लौट जाऊंगी, मेरी कुछ फिक्र नहीं है।" साहब मुस्कराया और ताबीज बंधे और दुबले-पतले, गंभीर स्वभाव वाले काले रंग के उस दुखी अनाथ बालक को अपने पास रखने को तैयार हो गया।

इसके उपरान्त शशि जब विदा होने लगी, तब बालक ने उसकी धोती का छोर पकड़ लिया।

साहब ने कहा- "बेटा! तुम डरो मत, आओ, मेरे पास आओ।"

अवगुण्ठन के भीतर अश्रुओं से झरना बहाते और पोंछते हुए अनाथ की दीदी ने कहा- "मेरा राजा भैया है न, जा, जा, साहब के पास जा-तेरी दीदी तुझसे फिर मिलेगी, अच्छा।"

इतना कहकर उसने नीलमणि को उठा छाती से लगा लिया, और माथे पर, पीठ पर हाथ फेरकर किसी प्रकार उसके पतले हाथों से अपनी धोती का छोर छुड़ाया और बड़ी तेजी से वहां से चल दी। साहब ने तुरंत ही बाएं हाथ से उस अनाथ बालक को रोक लिया और बालक- 'दीदी! दीदी!' चिल्लाता हुआ जोर-जोर से रोने लगा। शशि ने एक बार मुड़कर, दूर से अपना दाहिना हाथ उठाकर, अपनी ओर से उसे चुप होने के लिए सांत्वना दी और अपने टूक-टूक हुए हृदय को लेकर और भी तेजी से आगे निकल गई।

फिर बहुत दिनों तक उस पुरानी हवेली में पति-पत्नी का मिलन हुआ। सृष्टिकर्ता का विधान जो ठहरा।

लेकिन यह मिलन अधिक दिन तक न रह सका। कारण, इसके कुछ ही दिन बाद, एक दिन भोर होते ही गांव वालों ने सुना कि रात को जयगोपाल बाबू की स्त्री हैजे से मर गई और रात ही को उसका अन्तिम संस्कार हो गया।

विदा के समय शशि अपने अनाथ भाई को वचन दे आई थी कि उसकी दीदी उससे फिर मिलेगी, पता नहीं उस वचन को वह निभा सकी अथवा नहीं

4

अपरिचिता

आज मेरी आयु केवल सत्ताईस साल की है। यह जीवन न दीर्घता के हिसाब से बड़ा है, न गुण के हिसाब से। तो भी इसका एक विशेष मूल्य है। यह उस फूल के समान है जिसके वक्ष पर भ्रमर आ बैठा हो और उसी पदक्षेप के इतिहास ने उसके जीवन के फल में गुठली का-सा रूप धारण कर लिया हो।

वह इतिहास आकार में छोटा है, उसे छोटा करके ही लिखूंगा। जो छोटे को साधारण समझने की भूल नहीं करेंगे वे इसका रस समझेंगे।

कॉलेज में पास करने के लिए जितनी परीक्षाएं थीं सब मैंने खत्म कर ली हैं। बचपन में मेरे सुंदर चेहरे को लेकर पंडितजी को सेमल के फूल तथा माकाल फल (बाहर से देखने में सुंदर तथा भीतर से दुर्गंधयुक्त और अखाद्य गुदे वाला एक फल) के साथ मेरी तुलना करके हंसी उड़ाने का मौका मिला था। तब मुझे इससे बड़ी लज्जा लगती थी, किंतु बड़े होने पर सोचता रहा हूं कि यदि पुनर्जन्म हो तो मेरे मुख पर सुरूप और पंडितजी के मुख पर विद्रूप इसी प्रकार प्रकट हो। एक दिन था जब मेरे पिता गरीब थे। वकालत करके उन्होंने बहुत-सा रुपया कमाया, भोग करने का उन्हें पल-भर भी समय नहीं मिला। मृत्यु के समय उन्होंने जो लंबी सांस ली थी वही उनका पहला अवकाश था।

उस समय मेरी अवस्था कम थी। मां के ही हाथों मेरा लालन-पालन हुआ। मां गरीब घर की बेटी थीं, अतः हम धनी थे यह बात न तो वे भूलती, और न मुझे

भूलने देती बचपन में मैं सदा गोद में ही रहा, शायद इसीलिए मैं अंत तक पूरी तौर पर वयस्क ही नहीं हुआ। आज ही मुझे देखने पर लगेगा जैसे मैं अन्नपूर्णा की गोद में गजानन का छोटा भाई होऊं।

मेरे असली अभिभावक थे मेरे मामा। वे मुझसे मुश्किल से छः वर्ष बड़े होंगे। किंतु, फल्गु की रेती की तरह उन्होंने हमारे सारे परिवार को अपने हृदय में सोख लिया था। उन्हें खोदे बिना इस परिवार का एक भी बूंद रस पाने का कोई उपाय नहीं। इसी कारण मुझे किसी भी वस्तु के लिए कोई चिंता नहीं करनी पड़ती।

हर कन्या के पिता स्वीकार करेंगे कि मैं सत्पात्र हूं। हुक्का तक नहीं पीता। भला आदमी होने में कोई झंझट नहीं है, अतः मैं नितांत भलामानस हूं। माता का आदेश मानकर चलने की क्षमता मुझमें है- वस्तुतः न मानने की क्षमता मुझमें नहीं है। मैं अपने को अंतरूपुर के शासनानुसार चलने के योग्य ही बना सका हूं, यदि कोई कन्या स्वयंवरा हो तो इन सुलक्षणों को याद रखे।

बड़े-बड़े घरों से मेरे विवाह के प्रस्ताव आए थे। किंतु मेरे मामा का, जो धरती पर मेरे भाग्य देवता के प्रधान एजेंट थे, विवाह के संबंध में एक विशेष मत था। अमीर की कन्या उन्हें पसंद न थी। हमारे घर जो लड़की आए वह सिर झुकाए हुए आए, वे यही चाहते थे। फिर भी रुपये के प्रति उनकी नस-नस में आसक्ति समाई हुई थी। वे ऐसा समधी चाहते थे जिसके पास धन तो न हो, पर जो धन देने में त्रुटि न करे। जिसका शोषण तो कर लिया जाए, पर जिसे घर आने पर गुड़गुड़ी के बदले बंधे हुक्के में(गुड़गुड़ी हुक्का अधिक सम्मान-सूचक समझा जाता है, बंधा हुक्का मामूली हुक्का होता है।)तंबाकू देने पर जिसकी शिकायत न सुननी पड़े।

मेरा मित्र हरीश कानपुर में काम करता था। छुट्टियों में उसने कलकत्ता आकर मेरा मन चंचल कर दिया। बोला, सुनो जी, अगर लड़की की बात हो तो एक अच्छी-खासी लड़की है।

कुछ दिन पहले ही एम.ए. पास किया था। सामने जितनी दूर तक दृष्टि जाती, छुट्टी धू-धू कर रही थीय परीक्षा नहीं है, उम्मीदवारी नहीं, नौकरी नहींय अपनी जायदाद देखने की चिंता भी नहीं, शिक्षा भी नहीं, इच्छा भी नहीं- होने में भीतर मां थीं और बाहर मामा।

इस अवकाश की मरुभूमि में मेरा हृदय उस समय विश्वव्यापी नारी-रूप की मरीचिका देख रहा था- आकाश में उसकी दृष्टि थी, वायु में उसका निश्वास, तरु-मर्मर में उसकी रहस्यमयी बातें।

ऐसे में ही हरीश आकर बोला, अगर लड़की की बात हो तो। मेरा तन मन वसंत वायु से दोलायित बकुल वन की नवपल्लव-राशि की भांति धूप-छांह का पट बुनने लगा। हरीश आदमी था रसिक, रस उंडेलकर वर्णन करने की उसमें शक्ति थी, और मेरा मन था तृर्षात्त।

मैंने हरीश से कहा, एक बार मामा से बात चलाकर देखो!

बैठक जमाने में हरीश अद्वितीय था। इससे सर्वत्र उसकी खातिर होती थी।

मामा भी उसे पाकर छोड़ना नहीं चाहते थे। बात उनकी बैठक में चली। लड़की की अपेक्षा लड़की के पिता की जानकारी ही उनके लिए महत्वपूर्ण थी। पिता की अवस्था वे जैसी चाहते थे वैसी ही थी। किसी जमाने में उनके वंश में लक्ष्मी का मंगल घट भरा रहता था। इस समय उसे शून्य ही समझो, फिर भी तले में थोड़ा-बहुत बाकी था। अपने प्रांत में वंश-मर्यादा की रक्षा करके चलना सहज न समझकर वे पश्चिम में जाकर वास कर रहे थे। वहां गरीब गृहस्थ की ही भांति रहते थे। एक लड़की को छोड़कर उनके और कोई नहीं था। अतएव उसी के पीछे लक्ष्मी के घट को एकदम औंधा कर देने में हिचकिचाहट नहीं होगी।

यह सब तो सुंदर था। किंतु, लड़की की आयु पंद्रह की है यह सुनकर मामा का मन भारी हो गया। वंश में तो कोई दोष नहीं है? नहीं, कोई दोष नहीं- पिता अपनी कन्या के योग्य वर कहीं भी न खोज पाए। एक तो वर की हाट में मंहगाई थी, तिस पर धनुष-भंग की शर्त, अतः बाप सब्र किए बैठे हैं,-किंतु कन्या की आयु सब्र नहीं करती।

जो हो, हरीश की सरस रचना में गुण था मामा का मन नरम पड़ गया। विवाह का भूमिका-भाग निर्विघ्न पूरा हो गया। कलकत्ता के बाहर बाकी जितनी दुनिया है, सबको मामा अंडमान द्वीप के अंतर्गत ही समझते थे। जीवन में एकबार विशेष काम से वे कोन्नगर तक गए थे। मामा यदि मनु होते तो वे अपनी संहिता में हावड़ा के पुल को पार करने का एकदम निषेध कर देते। मन में इच्छा थी, खुद जाकर लड़की देख आऊं। पर प्रस्ताव करने का साहस न कर सका।

कन्या को आशीर्वाद देने (बंगालियों में विवाह पक्का करने के लिए एक रस्म होती है- जिसमें वर-पक्ष के लोग कन्या को और कन्या-पक्ष के लोग वर को आशीर्वाद देकर कोई आभूषण दे जाते हैं।) जिनको भेजा गया वे हमारे विनु दादा थे, मेरे फुफेरे भाई। उनके मत, रुचि एवं दक्षता पर मैं सोलह आने निर्भर कर सकता था। लौटकर विनु दादा ने कहा, बुरी नहीं है जी! असली सोना है।

विनु दादा की भाषा अत्यंत संयत थी। जहां हम कहते थे 'अपूर्व', वहां वे कहते 'कामचलाऊ'। अतएव मैं समझा, मेरे भाग्य में पंचशर का प्रजापति से कोई विरोध नहीं है।

कहना व्यर्थ है, विवाह के उपलक्ष्य में कन्या पक्ष को ही कलकत्ता आना पड़ा। कन्या के पिता शंभूनाथ बाबू हरीश पर कितना विश्वास करते थे, इसका प्रमाण यह था कि विवाह के तीन दिन पहले उन्होंने मुझे पहली बार देखा और आशीर्वाद की रस्म पूरी कर गए। उनकी अवस्था चालीस के ही आस-पास होगी। बाल काले थे, मूंछों का पकना अभी प्रारंभ ही हुआ था। रूपवान थे, भीड़ में देखने पर सबसे पहले उन्हीं पर नजर पड़ने लायक उनका चेहरा था।

आशा करता हूं कि मुझे देखकर वे खुश हुए। समझना कठिन था, क्योंकि वे अल्पभाषी थे। जो एकाध बात कहते भी थे उसे मानो पूरा जोर देकर नहीं कहते थे। इस बीच मामा का मुंह अबाध गति से चल रहा था- धन में, मान में हमारा स्थान शहर में किसी से कम नहीं था, वे नाना प्रकार से इसी का प्रचार कर रहे थे। शंभूनाथ बाबू ने इस बात में बिल्कुल योग नहीं दिया- किसी भी प्रसंग में कोई श्हांश या श्हूंश तक नहीं सुनाई पड़ी। मैं होता तो निरुत्साहित हो जाता, किंतु मामा को हतोत्साहित करना कठिन था। उन्होंने शंभूनाथ बाबू का शांत स्वभाव देखकर सोचा कि आदमी बिल्कुल निर्जीव है, तनिक भी तेज नहीं। समधियों में और जो हो, तेज भाव होना पाप है, अतएव, मन-ही-मन मामा खुश हुए। शंभूनाथ बाबू जब उठे तो मामा ने संक्षेप में ऊपर से ही उनको विदा कर दिया, गाड़ी में बिठाने नहीं गए।

दहेज के संबंध में दोनों पक्षों में बात पक्की हो गई थी। मामा अपने को असाधारण चतुर समझकर गर्व करते थे। बातचीत में वे कहीं भी कोई छिद्र न छोड़ते। रुपये की संख्या तो निश्चित थी ही, ऊपर से गहना कितने भर एवं सोना किस दर का होगा, यह भी एकदम तय हो गया था। मैं स्वयं इन बातों में नहीं था, न जानता ही था कि क्या लेन-देन निश्चित हुआ है। मैं जानता था कि यह स्थूल भाग ही विवाह का एक प्रधान अंग हैय एवं उस अंश का भार जिनके ऊपर है वे एक कौड़ी भी नहीं ठगाएंगे। वस्तुतः अत्यंत चतुर व्यक्ति के रूप में मामा हमारे सारे परिवार में गर्व की प्रधान वस्तु थे। जहां कहीं भी हमारा कोई संबंध हो पर्वत ही बुध्दि की लड़ाई में जीतेंगे, यह बिल्कुल पक्की बात थी। इसलिए हमारे यहां कभी न रहने पर भी एवं दूसरे पक्ष में कठिन अभाव होते हुए भी हम जीतेंगे, हमारे परिवार की जिद थी- इसमें चाहे कोई बचे या मरे।

हल्दी चढ़ाने की रस्म बड़ी धूमधाम से हुई। ढोने वाले इतने थे कि उनकी संख्या का हिसाब रखने के लिए क्लर्क रखना पड़ता। उनको विदा करने में अवर पक्ष का जो नाकों-दम होगा उसका स्मरण करके मामा के साथ स्वर मिलाकर मां खूब हंसी।

बैंड, शहनाई, फैंसी कंसर्ट आदि जहां जितने प्रकार की जोरदार आवाजें थीं, सबको एक साथ मिलाकर बर्बर कोलाहल रूपी मस्त हाथी द्वारा संगीत सरस्वती के पर्विन को दलित-विदलित करता हुआ मैं विवाह के घर में जा पहुंचा। अंगूठी, हार, जरी, जवाहरात से मेरा शरीर ऐसा लग रहा था जैसे गहने की दुकान नीलाम पर चढ़ी हो। उनके भावी जमाता का मूल्य कितना था यह जैसे कुछ मात्रा में सर्वांग में स्पष्ट रूप से लिखकर भावी ससुर के साथ मुकाबला करने चला था।

मामा विवाह के घर पहुंचकर प्रसन्न नहीं हुए। एक तो आंगन में बरातियों के बैठने के लायक जगह नहीं थी, तिस पर संपूर्ण आयोजन एकदम साधारण ढंग का था। ऊपर से शंभूनाथ बाबू का व्यवहार भी निहायत ठंडा था। उनकी विनय अजस्र नहीं थी। मुंह में शब्द ही न थे। बैठे गले, गंजी खोपड़ी, कृष्णवर्ण एवं स्थूल शरीर वाले उनके एक वकील मित्र यदि कमर में चादर बांधे, बराबर हाथ जोड़े, सिर हिलाते हुए, नम्रतापूर्ण स्मितहास्य और गद्‌गद वचनों से कंसर्ट पार्टी के करताल बजाने वाले से लेकर वरकर्ता तक प्रत्येक को बार-बार प्रचुर मात्रा में अभिषिक्त न कर देते तो शुरू में ही मामला इस पार या उस पार हो जाता।

मेरे सभा में बैठने के कुछ देर बाद ही मामा शंभूनाथ बाबू को बगल के कमरे में बुला ले गए। पता नहीं, क्या बातें हुईं। कुछ देर बाद ही शंभूनाथ बाबू ने आकर मुझसे कहा, लालाजी, जरा इधर तो आइए!

मामला यह था- सभी का न हो, किंतु किसी-किसी मनुष्य का जीवन में कोई एक लक्ष्य रहता है। मामा का एकमात्र लक्ष्य था-वे किसी भी प्रकार किसी से ठगे नहीं जाएंगे। उन्हें डर था कि उनके समधी उन्हें गहनों में धोखा दे सकते हैं- विवाह-कार्य समाप्त हो जाने पर उस धोखे का कोई प्रतिकार न हो सकेगा। घर-किराया, सौगात, लोगों की विदाई आदि के विषय में जिस प्रकार की खींचातानी का परिचय मिला उससे मामा ने निश्चय किया था- लेने-देने के संबंध में इस आदमी की केवल जबानी बात पर निर्भर रहने से काम न चलेगा। इसी कारण घर के सुनार तक को साथ लाए थे। बगल के कमरे में जाकर देखा, मामा एक कुर्सी पर बैठे थे। एक सुनार अपनी तराजू, बाट और कसौटी आदि लिए जमीन पर।

शंभूनाथ बाबू ने मुझसे कहा, तुम्हारे मामा कहते हैं कि विवाह-कार्य शुरू होने के पहले ही वे कन्या के सारे गहने जंचवा देखेंगे, इसमें तुम्हारी क्या राय है?

मैं सिर नीचा किए चुप रहा।

मामा बोले, वह क्या कहेगा। मैं जो कहूंगा, वही होगा।

शंभूनाथ बाबू ने मेरी ओर देखकर कहा, तो फिर यही तय रहा? ये जो कहेंगे वही होगा? इस संबंध में तुम्हें कुछ नहीं कहना है?

मैंने जरा गर्दन हिलाकर इशारे से बताया, इन सब बातों में मेरा बिल्कुल भी अधिकार नहीं है।

अच्छा तो बैठो, लड़की के शरीर से सारा गहना उतारकर लाता हूं। यह कहते हुए वे उठे।

मामा बोले, अनुपम यहां क्या करेगा? वह सभा में जाकर बैठे।

शंभूनाथ बोले, नहीं, सभा में नहीं, यहीं बैठना होगा।

कुछ देर बाद उन्होंने एक अंगोछे में बंधे गहने लाकर चौकी के ऊपर बिछा दिए। सारे गहने उनकी पितामही के जमाने के थे, नए फैशन का बारीक काम न था- जैसा मोटा था वैसा ही भारी था।

सुनार ने हाथ में गहने उठाकर कहा, इन्हें क्या देखूं। इसमें कोई मिलावट नहीं है- ऐसे सोने का आजकल व्यवहार ही नहीं होता।

यह कहते हुए उसने मकर के मुंह वाला मोटा एक बाला कुछ दबाकर दिखाया, वह टेढ़ा हो जाता था।

मामा ने उसी समय नोट-बुक में गहनों की सूची बना ली- कहीं जो दिखाया गया था उसमें से कुछ कम न हो जाए। हिसाब करके देखा, गहना जिस मात्रा में देने की बात थी इनकी संख्या, दर एवं तोल उससे अधिक थी।

गहनों में एक जोड़ा इयरिंग था। शंभूनाथ ने उसको सुनार के हाथ में देकर कहा, जरा इसकी परीक्षा करके देखो!

सुनार ने कहा, यह विलायती माल है, इसमें सोने का हिस्सा मामूली ही है।

शंभू बाबू ने इयरिंग जोड़ी मामा के हाथ में देते हुए कहा, इसे आप ही रखें!

मामा ने उसे हाथ में लेकर देखा, यही इयरिंग कन्या को देकर उन्होंने आशीर्वाद की रस्म पूरी की थी।

मामा का चेहरा लाल हो उठा, दरिद्र उनको ठगना चाहेगा, किंतु वे ठगे नहीं जाएंगे इस आनंद-प्राप्ति से वंचित रह गए, एवं इसके अतिरिक्त कुछ ऊपरी प्राप्ति भी हुई। मुंह अत्यंत भारी करके बोले, अनुपम, जाओ तुम सभा में जाकर बैठो!

शंभूनाथ बाबू बोले, नहीं, अब सभा में बैठना नहीं होगा। चलिए, पहले आप लोगों को खिला दूं।

मामा बोले, यह क्या कह रहे हैं? लग्न

शंभूनाथ बाबू ने कहा, उसके लिए चिंता न करें- अभी उठिए!

आदमी निहायत भलामानस था, किंतु अंदर से कुछ ज्यादा हठी प्रतीत हुआ। मामा को उठना पड़ा। बरातियों का भी भोजन हो गया। आयोजन में आडंबर नहीं था। किंतु रसोई अच्छी बनी थी और सब-कुछ साफ-सुथरा। इससे सभी तृप्त हो गए।

बरातियों का भोजन समाप्त होने पर शंभूनाथ बाबू ने मुझसे खाने को कहा। मामा ने कहा, यह क्या कह रहे हैं? विवाह के पहले वर कैसे भोजन करेगा!

इस संबंध में वे मामा के व्यक्त किए मत की पूर्ण उपेक्षा करके मेरी ओर देखकर बोले, तुम क्या कहते हो? भोजन के लिए बैठने में कोई दोष है?

मूर्तिमती मातृ-आज्ञा-स्वरूप मामा उपस्थित थे, उनके विरुद्ध चलना मेरे लिए असंभव था। मैं भोजन के लिए न बैठ सका।

तब शंभूनाथ बाबू ने मामा से कहा, आप लोगों को बहुत कष्ट दिया है। हम लोग धनी नहीं हैं। आप लोगों के योग्य व्यवस्था नहीं कर सके, क्षमा करेंगे। रात हो गई है, आप लोगों का कष्ट और नहीं बढ़ाना चाहता। तो फिर इस समय-

मामा बोले, तो, सभा में चलिए, हम तो तैयार हैं।

शंभूनाथ बोले, तब आपकी गाड़ी बुलवा दूं?

मामा ने आश्चर्य से कहा, मजाक कर रहे हैं क्या?

शंभूनाथ ने कहा, मजाक तो आप ही कर चुके हैं। मजाक के संपर्क को स्थायी करने की मेरी इच्छा नहीं है।

मामा दोनों आंखें विस्फारित किए अवाक् रह गए।

शंभूनाथ ने कहा, अपनी कन्या का गहना मैं चुरा लूंगा, जो यह बात सोचता है उसके हाथों में कन्या नहीं दे सकता।

मुझसे एक शब्द कहना भी उन्होंने आवश्यक नहीं समझा। कारण, प्रमाणित हो गया था, मैं कुछ भी नहीं था।

उसके बाद जो हुआ उसे कहने की इच्छा नहीं होती। झाड़-फानूस तोड़-फोड़कर चीज-वस्तु को नष्ट-भ्रष्ट करके बरातियों का दल दक्ष-यज्ञ का नाटक पूरा करके बाहर चला आया।

घर लौटने पर बैंड, शहनाई और कंसर्ट सब साथ नहीं बजे एवं अभ्रक के झाड़ों ने आकाश के तारों के ऊपर अपने कर्त्तव्य का निर्वाह करके कहां महानिर्वाण प्राप्त किया, पता नहीं चला।

घर के सब लोग क्रोध से आग-बबूला हो गए। कन्या के पिता को इतना घमंड कलियुग पूर्ण रूप से आ गया है!

सब बोले, देखें, लड़की का विवाह कैसे करते हैं। किंतु, लड़की का विवाह नहीं होगा, यह भय जिसके मन में न हो उसको दंड देने का क्या उपाय है?

बंगाल-भर में मैं ही एकमात्र पुरुष था जिसको स्वयं कन्या के पिता ने जनवासे से लौटा दिया था। इतने बड़े सत्पात्र के माथे पर कलंक का इतना बड़ा दाग किस दुष्ट ग्रह ने इतना प्रचार करके गाजे-बाजे से समारोह करके आंक दिया? बराती यह कहते हुए माथा पीटने लगे कि विवाह नहीं हुआ, लेकिन हमको धोखा देकर खिला दिया- संपूर्ण अन्न सहित पक्वाशय निकालकर वहां फेंक आते तो अफसोस मिटता।

'विवाह के वचन-भंग का और मान-हानि का दावा करूंगा' कहकर मामा घूम-घूमकर खूब शोर मचाने लगे। हितैषियों ने समझा दिया कि ऐसा करने से जो तमाशा बाकी रह गया है वह भी पूरा हो जाएगा।

कहना व्यर्थ है, मैं भी खूब क्रोधित हुआ था। 'किसी प्रकार शंभूनाथ बुरी तरह हारकर मेरे पैरों पर आ गिरे,' मूंछों की रेखा पर ताव देते-देते केवल यही कामना करने लगा।

किंतु, इस आक्रोश की काली धारा के समीप एक और स्रोत बह रहा था, जिसका रंग बिल्कुल भी काला नहीं था। संपूर्ण मन उस अपरिचित की ओर दौड़ गया। अभी तक उसे किसी भी प्रकार वापस नहीं मोड़ सका। दीवार की आड़ में रह गया। उसके माथे पर चंदन चर्चित था, देह पर लाल साड़ी, चेहरे पर लज्जा की ललाई, हृदय में क्या था यह कैसे कह सकता हूं! मेरे कल्पलोक की कल्पलता वसंत के समस्त फूलों का भार मुझे निवेदित कर देने के लिए झुक पड़ी थी। हवा आ रही थी, सुगंध मिल रही थी, पत्तों का शब्द सुन रहा था- केवल एक पग बढ़ाने की देर थी- इसी बीच वह पग-भर की दूरी क्षण-भर में असीम हो गई।

इतने दिन तक रोज शाम को मैंने विनु दादा के घर जाकर उनको परेशान कर डाला था। विनु दादा की वर्णन-शैली की अत्यंत सघन संक्षिप्तता के कारण उनकी प्रत्येक बात ने स्फुल्लिंग के समान मेरे मन में आग लगा दी थी। मैंने समझा था कि लड़की का रूप बड़ा अपूर्व था, किंतु न तो उसे आंखों देखा और न उसका चित्र,

सब-कुछ अस्पष्ट रह गया। बाहर तो उसने पकड़ दी ही नहीं, उसे मन में भी न ला सका- इसी कारण भूत के समान दीर्घ निश्वास लेकर मन उस दिन की उस विवाह-सभा की दीवार के बाहर चक्कर काटने लगा।

हरीश से सुना, लड़की को मेरा फोटोग्राफ दिखाया गया था। पसंद अवश्य किया होगा। न करने का तो कोई कारण ही न था। मेरा मन कहता है, वह चित्र उसने किसी बक्स में छिपा रखा है। कमरे का दरवाजा बन्द करके अकेली किसी-किसी निर्जन दोपहरी में क्या वह उसे खोलकर न देखती होगी? जब झुककर देखती होगी तब चित्र के ऊपर क्या उसके मुख के दोनों ओर से खुले बाल आकर नहीं पड़ते होंगे? अकस्मात् बाहर किसी के पैर की आहट पाते ही क्या वह झट-पट अपने सुगंधित अंचल में चित्र को छिपा न लेती होगी?

दिन बीत जाते हैं। एक वर्ष बीत गया। मामा तो लज्जा के मारे विवाह संबंध की बात ही न छेड़ पाते। मां की इच्छा थी, मेरे अपमान की बात जब समाज के लोग भूल जाएंगे तब विवाह का प्रयत्न करेंगी।

दूसरी ओर मैंने सुना कि शायद उस लड़की को अच्छा वर मिल गया है, किंतु उसने प्रण किया है कि विवाह नहीं करेगी। सुनकर मन आनंद के आवेश से भर गया। मैं कल्पना में देखने लगा, वह अच्छी तरह खाती नहींय संध्या हो जाती है, वह बाल बांधना भूल जाती है। उसके पिता उसके मुंह की ओर देखते हैं और सोचते हैं, 'मेरी लड़की दिनोंदिन ऐसी क्यों होती जा रही है?' अकस्मात् किसी दिन उसके कमरे में आकर देखते हैं, लड़की के नेत्र आंसुओं से भरे हैं। पूछते हैं, बेटी, तुझे क्या हो गया है, मुझे बता? लड़की झटपट आंसू पोंछकर कहती है, 'कहां, कुछ भी तो नहीं हुआ, पिताजी!' बाप की इकलौती लड़की है न- बड़ी लाड़ली लड़की है। अनावृष्टि के दिनों में फूल की कली के समान जब लड़की एकदम मुर्झा गई तो पिता के प्राण और अधिक सहन न कर सके। मान त्यागकर वे दौड़कर हमारे दरवाजे पर आए। उसके बाद? उसके बाद मन में जो काले रंग की धारा बह रही थी वह मानो काले सांप के समान रूप धरकर फुफकार उठी। उसने कहा, अच्छा है, फिर एक बार विवाह का साज सजाया जाए, रोशनी जले, देश-विदेश के लोगों को निमंत्रण दिया जाए, उसके बाद तुम वर के मौर को पैरों से कुचलकर दल-बल लेकर सभा से उठकर चले आओ! किंतु जो धारा अश्रु-जल के समान शुभ्र थी, वह राजहंस का रूप धारण करके बोली, जिस प्रकार मैं एक दिन दमयंती के पुष्पवन में गई थी मुझे उसी प्रकार एक बार उड़ जाने दो-मैं विरहिणी के कानों में एक बार सुख-संदेह दे आऊं। इसके बाद? उसके बाद दुःख की रात बीत गई, नव वर्षा का जल बरसा, म्लान फूल ने

मुंह उठाया- इस बार उस दीवार के बाहर सारी दुनिया के और सब लोग रह गए, केवल एक व्यक्ति के भीतर प्रवेश किया। फिर मेरी कहानी खत्म हो गई।

लेकिन कहानी ऐसे खत्म नहीं हुई। जहां पहुंचकर वह अनंत हो गई है वहां का थोड़ा-सा विवरण बताकर अपना यह लेख समाप्त करूंगा।

मां को लेकर तीर्थ करने जा रहा था। भार मेरे ही ऊपर था, क्योंकि मामा इस बार भी हावड़ा पुल के पार नहीं हुए। रेलगाड़ी में सो रहा था। झोंके खाते-खाते दिमाग में नाना प्रकार के बिखरे स्वप्नों का झुनझुना बज रहा था। अकस्मात् किसी एक स्टेशन पर जाग पड़ा, वह भी प्रकाश-अंधकार-मिश्रित एक स्वप्न था। केवल आकाश के तारागण चिरपरिचित थे- और सब अपरिचित अस्पष्ट था, स्टेशन की कई सीधी खड़ी बत्तियां प्रकाश द्वारा यह धरती कितनी अपरिचित है एवं जो चारों ओर है वह कितना अधिक दूर है, यही दिखा रही थी। गाड़ी में मां सो रही थीं, बत्ती के नीचे हरा पर्दा टंगा था, ट्रंक, बक्स, सामान सब एक-दूसरे के ऊपर तितर-बितर पड़े थे। वह मानो स्वप्नलोक का उलटा-पुलटा सामान हो, जो संध्या की हरी बत्ती के टिमटिमाते प्रकाश में होने और न होने के बीच न जाने किस ढंग से पड़ा था।

इस बीच उस विचित्र जगत की अद्‌भुत रात में कोई बोल उठा, जल्दी आ जाओ, इस डिब्बे में जगह है।

लगा, जैसे गीत सुना हो। बंगाली लड़की के मुख से बंगला बोली कितनी मधुर लगती है इसका पूरा-पूरा अनुमान ऐसे अनुपयुक्त स्थान पर अचानक सुनकर ही किया जा सकता है। किंतु, इस स्वर को निरी एक लड़की का स्वर कहकर श्रेणी-भुक्त कर देने से काम नहीं चलेगा। यह किसी अन्य व्यक्ति का स्वर था, सुनते ही मन कह उठता है, 'ऐसा तो पहले कभी नहीं सुना।'

गले का स्वर मेरे लिए सदा ही बड़ा सत्य रहा है। रूप भी कम बड़ी वस्तु नहीं है, किंतु मनुष्य में जो अंतरतम और अनिर्वचनीय है, मुझे लगता है, जैसे कंठ-स्वर उसी की आकृति हो। चटपट जंगला खोलकर मैंने मुंह बाहर निकाला, कुछ भी न दिखा। प्लेटफार्म पर अंधेरे में खड़े गार्ड ने अपनी एक आंख वाली लालटेन हिलाई, गाड़ी चल दीय मैं जंगले के पास बैठा रहा। मेरी आंखों के सामने कोई मूर्ति न थी, किंतु हृदय में मैं एक हृदय का रूप देखने लगा। वह जैसे इस तारामयी रात्रि के समान हो, जो आवृत कर लेती है, किंतु उसे पकड़ा नहीं जा सकता। जो स्वर! अपरिचित कंठ के स्वर! क्षण-भर में ही तुम मेरे चिरपरिचित के आसन पर आकर बैठ गए हो। तुम कैसे अद्‌भुत हो- चंचल काल के क्षुब्ध हृदय के ऊपर के फूल के

समान खिले हों, किंतु उसकी लहरों के आंदोलन से कोई पंखुड़ी तक नहीं हिलती, अपरिमेय कोमलता में जरा भी दाग नहीं पड़ता।

गाड़ी लोहे के मृदंग पर ताल देती हुई चली। मैं मन-ही-मन गाना सुनता जा रहा था। उसकी एक ही टेक थी- 'डिब्बे में जगह है।' है क्या, जगह है क्या जगह मिले कैसे, कोई किसी को नहीं पहचानता। साथ ही यह न पहचानना- मात्र कोहरा है, माया है, उसके छिन्न होते ही फिर परिचय का अंत नहीं होता। ओ सुधामय स्वर! जिस हृदय के तुम अद्‌भुत रूप हो, वह क्या मेरा चिर-परिचित नहीं है? जगह है, है, जल्दी बुलाया था, जल्दी ही आया हूं, क्षण-भर भी देर नहीं की है।

रात में ठीक से नींद नहीं आई। प्रायः हर स्टेशन पर एक बार मुंह निकालकर देखता, भय होने लगा कि जिसको देख नहीं पाया वह कहीं रात में ही न उतर जाए।

दूसरे दिन सुबह एक बड़े स्टेशन पर गाड़ी बदलनी थी हमारे टिकिट फर्स्ट क्लास के थे- आशा थी, भीड़ नहीं होगी। उतरकर देखा, प्लेटफार्म पर साहबों के अर्दलियों का दल सामान लिए गाड़ी की प्रतीक्षा कर रहा है। फौज के कोई एक बड़े जनरल साहब भ्रमण के लिए निकले थे। दो-तीन मिनिट के बाद ही गाड़ी आ गई। समझा, फर्स्ट क्लास की आशा छोड़नी पड़ेगी। मां को लेकर किस डब्बे में चढ लूं, इस बारे में बड़ी चिंता में पड़ गया। पूरी गाड़ी में भीड़ थी। दरवाजे-दरवाजे झांकता हुआ घूमने लगा। इसी बीच सैकंड क्लास के डिब्बे से एक लड़की ने मेरी मां को लक्ष्य करके कहा, आप हमारे डिब्बे में आइए न, यहां जगह है।

मैं तो चौंक पड़ा। वही अद्‌भुत मधुर स्वर और वही गीत की टेक 'जगह है' क्षण-भर की भी देर न करके मां को लेकर डिब्बे में चढ़ गया। सामान चढ़ाने का समय प्रायः नहीं था। मेरे-जैसा असमर्थ दुनिया में कोई न होगा। उस लड़की ने ही कुलियों के हाथ से झटपट चलती गाड़ी में हमारे बिस्तरादि खींच लिए। फोटो खींचने का मेरा एक कैमरा स्टेशन पर ही छूट गया- ध्यान ही न रहा।

उसके बाद- क्या लिखूं, नहीं जानता। मेरे मन में एक अखंड आनंद की तस्वीर है- उसे कहां से शुरू करूं, कहां समाप्त करूं? बैठे-बैठे एक वाक्य के बाद दूसरे वाक्य की योजना करने की इच्छा नहीं होती।

इस बार उसी स्वर को आंखों से देखा। इस समय भी वह स्वर ही जान पड़ा। मां के मुंह की ओर ताका, देखा कि उनकी आंखों के पलक नहीं गिर रहे थे। लड़की की अवस्था सोलह या सत्रह की होगी, किंतु नवयौवन ने उसके देह, मन पर कहीं भी जैसे जरा भी भार न डाला हो। उसकी गति सहज, दीप्ति निर्मल, सौंदर्य की शुचिता अपूर्व थी, उसमें कहीं कोई जड़ता न थी।

मैं देख रहा हूं, विस्तार से कुछ भी कहना मेरे लिए असंभव है। यही नहीं, वह किस रंग की साड़ी किस प्रकार पहने हुए थी, यह भी ठीक से नहीं कह सकता। यह बिल्कुल सत्य है कि उसकी वेश-भूषा में ऐसा कुछ न था जो उसे छोड़कर विशेष रूप से आंखों को आकर्षित करे। वह अपने चारों ओर की चीजों से बढ़कर थी- रजनीगंधा की शुभ्र मंजरी के समान सरल वृंत के ऊपर स्थित, जिस वृक्ष पर खिली थी उसका एकदम अतिक्रमण कर गई थी। साथ में दो-तीन छोटी-छोटी लड़कियां थीं, उनके साथ उसकी हंसी और बातचीत का अंत न था। मैं हाथ में एक पुस्तक लिए उस ओर कान लगाए था। जो कुछ कान में पड़ रहा था वह सब तो बच्चों के साथ बचपने की बातें थीं। उसका विशेषत्व यह था कि उसमें अवस्था का अंतर बिल्कुल भी नहीं था- छोटों के साथ वह अनायास और आनंदपूर्वक छोटी हो गई थी। साथ में बच्चों की कहानियों की सचित्र पुस्तकें थीं- उसी की कोई कहानी सुनाने के लिए लड़कियों ने उसे घेर लिया था, यह कहानी अवश्य ही उन्होंने बीस-पच्चीस बार सुनी होगी। लड़कियों का इतना आग्रह क्यों था यह मैं समझ गया। उस सुधा-कंठ की सोने की छड़ी से सारी कहानी सोना हो जाती थी। लड़की का संपूर्ण तन-मन पूरी तरह प्राणों से भरा था, उसकी सारी चाल-ढाल-स्पर्श में प्राण उमड़ रहा था। अतः लड़कियां जब उसके मुंह से कहानी सुनतीं तब कहानी नहीं, उसी को सुनतींय उनके हृदय पर प्राणों का झरना झर पड़ता।

उसके उस उद्भासित प्राण ने मेरी उस दिन की सारी सूर्य-किरणों को सजीव कर दिया, मुझे लगा, मुझे जिस प्रकृति ने अपने आकाश से वेष्टित कर रखा है वह उस तरुणी के ही अक्लांत, अम्लान प्राणों का विश्व-व्यापी विस्तार है। दूसरे स्टेशन पर पहुंचते ही उसने खोमचे वाले को बुलाकर काफी-सी दाल-मोठ खरीदी, और लड़कियों के साथ मिलकर बिल्कुल बच्चों के समान कलहास्य करते हुए निस्संकोच भाव से खाने लगी। मेरी प्रकृति तो जाल से घिरी हुई थी- क्यों मैं अत्यंत सहज भाव से, उस हंसमुख लड़की से एक मुट्ठी दाल-मोठ न मांग सका? हाथ बढ़ाकर अपना लोभ क्यों नहीं स्वीकार किया। मां अच्छा और बुरा लगने के बीच दुचिती हो रही थी। डिब्बे में मैं हूं मर्द, तो भी इसे कोई संकोच नहीं, खासकर वह इस लोभ की भांति खा रही है। यह बात उनको पसंद नहीं आ रही थी, और उसे बेहया कहने का भी उन्हें भ्रम न हुआ। उन्हें लगा, इस लड़की की अवस्था हो गई है, किंतु शिक्षा नहीं मिली। मां एकाएक किसी से बातचीत नहीं कर पातीं। लोगों के साथ दूर-दूर रहने का ही उनको अभ्यास था। इस लड़की का परिचय प्राप्त करने की उनको बड़ी इच्छा थी, किंतु स्वाभाविक बाधा नहीं मिटा पा रही थी।

इसी समय गाड़ी एक बड़े स्टेशन पर आकर रुक गई। उन जनरल साहब के साथियों का एक दल इस स्टेशन से चढ़ने का प्रयत्न कर रहा था। गाड़ी में कहीं जगह न थी। कई बार वे हमारे डिब्बे के सामने से निकले। मां तो भय के मारे जड़ हो गई, मैं भी मन में शांति का अनुभव नहीं कर रहा था।

गाड़ी छूटने के थोड़ी देर पहले एक देशी रेल-कर्मचारी ने डिब्बों की दो बैंचों के सिरों पर नाम लिखे हुए दो टिकिट लटकाकर मुझसे कहा इस, डिब्बे की ये दो बैंचें पहले से ही दो साहबों ने रिजर्व करा रखी हैं, आप लोगों को दूसरे डिब्बे में जाना होगा।

मैं तो झटपट घबराकर खड़ा हो गया। लड़की हिंदी में बोली, नहीं, हम डिब्बा नहीं छोड़ेंगे। उस आदमी ने जिद करते हुए कहा, बिना छोड़े कोई चारा नहीं।

किंतु, लड़की के उतरने की इच्छा का कोई लक्षण न देखकर वह उतरकर अंग्रेज स्टेशन-मास्टर को बुला लाया। उसने आकर मुझसे कहा, मुझे खेद है, किंतु-

सुनकर मैंने श्कुली-कुलीश की पुकार लगाई। लड़की ने उठकर दोनों आंखों से आग बरसाते हुए कहा, नहीं, आप नहीं जा सकते, जैसे हैं बैठे रहिए!

यह कहकर उसने दरवाजे के पास खड़े होकर स्टेशन-मास्टर से अंग्रेजी में कहा, यह डिब्बा पहले से रिजर्व है, यह बात झूठ है।

यह कहकर उसने नाम लिखे टिकटों को खोलकर प्लेटफार्म पर फेंक दिया।

इस बीच में वर्दी पहने साहब अर्दली के साथ दरवाजे के पास आकर खड़ा हो गया था। डिब्बे में अपना सामान चढ़ाने के लिए पहले उसने अर्दली को इशारा किया था। उसके पश्चात् लड़की के मुंह की ओर देखकर, उसकी बात सुनकर, मुखमुद्रा देखकर स्टेशन-मास्टर को थोड़ा छुपा और उसको ओट में ले जाकर पता नहीं क्या कहा। देखा गया, गाड़ी छूटने का समय बीत चुकने पर भी और एक डिब्बा जोड़ा गया, तब कहीं ट्रेन छूटी। लड़की ने अपना दलबल लेकर फिर दुबारा दाल-मोठ खाना शुरू कर दिया, और मैं शर्म के मारे जंगले के बाहर मुंह निकालकर प्रकृति की शोभा देखने लगा।

गाड़ी कानपुर में आकर रुकी। लड़की सामान बांधकर तैयार थी- स्टेशन पर एक अबंगाली नौकर उनको उतारने का प्रयत्न करने लगा।

तब फिर मां से न रहा गया। पूछा, तुम्हारा नाम क्या है, बेटी?

लड़की बोली, मेरा नाम कल्याणी है।

सुनकर मां और मैं दोनों ही चौंक पड़े।

तुम्हारे पिता-

वे यहां डॉक्टर हैं उनका नाम शंभूनाथ सेन है।

उसके बाद ही वे उतर गईं।

उपसंहार

मामा के निषेध को अमान्य करके माता की आज्ञा ठुकराकर मैं अब कानपुर आ गया हूं। कल्याणी के पिता और कल्याणी से भेंट हुई है। हाथ जोड़े हैं, सिर झुकाया है, शंभूनाथ बाबू का हृदय पिघला है। कल्याणी कहती है, मैं विवाह नहीं करूंगी।

मैंने पूछा, क्यों?

उसने कहा, मातृ-आज्ञा।

जब हो गया! इस ओर भी मातुल हैं क्या?

बाद में समझा, मातृ-भूमि है। वह संबंध टूट जाने के बाद से कल्याणी ने लड़कियों को शिक्षा देने का व्रत ग्रहण कर लिया है।

किंतु, मैं आशा न छोड़ सका। वह स्वर मेरे हृदय में आज भी गूंज रहा है- वह मानो कोई उस पार की वंशी हो- मेरी दुनिया के बाहर से आई थी, मुझे सारे जगत के बाहर बुला रही थी। और, वह जो रात के अंधकार में मेरे कान में पड़ा था, 'जगह है,' वह मेरे चिर-जीवन के संगीत की टेक बन गई। उस समय मेरी आयु थी तेईस, अब हो गई है सत्ताईस। अभी तक आशा नहीं छोड़ी है, किंतु मातुल को छोड़ दिया है। इकलौता लड़का होने के कारण मां मुझे नहीं छोड़ सकी।

तुम सोच रहे होगे, मैं विवाह की आशा करता हूं। नहीं, कभी नहीं। मुझे याद है, बस उस रात के अपरिचित कंठ के मधुर स्वर की आशा- जगह है। अवश्य है। नहीं तो खड़ा होऊंगा? इसी से वर्ष के बाद वर्ष बीतते जाते हैं- मैं यहीं हूं। भेंट होती है, वही स्वर सुनता हूं, जब अवसर मिलता है उसका काम कर देता हूं- और मन कहता है- यही तो जगह मिली है, ओ री अपरिचिता! तुम्हारा परिचय पूरा नहीं हुआ, पूरा होगा भी नहीं, किंतु मेरा भाग्य अच्छा है, मुझे जगह मिल चुकी है।

5

अवगुंठन

महामाया और राजीव लोचन दोनों सरिता के तट पर एक प्राचीन शिवालय के खंडहरों में मिले। महामाया ने मुख से कुछ न कहकर अपनी स्वाभाविक गम्भीर दृष्टि से तनिक कुछ तिरस्कृत अवस्था में राजीव की ओर देखा, जिसका अर्थ था कि जिस बिरते पर तुम आज बेसमय मुझे यहां बुला ले आये हो? मैं अब तक तुम्हारी सभी बातों का समर्थन करती आई हूं, इसी से तुम्हारा इतना साहस बढ़ गया।

राजीव लोचन तो वैसे महामाया से सदैव त्रस्त रहता है, उस पर यह चितवन! बेचारा कांप उठा। साहस बटोरकर कुछ कहना चाहता थाय किन्तु उसकी आशाओं पर उसी क्षण पानी फिर गया और अब इस भेंट की शीघ्रता से कोई-न-कोई कारण बिना बताये भी उसका छुटकारा नहीं हो सकता। अतः वह शीघ्रता से कह बैठा-मैं चाहता हूं कि यहां से कहीं भाग चलें और वहां जाकर दोनों विवाह कर लें। राजीव जिन विचारों को प्रकट करना चाहता था, विचार तो उसने ठीक वही प्रगट किएय किन्तु जो भूमिका वह बनाकर लाया था, वह न जाने कहां गुम हो गई? उसके विचार बिल्कुल रसहीन और निरर्थक सिद्ध हुए सो तो ठीक है हीय लेकिन सुनने में भी भद्दे और अजीब-से लगे। वह स्वयं ही सुनकर भौंचक्का-सा रह गया। और भी दो-चार बात जोड़कर उसे तनिक नरम बना देने की शक्ति उसमें न रही। शिवालय के खंडहरों में सरिता के तट पर इस जलती हुई दुपहरिया में महामाया को बुलाकर उस मूर्ख ने केवल इतना ही कहा- चलो, हम कहीं चलकर विवाह कर लें।

महामाया कुलीनों के घर की अविवाहित कन्या है। अवस्था है चालीस वर्ष की। जैसी बड़ी अवस्था है, वैसा ही सौन्दर्य। शरद की धूप के समान पक्के सोने के रंग की प्रतिमा-सी लगती है, उस धूप जैसी ही दीप्त और नीरव उसकी दृष्टि है दिव्यलोक जैसी उन्मुक्त और निर्भीक। उसके पिता नहीं है, केवल बड़ा भाई है। उसका नाम है भवानीचरण। भाई-बहन का स्वभाव एक-सा ही है। मुख से कहता नहीं, पर तेज ऐसा है कि दोपहर के सूर्य की तरह चुपके से जला सब कुछ देते हैं। खासकर भवानीचरण से लोग अकारण ही भय खाया करते हैं।

राजीव लोचन परदेशी है। यहां की रेशम की कोठी का बड़ा साहब उसे अपने साथ ले आया था। राजीव के पिता इस साहब की कोठी में काम करते थे। उसके स्वर्गवासी हो जाने पर साहब ने उसके नाबालिग लड़के के लालन-पालन का सारा भार अपने ऊपर ले लिया और बाल्यकाल से ही उसे वह अपनी इस वामनहारी की कोठी में ले आया। लड़के के साथ केवल उसकी स्नेह करने वाली बुआ थी। राजीव अपनी बुआ के साथ भवानीचरण के पड़ोस में रहा करता था। महामाया उसकी बाल-सहचरी थी और राजीव की बुआ के साथ उसका सुदृढ़ स्नेह बंधन था।

राजीव की अवस्था क्रमशः सोलह, सत्रह, अठारह, यहां तक कि उन्नीस वर्ष की हो गईय फिर भी बुआ के अनुरोध करने पर भी वह विवाह नहीं करना चाहता था। साहब उसकी इस सुबुध्दि का परिचय पाकर बहुत ही प्रसन्न हुआ। उसने सोचा कि लड़के ने उन्हीं को अपना आदर्श बना लिया है। साहब भी अविवाहित थे।

इस बीच में बुआ भी स्वर्गवासिनी बनी।

इधर ताकत से अधिक व्यय किए बिना महामाया के लिए अनुरूप और योग्य पात्र मिलना कठिन हो रहा था और उसकी कुमारी अवस्था भी क्रमशः बढ़ती ही जा रही थी।

पाठकगणों को यह बताने की आवश्यकता नहीं कि प्रणय-बन्धन में बांधना जिन देवता का काम है, वे यद्यपि इन दोनों के प्रति अब तक बराबर लापरवाही ही दिखा रहे थेय लेकिन प्रणय-बन्धन का बोझ जिस पर है उसने अब तक अपना समय व्यर्थ नहीं किया। वृध्द प्रजा-वती जिस समय झोंके ले रहे थे। नवयुवक कन्दर्प उस समय पूर्णतया सावधान था।

कामदेव का प्रभाव भिन्न-भिन्न प्रकार से पड़ा करता है। उनके प्रभाव में आकर राजीव अपने मन की दो बातें कहने के लिए पर्याप्त अवसर ढूंढ़ रहा था, पर महामाया उसे अवसर ही नहीं देती थी।

वास्तव में उसकी निस्तब्ध गम्भीर चितवन राजीव के व्यथित हृदय में एक प्रकार का भय पैदा कर देती थी।

आज सैकड़ों बार शपथ लेने के बाद राजीव उसे उस शिवालय के खंडहरों में ला सका। इसी से उसने सोचा कि जो कुछ उसे कहना है, आज सब-कुछ कह-सुन लेगा, उसके बाद या तो जिन्दगी भर सुख में रहेगा और नहीं तो आत्महत्या कर लेगा, जीवन के एक संकटमय दिन में राजीव ने केवल इतना ही कहा- चलो, विवाह कर लें और उसके उपरान्त पाठ भूले हुए छात्र के समान सकपकाकर चुप रह गया।

महामाया को मानो यह आशा ही न थी कि राजीव उसके सन्मुख ऐसा प्रस्ताव रख देगा। इससे देर तक वह चुप खड़ी रही।

दोपहरी की बहुत-सी अनिर्दिष्ट करुण ध्वनियां होती हैं, वे सबकी-सब इस सन्नाटे में फूट निकलीं। वायु से शिवालय का आधा हिलता हुआ टूटा द्वार बीच-बीच में बहुत ही क्षीण स्वर में धीरे-धीरे खुलने और बन्द होने लगा। कभी शिवालय के झरोखे में बैठा हुआ कपोत गुटुरगूं-गुटुरगूं करता तो कभी सूखे पल्लवों के ऊपर से सरासर करती हुई गिरगिट निकल जाती तो कभी सहसा मैदान की ओर से वायु का एक जोर का झोंका आता और उससे सब पेड़ों के पत्ते बार-बार आर्त्तनाद कर उठतेय बीच-बीच में सहसा नदी का जल जागृत हो जाता और टूटे घाट की सीढ़ियों पर छल-छल, छपक-छपक चोट करने लगता। इन सब अकस्मात उदासी में डूबे हुए असल शब्दों के बीच बहुत दूरी पर, एक वृक्ष के नीचे किसी गडरिये की बांस की बांसुरी में से मैदानी राग निकल रहा है। राजीव को महामाया के मुख की ओर देखने की हिम्मत नहीं हुई। वह शिवालय की भीत के सहारे स्वप्न की-सी अवस्था में चुपचाप खड़ा-खड़ा सरिता के निर्मल जल की ओर निहारता रहा।

कुछ देर के पश्चात् मुंह फेरकर राजीव ने फिर एक बार भिक्षुक की तरह महामाया के मुख की ओर देखा। महामाया ने उसका आशय समझा, सिर हिलाते हुए कहा- नहीं, ऐसा नहीं हो सकता।

महामाया का सिर जैसे ही हिला, वैसे ही राजीव की आशा भी उसी क्षण पृथ्वी पर मूर्छित होकर गिर पड़ी। कारण, राजीव यह भलीभांति जानता था कि महामाया का सिर महामाया के निजी मतानुसार ही हिलता है और किसी की ताकत नहीं कि उसे अपने मत से विचलित कर सके? अपने कुल का शक्तियुक्त अभिमान-स्रोत महामाया के वंश में न जाने किस काल से बहता चला आ रहा है? भला आज वह राजीव जैसे अकुलीन ब्राह्मण के साथ विवाह करने के लिए कैसे तैयार हो सकती है? प्यार करना और बात है और विवाह के सूत्र में बंधना और बात। कुछ भी हो

महामाया समझ गई कि उसके अपने ही विचार-व्यवहार के कारण राजीव का घमण्ड यहां तक चढ़ गया है और उसी क्षण वहां से चलने के लिए उद्यत हो गई।

राजीव ने समय एवं परिस्थिति से अवगत होते हुए कहा- कल ही यहां से चला जा रहा हूं।

महामाया ने पहले तो विचार किया कि अब उसे ऐसा भाव दिखाना चाहिए कि जहां चाहे रहे, इससे उसे क्या मतलब? पर दिखा न सकी। पग बढ़ाना चाहा, पर बढ़ा नहीं सकी-उसने शान्त मुद्रा में पूछा- क्यों?

राजीव ने कहा- हमारे साहब की यहां से सोनपुर के लिए बदली हो गई है, वे जा रहे हैं, सो मुझे भी साथ लेते जायेंगे।

महामाया का बहुत देर तक मुख न खुल सका। वह सोचती रही, दोनों के जीवन की गति दो ओर है, किसी भी इन्सान को सदैव के लिए नजरबन्द नहीं किया जा सकता। अतः उसने शान्त ओष्ठों को तनिक खोलकर कहा- अच्छा।

उसका यह 'अच्छा' कुछ-कुछ गहरी उसास-सी सुनाई दी और इतना ही कह के यह जाने के लिए तैयार हो गई। इतने में राजीव ने चौंककर कहा- भवानी बाबू।

महामाया ने देखा, भवानीचरण शिवालय की ओर आ रहे हैं। समझ गई कि उन्हें सब पता लग गया है। राजीव ने महामाया पर अकस्मात मुसीबत आते हुए देखकर, शिवालय की टूटी हुई दीवार फांदकर भागने का प्रयत्न कियाय किन्तु महामाया ने हाथ पकड़कर उसे रोक लिया। भवानीचरण शिवालय के खंडहरों में पहुँचे और सिर्फ एक बार चुपचाप दोनों की ओर स्थिर दृष्टि से देखा।

महामाया ने राजीव की ओर देखते हुए अविचलित स्वर में कहा- राजीव मैं तुम्हारे घर ही आऊंगी। तुम मेरी राह देखना।

भवानीचरण चुपचाप शिवालय से बाहर आ गये। महामाया भी चुपचाप उनका अनुसरण करने लगी और राजीव चकित-सा होकर वहीं खड़ा रहा, मानो उसे फांसी का दण्ड सुनाया गया हो।

उसी दिन रात को भवानीचरण ने विशेष रेशमी साड़ी लेकर महामाया को दी, और बोले- इसे पहन आओ।

महामाया उसे पहन आई। उसके बाद बोले- अब, मेरे साथ चलो। आज तक भवानीचरण की आज्ञा तो दूर रही, संकेत तक का भी किसी ने उल्लंघन नहीं किया था? महामाया ने भी नहीं।

उसी रात्रि को दोनों सरिता के तट पर श्मशान भूमि की ओर चल दिये। श्मशान भूमि अधिक दूर नहीं थी। वहां गंगा यात्री के घर में एक बूढ़ा ब्राह्मण अंतिम

घड़ियां गिन रहा था। उसकी खटिया के पास दोनों पहुंचकर खड़े हो गये। घर के एक कोने में पुरोहित ब्राह्मण भी मौजूद था। भवानीचरण ने उससे संकेत में कुछ कहा। वह शीघ्र ही शुभानुष्ठान की तैयारियां करके पास आ खड़ा हुआ। महामाया समझ गई कि इस मृत्यु को आलिंगन करने वाले इन्सान के साथ उसका विवाह होगा। उसने रत्ती भर भी विरोध नहीं किया। समीप में ही जलती हुई दो चिताओं के प्रकाश में उस अंधेरे से घर में मृत्यु की यंत्रणा की आर्तृत-ध्वनि के साथ अस्पष्ट मन्त्रोच्चारण मिलाकर महामाया का पाणिग्रहण संस्कार करा दिया गया।

जिस दिन विवाह हुआ उसके दूसरे दिन ही महामाया विधवा हो गई। इस दुर्घटना से महामाया को तिल मात्र भी शोक न हुआ और राजीव भी अचानक महामाया के विवाह की सूचना पाकर जैसा दुखी हुआ था, वैधव्य की सूचना से वैसा न हुआ, बल्कि उसे कुछ खुशी हो गई।

पहले उसने सोचा कि साहब को सूचित कर दे और उसकी सहायता से इस अमानुषिक अत्याचार पर किसी प्रकार प्रतिबन्ध लगा दिया जाये? तभी विचार आया कि साहब तो सोनपुर जा चुका है। राजीव को भी वह साथ ले जाना चाहता था, पर वह एक मास का अवकाश लेकर यहीं रह गया है।

महामाया ने उसे वचन दिया है- तुम मेरी राह देखना। उसकी वह किसी प्रकार भी उपेक्षा नहीं कर सकता? इतने में बड़े जोर की आंधी के साथ मूसलाधर वर्षा होने लगी। आंधी क्या थी, भयंकर तूफान था, राजीव को ऐसा महसूस होने लगा मानो अभी उसके सिर पर मकान ही टूट पड़ेगा। जब उसने देखा कि उसके अन्तः करण के समान बाह्य-प्रकृति में भी एक प्रकार की प्रलय-सी उठ खड़ी हुई है, तब उसे कुछ-कुछ शांति-सी मिली। उसे ऐसा प्रतीत होने लगा कि मानो स्वयं प्रकृति ही आकाश-पाताल एक करके, उससे कहीं अधिक शक्ति का प्रयोग करके उसका काम पूरा कर रही है।

इसी समय बाहर से किसी ने द्वार पर जोर से धक्का मारा, राजीव ने शीघ्रता के साथ द्वार खोला। घर में भीगे वस्त्र पहने हुए एक स्त्री ने प्रवेश किया। चेहरे पर उसके लम्बा अवगुंठन पड़ा हुआ था। राजीव ने उसी क्षण पहचान लिया, यह तो महामाया है। उसने आवेश-भरे स्वर में पूछा-महामाया! तुम चिता से उठ आई हो?

महामाया ने कहा- हां! मैंने वचन दिया था कि मैं तुम्हारे घर आऊंगी? उसी वचन को पालने के लिए आई हूंय लेकिन राजीव, मैं अब ठीक पहले की तरह नहीं हूं। मेरा सब-कुछ बदल गया हैय लेकिन अपने मन में महामाया हूं। अब भी बोलो

और यदि तुम वचन दो कि कभी भी तुम मेरा अवगुंठन न हटाओगे, मेरा मुख न निहारोगे तो मैं जीवन-भर तुम्हारे साथ रह सकती हूं।

मृत्यु के चंगुल से वापस मिल जाना ही बहुत है, उस समय और सब बातें तुच्छ मालूम देती हैं। राजीव ने शीघ्रता से कहा-तुम जैसे चाहो, वैसे रहना। मुझे छोड़ जाओगी तो मैं नहीं रह सकता।

महामाया ने कहा- तो अभी चलो। तुम्हारा साहब जहां गया है, वहीं ले चलो मुझे।

घर में जो कुछ था, सब कुछ छोड़-छाड़कर राजीव महामाया को लेकर उसी प्रकृति के प्रकोप में निकल पड़ा। ऐसा बवंडर चल रहा था कि खड़ा होना मुश्किल था, उसके वेग से कंकड़ियां उड़-उड़कर बन्दूक के छर्रों के समान शरीर में चुभने लगीं। दोनों इस भय से कहीं सिर पर वृक्ष न गिर पड़े, सड़क छोड़कर विस्तृत मैदान में होकर रास्ता पार करने लगे? बवंडर का जोर पीछे से धकेलने लगा, मानो यह इन्हें इस दुनिया से छीनकर प्रलय की ओर उड़ाये लिए जा रहा हो।

पाठक इस कथा को कोरी कवि-कल्पना ही न समझें। जिन दिनों यहां सती की प्रथा प्रचलित थी, उन्हीं दिनों ऐसी घटनाएं कभी-कभी हो जाया करती थीं।

महामाया के हाथ-पैर बांधकर यथासमय चिता में रखकर उसमें आग लगा दी गई थी। आग भी खूब जोरों से जल उठी थी। लेकिन उसी समय बहुत जोर का बवंडर उठा और मूसलाधर वर्षा पड़ने लगी। जो दाह-संस्कार करने आये थे वे शीघ्रंता से 'गंगायात्री' वाली कोठरी में जा छिपे और भीतर से द्वार बन्द कर लिया। सभी समझते हैं कि ऐसे आंधी पानी में चिता बुझते समय नहीं लगता। इसी बीच में उसके हाथों में बंधा कपड़ा जलकर भस्म हो गया और हाथ खुल गये। असह्य दाह-पीड़ा में मुख से वह कुछ कह न सकी, तुरन्त उठकर बैठ गई और पैर की रस्सी खोल डाली। उसके बाद कई स्थानों से जली हुई साड़ी से देह को छिपाये हुए लगभग नंगी-सी चिता से उठकर पहले वह अपने घर आई। घर में कोई था नहीं? सब श्मशान में थे। दीपक जलाकर एक धोती पहनकर महामाया ने एक बार दर्पण में अपना चेहरा देखा और दर्पण जमीन पर दे पटका। फिर कुछ देर खड़ी-खड़ी सोचती रही। उसके बाद चेहरे पर लम्बा अवगुंठन किया और राजीव के घर की ओर चल दी। इसके बाद जो कुछ हुआ, सो पाठकों को मालूम ही है।

महामाया अब राजीव के पास ही रहती हैय लेकिन राजीव के जीवन में सुख-शान्ति नहीं, दोनों के बीच, केवल अवगुंठन का व्यवधान है।

लेकिन वह अवगुंठन मौत के समान चिर-स्थायी नहीं, अपितु मृत्यु से भी बढ़कर पीड़ा उत्पादक है। इसलिए कि निराशा मृत्यु की विरह पीड़ा को धीरे-धीरे अचिंतन रूप प्रदान कर देती हैय किन्तु इस अवगुंठन के पृथक रूप ने एक जीती-जागती आशा को प्रतिदिन प्रतिपल व्यथित एवं पीड़ित कर रखा है।

एक तो पहले ही महामाया की शान्त प्रकृति है, उस पर उसके इस अवगुंठन के भीतर नीरवता दुगुनी असह्य-सी प्रतीत होने लगी। राजीव अब ऐसे रहने लगा, जैसे उसे मृत्यु की चलती-फिरती पुतली ने घेर लिया हो। वह पुतली उसके जीवन को आलिंगन करके नित्यप्रति उसे क्षीण करती जा रही है। राजीव पहले जिस महामाया नाम से परिचित था उसे तो उसने खो दिया। अब तो वह केवल उसकी सुन्दर बाल्य-स्मृति पर ही जीवन को अवलम्बित करके इस दुनिया में रह सकता है, परन्तु उसमें भी अवगुंठन युक्त पुतली सदैव उसके पार्श्व में रहकर बाधा पहुंचाती रहती है। वह सोचता है, इंसान में स्वभाव से ही काफी अन्तर है और खास कर महामाया तो महाभारत के कर्ण के समान स्वाभाविक कवच धनी है। वह अपने स्वभाव के इर्द-गिर्द एक प्रकार का आवरण लेकर जन्मी है। उपरान्त बीच में, फिर मानो वह पुनर्जन्म लेकर और एक आवरण लेकर आई है। रात-दिन साथ रहती हुई भी वह इतनी दूर चली गई है कि मानो राजीव से उस दूरी को पार नहीं किया जाता, मानो वह केवल एक माया की रेखा के बाहर बैठकर अतृप्त तृषित मन से इस सूक्ष्म एवं अटल रहस्य से अवगत होने का प्रयत्न कर रहा है, जैसे तारागण प्रत्येक निशा में नींद रहित निर्निमेष नत नयनों से अन्धकार यामिनी के रहस्य से अवगत होने के निष्फल प्रयास में रात्रि बिता दिया करते हैं। इस प्रकार ये दोनों चिरपरिचित संगरहित साथी भिन्न-भिन्न जीव के रूप में बहुत काल तक साथ बने रहे।

एक दिन, बरसात के मौसम में, शुक्ल पक्ष के दशमी की रात्रि को बादल फटे और निशिकर ने दर्शन दिये। निशिकर की ज्योत्स्ना से यामिनी सोती हुई पृथ्वी के सिरहाने बैठी जागरण कर रही थी। उस यामिनी को देखने बिस्तरे से उठकर राजीव भी झरोखे के पास जा बैठा। बरखा और गर्मी के संगम से थके हुए उपवन में से एक प्रकार की सुगन्ध और झींगुरों की झिन्न-झिन्न की ध्वनि कमरे में आकर उसके मनोराज्य में एक प्रकार की अराजकता व्याप्त कर रही थी। राजीव देख रहा था बगीचे के अंधकार में खड़े हुए वृक्षों के उस पार शान्त स्थिर सरोवर मंजे हुए स्वच्छ रजत-थाल के समान चमक रहा है। इंसान ऐसे समय में स्पष्ट तौर पर कुछ भी सोच सकता है या नहीं, बताना कठिन है। पर हां, इतना अवश्य कहा जा सकता है कि उसका सम्पूर्ण हृदय किसी एक दिशा की ओर प्रवाहित हुआ है, गन्ध-युक्त उपवन

के समान ही एक सुगन्ध से पूर्ण उच्छ्वास छोड़ता रहता है। पता नहीं राजीव ने क्या-क्या विचारा? उसे प्रतीत हुआ कि मानो आज उसके पहले के सब नियम टूट गये हैं। आज इस बरसात की रात ने उसके समक्ष अपना मेघों का अवगुंठन हटा डाला है और आज की यह यामिनी पहले की उस महामाया के समान निस्तब्ध शून्य और सुगंभीर हो गई है। होते-होते अकस्मात ऐसा हुआ कि राजीव का ध्यान जीती-जागती पुतली की ओर प्लावित हो गया। स्वान चलित के समान चलकर राजीव ने महामाया के कमरे में प्रवेश किया। महामाया उस समय निन्द्रा लोक की सैर कर रही थी।

राजीव उसकी शैया के पास जाकर खड़ा हो गया। मुंह झुकाकर देखा, महामाया के अवगुंठन-से हीन चेहरे पर चन्द्रज्योत्स्ना आ पड़ी है, लेकिन! हाय! यह क्या? वह चिरपरिचित पुरुष के समान खिला हुआ चेहरा कहां गया? चिताग्नि की शिखा अपनी विकराल लहराती हुई जिह्वा से महामाया के बायें कपोल का थोड़ा-सा सौन्दर्य चाटकर वहां सदैव के लिए अपनी राक्षसी भूख का अमिट चिन्ह छोड़ गई है।

शायद राजीव चौंक पड़ा हो। शायद एक अव्यक्त ध्वनि भी उसके कंठ से मुखरित हो गई होगी। महामाया तत्काल आश्चर्यचकितावस्था में जाग उठी। देखा, सामने राजीव खड़ा है। उसी क्षण वह अवगुंठन खींचकर शैया छोड़कर एकदम उठ खड़ी हुई। राजीव ताड़ गया कि अब उसके सिर पर दामिनी टूटना चाहती है। वह फर्श पर गिर पड़ा और महामाया के चरणों को स्पर्श कर बोला- मुझे क्षमा करो, महामाया मुझे क्षमा कर दो।

महामाया कुछ उत्तर न देकर, एक पल के लिए भी पीछे की ओर न हटकर, घर से बाहर निकल गई। राजीव के घर फिर वह कभी नहीं, लौटी। उसका कहीं भी पता न चला। इस क्षमाहीन चिर-गमन की क्रोधाग्नि राजीव के सम्पूर्ण जीवन पर सदैव के लिए सुदीर्घ दग्ध-चिन्ह छोड़ गई।

6

कंचन

मैं धन्यवाद करने ही जा रहा था, कि कंचन बोल उठी-

“दादू! हरेक को न्यौता देकर मुझे मुश्किल में डाल देते हो। भला इस जंगल में फिरंगी की दुकान कहां मिलेगी? ये विलायत के श्डिनरश खाने वाली जाती से सम्बन्धित इन्सान हैं। व्यर्थ में अपनी नातिन को बदनाम करना चाहते हो?”

“अच्छा, अच्छा तो कब आपको सुविधा होगी, बताइए- “वृद्ध महाशय पूछ उठे।”

“मेरी सुविधा तो कल ही हो सकती ह,य परन्तु मैं कंचनदेवी को परेशान नहीं करना चाहता। मुझे अनुसंधान के लिए वनों में जाना पड़ता है। वहां जो कुछ भी प्रकृति की देन के द्वारा मिलता है उसे बटोर कर ले आता हूं।”

“दादू! उनकी बातों पर विश्वास मत कीजिए...ये तो ऐसे ही कहते रहते हैं।”

मैंने सोचा यह तो अजीब लड़की है, जो कहता हूं उसी को जड़ से काट देती है। इस प्रकार वार्ता करते-करते हम सब कंचन के मकान की ओर बढ़े चले जा रहे थे कि कंचन हठात् बोल उठी- “अब आप अपने शिविर को लौट जाइये।”

“क्यों? मैंने तो सोचा था कि आप लोगों को मकान तक छोड़ आऊं।”

“बस, बस, हम खुद ही चले जायेंगे। अस्त-व्यस्त अवस्था में मकान को दिखाकर परिहास का केन्द्र नहीं बनना चाहती। उसे देखते ही मेम साहिब की याद आ जायेगी।”

विवश हो मुझे विलग होना पड़ा। उस अवस्था में मैंने कहा- "कल आप लोगों के यहां जो मेरा न्योता है, वह मेरे नए नामकरण के लिए है। कल से नवीन माधव नाम का डाक्टर सेन गुप्त अंश छूट जायेगा।"

"तब तो नामवर्तृतन कहिये, नामकरण क्यों कहते हैं?"

"जैसा आप समझें।"

इसके उपरान्त मैं अपने शिविर में लौट आया। उस दिन अनुसन्धान के लिए लाये हुए पदार्थों की मैं परख नहीं कर सका। मेरा मस्तिष्क कंचन के विषय में ही सोचता रहा।

अगले दिन तनिका के तट पर कंचन के साथ हमारी पिकनिक हुई। डॉक्टर साहब बालकों के समान मुझसे पूछ बैठे- "नवीन, क्या तुम विवाहित हो?" मैंने उस भावार्थ प्रश्न का तुरन्त ही उत्तर देते हुए कहा- "अभी तो अविवाहित हूं।" कंचन को किसी बात से छुटकारा नहीं? वह बोली- "दादू! अभी तक शब्द तो कन्यापक्ष वालों को सांत्वना देने मात्र के लिए है। उनका कोई यथार्थ अर्थ नहीं।"

"यथार्थ अर्थ नहीं, यह कैसे निश्चय कर लिया?"

"यह एक गणित की उलझन है, फिर भी उच्च गणित कहने से जो वस्तु समझी जाती है, वह यह नहीं है। यह तो पहले से ही सुनने में आया है कि आप छत्तीस साल के बच्चे हैं। इस अर्से में आपसे भी पांच-सात बार कहा जा चुका है कि बेटा बहू लाना चाहती हूं। लेकिन आपने कहा- इससे पहले मैं लोहे के सन्दूक में रुपये लाना चाहता हूं। इसके बाद इस अर्से में आपका सब कुछ हो गया केवल फांसी भर शेष थी। अन्त में प्रांतीय सरकार का बड़ा पद जुट गया तो मां ने फिर कहा-" अब तो बेटा ब्याह करना होगा। मेरी जिन्दगी के और कितने दिन बाकी हैं?श आपने कहा- 'मेरा जीवन और मेरा विज्ञान एक है, उसे मैं देश के लिए उत्सर्ग करूंगा। मैं अभी ब्याह न करूंगा।' विवश होकर फिर उन्होंने आंखों का पानी पोंछकर चुप्पी साध ली। आपके छत्तीस वर्ष का हिसाब लगाते समय मैंने कहीं गलती की हो तो कहिए, वास्तव में बताइये, संकोच की कोई आवश्यकता नहीं।"

फिर बोली- "हम लोगों के देश में आप लोग लड़कियों को जीवन-संगिनी के रूप में पाते हैं। विश्व का जिससे कोई प्रयोजन नहीं, किन्तु विदेश में जो लोग विज्ञान के तपस्वी हैं, उनको तो उपयुक्त तपस्विनी ही मिल जाती है- जैसे अध्यापक क्यूरी को सहधार्मिनी मादाम क्यूरी। तो क्या वैसी कोई आपको वहां रहते नहीं मिली?"

कंचन के कहते ही कैथेरिन की बात याद आ गई। लन्दन में रहते समय साथ ही काम किया था। यहां तक कि, मेरी एक रिसर्च की पुस्तक में मेरे नाम के साथ उसका नाम भी जड़ित था। बात माननी पड़ी।

कंचन ने तत्काल ही पूछा- "उनके साथ आपने विवाह क्यों नहीं किया? वे क्या इसके लिए तैयार नहीं थी?"

"उन्हीं की ओर से प्रस्ताव तो उठा था।"

"तब।"

"मेरा नाम भारतवर्ष का ठहरा, इसलिए...।"

"यानी स्नेह की सफलता आप जैसे साधकों की कामना की वस्तु नहीं। लड़कियों के जीवन का परम लक्ष्य व्यक्तिगत है, और आप जैसे इन्सानों का नैर्यक्तिक।"

इसका उत्तर मुझसे देते न बन पड़ा। मुझे चुप देखकर कंचन पुनरू बोली- "बंगला साहित्य कतिपय आपने नहीं पढ़ा। उसमें यही बात दिखाई गई है कि लड़कियों का व्रत पुरुष को बांधना है और पुरुष का व्रत है उस बंधन को काटकर ऊपर लोक का मार्ग पकड़ना। कच भी देवयानी के अनुरोध की उपेक्षा कर निकल पड़ा था- आप मां का अनुनय न मानकर चल पड़े हैं। एक ही बात हुई। नारी और पुरुष में चिरकाल से चला आने वाला हो, चाहे भले ही अबला क्रन्दन होता रहे। उस क्रन्दन से आप लोग अपनी पूजा का नैवेद्य सजा लीजिए। देवता के उद्देश्य से ही नैवेद्य की भेंट होती हैय लेकिन देवता निरासक्त ही रहते हैं।"

कंचन ने फिर कहा- "देवयानी ने कच को क्या श्राप दिया था, जानते हैं, नवीन बाबू?"

"नहीं।"

"अपने ज्ञान-साधन का फल आप स्वयं न सोच सकेंगे। हां, दूसरों को दान कर सकेंगे।" "मुझे यह बात कुछ अजीब-सी लगती है। यदि यह श्राप आज कोई विदेशी लोगों को देता, तो वह बच जाता। विश्व की सामग्री को अपनी सामग्री के समान व्यवहार करने की वजह से ही यूरोप वाले लालच के द्वार पर मरते हैं।"

उस दिन जो बातें हुई वे केवल हास्य-व्यंग्य ही नहीं थीं। उनमें युद्ध की ओर संकेत था। कंचन के साथ अब मेरा सम्बन्ध सहज हो आया था, इस पर भी मैं कंचन के सम्मुख खड़े होकर उसकी चरम अभिलाषा की थाह पाने का कोई उपाय खोज नहीं पाया।

हां, अवश्य एक दिन पिकनिक के समय यह सुयोग मिल गया। उस समय डॉक्टर साहब शिवालय के खंडहर की सीढ़ी पर बैठकर रसायन-शास्त्र की कोई नई आई हुई पोथी पढ़ रहे थे। एक आबनूस के पेड़ की झाड़ी में बैठकर कंचन अचानक कह उठी-"इस महाकाल के वन में एक अंधी प्राण शक्ति है, उससे भयग्रस्त हूं।"

कंचन कहती गई- "पुराने भवनों के दरार से लुक-छिपकर पीपल का अंकुर निकलता है, और फिर धीरे-धीरे अपनी जड़ों से उसे बुरी तरह जकड़ लेता है। यह भी वैसा ही है। दादू के साथ यही बात हो रही थी। दादू कह रहे थे, बस्ती से बहुत दिनों तक दूर रहने से प्रकृति के अभाव से मानव का चरित्र दुर्बल हो जाता है और आदमी प्राणी प्रकृति का असर प्रखर हो उठता है।"

मैंने उत्तर दिया- "बताता हूं। मेरी बात को भली-भांति सोच देखियेगा। मेरा विचार यह है कि ऐसे अवसरों पर मानव का संग भीतर और बाहर से मिलना चाहिए, जिसका प्रभाव मानव प्रकृति को पूर्ण कर सके। जब तक यह नहीं होगा तब तक अंध शक्ति से पराजित ही होना पड़ेगा। काश आप मामूली..."

"हां, हां कहिये, संकोच मत कीजिये।"-कंचन ने शीघ्रता से कहा।

"यह तो जानते ही हैं कि मैं वैज्ञानिक हूं अतः जो कहने जा रहा हूं उसे व्यक्तिगत आसक्ति से रहित होकर ही कहूंगा। आपने एक दिन भवतोष को बहुत स्नेह से देखा था, क्या आज भी उसे उसी प्रकार..."

"समझ लीजिए, नहीं करती...तब।"

"मैंने ही आपके मन को उधर से हटाया है।"

"सम्भव हो सकता हैय लेकिन आपने ही नहीं, बल्कि इस अंध शक्ति ने भी। इसलिए मैं इस हटने को श्रध्दा की दृष्टि से नहीं देखती।"

"ऐसा क्यों?"

"दीर्घ काल के प्रयास से मानवचित्र शक्ति में अपने आदर्श की रचना करता है, प्राण शक्ति की अंधता उस आदर्श को तोड़ देती है। आपके प्रति जो मेरा प्रेम है, वह उसी अंध शक्ति के आक्रमण का फल है।"

"नारी होकर भी आप प्रेम पर ऐसा अपवाद मढ़ती हैं?"

"नारी होने के कारण ही ऐसा कह रही हूं। प्रेम का आदर्श हमारे लिए पूजा की सामग्री है। उसी को सतीत्व कहते हैं। सतीत्व एक आदर्श है। यह सामग्री वन की प्रकृति की नहीं है, मानवी की है। इस निर्जन में इतने दिनों से इसी आदर्श की पूजा कर रही थी। सारे आघातों को सहन और धोखा खाने के बाद भी उसे बचा सकी, तो मेरी पवित्रता भी नहीं जायेगी।

"क्या भवतोष के लिए अब भी श्रध्दा का स्थान है?"

"नहीं।"

"उसके पास जाना चाहती हो।"

"नहीं।"

"तो फिर।"

"कुछ भी नहीं।"

"मैं आशय नहीं समझा।"

"आप समझ भी नहीं सकेंगे। आपकी संपत्ति ज्ञान है, उच्चतर शिखर पर वह भी इम्पर्सनल है। नारी संपत्ति हृदय की संपत्ति है। यदि उसका सब कुछ चला जाये, वह सब कुछ जो बाहरी है, जिसे स्पर्श किया जा सकता है तब भी उस प्रेम में वह वस्तु बच रहती है, जो कि इम्पर्सनल है।"

"वाद-विवाद में समय नष्ट न कीजिए। मुझे कुछ ही दिनों में खोज करने के अभिप्राय से अन्यत्र कहीं चला जाना होगा किन्तु...।"

"फिर गये क्यों नहीं?"

"आपसे...।"

तभी कंचन ने पुकारा- "दादू!"

डॉक्टर साहब अपना पढ़ना-लिखना छोड़कर उठ आये और मधुर स्नेह के स्वर में बोले- "क्या है दीदी?"

"आपने उस दिन कहा था न कि मनुष्य का सत्य उसी की तपस्या के भीतर से अभिव्यक्त हुआ है। उसकी अभिव्यक्ति प्राणी शास्त्र से समझी जाने वाली अभिव्यक्ति नहीं है?"

"हां बिल्कुल ठीक...।"

"दादू तो फिर आज अपनी और आपकी बात का निर्णय कर दूं। कई दिनों से मस्तिष्क उथल-पुथल का केन्द्र बना हुआ है।"

मैं उठ खड़ा हुआ, बोला- "तो मैं चलूं।"

"नहीं! आप बैठिये। दादू, आपका वही पद फिर खाली हुआ है और सेक्रटरी ने पुनरू आपको बुलवाया भी है।"

"हां तो फिर...।"

"आपको उस पद को स्वीकार करना होगा...अति शीघ्र वहीं लौट जाना होगा।"

डॉक्टर साहब बेचारे हत्बुध्दि होकर कंचन के मुंह की ओर ताकते रहे। कंचन बोली- "अच्छा, अब समझी, आप इसी सोच में पड़े हैं कि मेरी क्या गति होगी? यदि

अहंकार की मात्रा बहुत न बढ़ती हो, तो आपको यह बात स्वीकार करनी ही होगी कि मेरे बिना आपका एक दिन भी नहीं चल सकता। मेरी अनुपस्थिति में तो पंद्रहवीं आश्विन को आप पंद्रहवीं अक्टूबर समझ बैठते हो। जिस दिन घर में अपने सहयोगी अध्यापक को भोजन के लिए आमंत्रित करते हो, उसी दिन लायब्रेरी का द्वार बन्द करके कोई "निदारूण ईक्वेशनश सुलझाने में लग जाते हो। नवीन बाबू सोचते होंगे कि मैं बात बढ़ा-चढ़ाकर कह रही हूं।"

"आज ऐसी अशुभ बातें...।"

"सब अभी खत्म हो जायेंगी। आप चलें तो मेरे साथ अपने काम पर, छुटी हुई गाड़ी फिर लौट आयेगी।"

डॉक्टर साहब मेरी ओर देखकर बोले-"तुम्हारी क्या सलाह है नवीन?"

मैं क्षण भर स्तब्ध रहकर बोला-"कंचनदेवी से अधिक अच्छा परामर्श कोई नहीं दे सकता।"

कंचन ने उठकर मेरे चरण छूकर प्रणाम किया। मैं संकुचित होकर पीछे हट आया। कंचन बोली- "संकोच न कीजिये। आपकी तुलना में मैं कुछ भी नहीं हूं. .. यह बात किसी दिन साफ हो जायेगी? आज आपसे यहीं अन्तिम विदा लेती हूं, जाने से पूर्व अब भेंट न होगी।"

"यह कैसी बात कह रही हो, दीदी?"-डॉक्टर साहब ने पूछा।

"दादू..." इतना ही कह सकी कंचन।

मैंने उसी क्षण डॉक्टर साहब की पग-धूलि का स्पर्श किया। उन्होंने छाती से लगाकर कहा- "मैं जानता हूं नवीन कि तुम्हारी कीर्ति का पथ तुम्हारे सामने प्रशस्त है।"

अपने स्थान पर लौटकर पहला रिकार्ड निकाला। उसे देखते ही मन में सहसा आनन्द उमड़ आया। समझा मुक्ति इसी को कहते हैं। संध्या-बेला में दिन भर का काम समाप्त करके बरामदे में आते ही अनुभव हुआ... पंछी पिंजरे से तो निकल आया है, किन्तु उसके पांवों में जंजीर की एक कड़ी अब भी उलझी हुई है... हिलते-हिलते वह बज उठती है।

7

कवि और कविता

राजमहल के सामने भीड़ लगी हुई थी। एक नवयुवक संन्यासी बीन पर प्रेम-राग अलाप रहा था। उसका मधुर स्वर गूंज रहा था। उसके मुख पर दया और सहृदता के भाव प्रकट हो रहे थे। स्वर के उतार-चढ़ाव और बीन की झंकार दोनों ने मिलकर बहुत ही आनन्दप्रद स्थिति उत्पन्न कर रखी थी। दर्शक झूम-झूमकर आनन्द प्राप्त कर रहे थे।

गाना समाप्त हुआ, दर्शक चौंक उठे। रुपये-पैसे की वर्षा होने लगी। एक-एक करके भीड़ छटने लगी। नवयुवक संन्यासी ने सामने पड़े हुए रुपये-पैसों को बड़े ध्यान से देखा और आप-ही-आप मुस्करा दिया। उसने बिखरी हुई दौलत को एकत्रित किया और फिर उसे ठोकर मारकर बिखरा दिया। इसके पश्चात् बीन उठाकर एक ओर चल दिया।

राजकुमारी माया ने भी उस नवयुवक संन्यासी का गाना सुना था। दर्शक प्रतिदिन वहां आते और संन्यासी को न पाकर निराश हो वापस चले जाते थे। राजकुमारी माया भी प्रतिदिन राजमहल के सामने देखती और घंटों देखती रहती। जब रात्रि का अन्धकार सर्वत्र अपना आधिपत्य जमा लेता तो राजकुमारी खिड़की में से उठती। उठने से पहले वह सर्वदा एक निराशाजनक करुणामय आह खींचा करती थी।

इसी प्रकार दिन, हफ्ते और महीने बीत गए। वर्ष समाप्त हो गया, परन्तु युवक संन्यासी फिर दिखाई न दिया। जो व्यक्ति उसकी खोज में आया करते थे,

धीरे-धीरे उन्होंने वहां आना छोड़ दिया। वे उस घटना को भूल गये, किन्तु राजकुमारी माया...

राजकुमारी माया उस युवक संन्यासी को हृदय से न भुला सकी। उसकी आंखों में हर समय उसका चित्र फिरता। होते-होते उसने भी गाने का अभ्यास किया। वह प्रतिदिन अपने उद्यान में जाती और गाने का अभ्यास करती। जिस समय रात्रि की नीरवता में सोहनी की लय गूंजती तो सुनने वाले ज्ञान-शून्य हो जाते।

राजकवि अनंगशेखर युवक था। उसकी कविता प्रभावशाली और जोरदार होती थी। जिस समय वह दरबार में अपनी कविता गायन के साथ पढ़कर सुनाता तो सुनने वालों पर मादकता की लहर दौड़ जाती, शून्यता का राज्य हर ओर होता। राजकुमारी माया को कविता से प्रेम था। सम्भवतः वह भी अनंगशेखर की कविता सुनने के लिए विशेषतः दरबार में आ जाती थी।

राजकुमारी की उपस्थिति में अनंगशेखर की जुबान लड़खड़ा जाती। वह ज्ञान-शून्य-सा खोया-खोया हो जाता, किन्तु इसके साथ ही उसकी भावनाएं जागृत हो जातीं। वह झूम-झूमकर और उदाहरणों को सम्मुख रखता। सुनने वाले अनुरक्त हो जाते। राजकुमारी के हृदय में भी प्रेम की नदी तरंगें लेने लगती। उसको अनंगशेखर से कुछ प्रेम अनुभव होता, किन्तु तुरन्त ही उसकी आंखें खुल जातीं और युवक संन्यासी का चित्र उसके सामने फिरने लगता। ऐसे मौके पर उसकी आंखों से आंसू छलकने लगते। अनंगशेखर आंसू-भरे नेत्रों पर दृष्टि डालता तो स्वयं भी आंसुओं के प्रवाह में बहने लगता। उस समय वह शस्त्र डाल देता और अपनी जुबान से आप ही कहता- "मैं अपनी पराजय मान चुका।"

कवि अपनी धुन में मस्त था। चहुंओर प्रसन्नता और आनन्द दृष्टिगोचर होता था। वह अपने विचारों में इतना मग्न था जैसे प्रकृति के आंचल में रंगरेलियां मना रहा हो।

सहसा वह चौंक पड़ा। उसने आंखें फाड़-फाड़कर अपने चहुंओर दृष्टि डाली और फिर एक उसांस ली। सामने एक कागज पड़ा था। उस पर कुछ पंक्तियां लिखी हुई थीं। रात्रि का अन्धकार फैलता जा रहा था। वह वापस हुआ।

राजमहल समीप था और उससे मिला हुआ उद्यान था। अनंगशेखर बेकाबू हो गया। राजकुमारी की खोज उसको बरबस उद्यान के अन्दर ले गई।

चन्द्रमा की किरणें जलस्रोत की लहरों से अठखेलियां कर रही थीं, प्रत्येक दिशा में जूही और मालती की गन्ध प्रसारित थी, कवि आनन्दप्रद दृश्य को देखने में तल्लीन हो गया। भय और शंका ने उसे आ दबाया। वह आगे कदम न उठा सका। समीप

ही एक घना वृक्ष था। उसकी छाया में खड़े होकर वह उद्यान के बाहर का आनन्द प्राप्त करने लगा। इसी बीच में वायु का एक मधुर झोंका आया। उसने अपने शरीर में एक कम्पन अनुभव किया। इसके बाद उद्यान से एक मधुर स्वर गूंजा, कोई गा रहा था। वह अपने-आपे में न था, कुछ खो-सा गया। मालूम नहीं इस स्थिति में वह कितनी देर खड़ा रहा? जिस समय वह होश में आया, तो देखा कोई पास खड़ा है। वह चौंक उठा, उसके सामने राजकुमारी माया खड़ी थी।

अनंगशेखर का सिर नीचा हो गया। राजकुमारी ने मुस्कराते हुए होंठों से पूछा- "अनंगशेखर, तुम यहां क्यों आये?"

कवि ने सिर उठाया, फिर कुछ लजाते हुए राजकुमारी की ओर देखा, फिर से मुख से कुछ न कहा।

राजकुमारी ने फिर पूछा-"तुम यहां क्यों आये?"

इस बार कवि ने साहस से काम लिया। हाथ में जो पत्र था वह राजकुमारी को दे दिया। राजकुमारी ने कविता पढ़ी। उस कविता को अपने पास रखना चाहा, किन्तु वह छूटकर हाथ से गिर गई। राजकुमारी तीर की भांति वहां से चली गई। अब कवि से सहन न हो सका, वह ज्ञान-शून्य होकर चिल्ला उठा-"माया, माया!"

परन्तु अब माया कहां थी।

राजदरबार में एक युवक आया, दरबारी चिल्ला उठे- "अरे, यह तो वही संन्यासी है जो उस दिन राजमहल के सामने गा रहा था।

राजा ने मालूम किया- "यह युवक कौन है?"

युवक ने उत्तर दिया- "महाशय, मैं कवि हूं।"

राजकुमारी उस युवक को देखकर चौंक उठी।

राजकवि ने भी उस युवक पर दृष्टि डाली, मुख फक हो गया। पास ही एक व्यक्ति बैठा हुआ था, उसने कहा- "वाह! यह तो एक भिक्षुक है।"

राजकवि बोल उठा- "नहीं, उसका अपमान न करो, वह कवि है।"

चहुंओर सन्नाटा छा गया। महाराज ने उस युवक से कहा- "कोई अपनी कविता सुनाओ।"

युवक आगे बढ़ा, उसने राजकुमारी को और राजकुमारी ने उसको देखा। स्वाभिमान अनुभव करते हुए उसने कदम आगे बढ़ाये।

राजकवि ने भी यह स्थिति देखी तो उसके मुख पर हवाइयां उड़ने लगीं।

युवक ने अपनी कविता सुनानी आरम्भ की। प्रत्येक चरण पर 'वाह-वाह' की ध्वनियां गूंजने लगीं, किसी ने ऐसी कविता आज तक न सुनी थी।

युवक का मुख स्वाभिमान और प्रसन्नता से दमक उठा। वह मस्त हाथी की भांति झूमता हुआ आया और अपने स्थान पर बैठ गया। उसने एक बार फिर राजकुमारी की ओर देखा और इसके पश्चात् राजकवि की ओर। महाराज ने राजकवि से कहा- "तुम भी अपनी कविता सुनाओ।"

अनंगशेखर चेतना-शून्य-सा बैठा था। उसके मुख पर निराशा और असफलता की झलक प्रकट हो रही थी।

महाराज फिर बोले- "अनंगशेखर! किस चिन्ता में निमग्न हो? क्या इस युवक-कवि का उत्तर तुमसे नहीं बन पड़ेगा?"

यह अपमान कवि के लिए असहनीय था! उसकी आंखें रक्तिम हो गयी, वह अपने स्थान से उठा और आगे बढ़ा। उस समय उसके कदम डगमगा रहे थे।

आगे पहुंचकर वह रुका, हृदय खोलकर उसने अपनी काव्य-प्रतिभा का प्रदर्शन किया। चहुंओर शून्यता और ज्ञान-शून्यता छा गई, श्रोता मूर्ति-से बनकर रह गये।

राजकवि मौन हो गया। एक बार उसने चहुंओर दृष्टिपात किया। उस समय राजकुमारी का मुख पीला था। उस युवक का घमण्ड टूट चुका था। धीरे-धीरे सब दरबारी नींद से चौंके, चहुंओर से 'धन्य है, धन्य ह' की ध्वनि गूंजी। महाराज ने राजसिंहासन से उठकर कवि को अपने हृदय से लगा लिया। कवि की यह अन्तिम विजय थी।

महाराज ने निवेदन किया- "अनंग! मांगो क्या मांगते हो? जो मांगोगे दूंगा।"

राजकवि कुछ देर तक सोचता रहा। इसके बाद उसने कहा- "महाराज मुझे और कुछ नहीं चाहिए! मैं केवल राजकुमारी का इच्छुक हूं।"

यह सुनते ही राजकुमारी को गश आ गया। कवि ने फिर कहा- "महाराज, आपके कथनानुसार राजकुमारी मेरी हो चुकी, अब जो चाहूं कर सकता हूं।" यह कहकर उसने युवक-कवि को अपने समीप बुलाया और कहा–

"मेरे जीवन का मुख्य उद्देश्य यह था कि राजकुमारी का प्रेम प्राप्त करूं। तुम नहीं जानते कि राजकुमारी की प्रसन्नता और सुख के लिए मैं अपने प्राण तक न्यौछावर करने को तैयार हूं। हां, युवक! तुम इनमें से किसी बात से परिचित नहीं होय किन्तु थोड़ी देर के पश्चात् तुमको ज्ञात हो जायेगा कि मैं ठीक कहता था या नहीं।"

कवि की जुबान रुक गई, उसका स्वर भारी हो गया, सिलसिला जारी रखते हुए उसने कहा- "क्या तुम जानते हो कि मैंने क्या देखा? नहीं। और इसका न जानना ही तुम्हारे लिए अच्छा है। सोचता था, जीवन सुख से व्यतीत होगा, परन्तु

यह आशा भ्रमित सिद्ध हुई। जिससे मुझे प्रेम है वह अपना हृदय किसी और को भेंट कर चुकी है। जानते हो अब राजकुमारी को मैं पाकर भी प्रसन्न न हो सकूंगा, क्योंकि राजकुमारी प्रसन्न न हो सकेगी। आओ, युवक आगे आओ! तुम्हें मुझसे घृणा हो तो, बेशक हुआ करे, आओ आज मैं अपनी सम्पूर्ण संपत्ति तुम्हें सौंपता हूं।"

राजकवि मौन हो गया। किन्तु उसका मौन क्षणिक था। सहसा उसने महाराज से कहा- "महाराज, एक विनती है और वह यह कि मेरे स्थान पर इस युवक को राजकवि बनाया जाए।"

राजकवि के कदम लड़खड़ाने लगे। देखते-देखते वह पृथ्वी पर आ रहा। अन्तिम बार पथराई हुई दृष्टि से उसने राजकुमारी की ओर देखा, यह दृष्टि अर्थमयी थी। वह राजकुमारी से कह रहा था- "मेरी प्रसन्नता यही है कि तुम प्रसन्न रहो। विदा।"

इसके पश्चात् कवि ने अपनी आंख बन्द कर लीं और ऐसी बन्द की कि फिर न खुलीं

8

कवि का हृदय

चांदनी रात में भगवान विष्णु बैठे मन-ही-मन गुनगुना रहे थे–

"मैं विचार किया करता था कि मनुष्य सृष्टि का सबसे सुन्दर निर्माण है, किन्तु मेरा विचार भ्रामक सिद्ध हुआ। कमल के उस फूल को, जो वायु के झोंकों से हिलता है, मैं देख रहा हूं। कि वह सम्पूर्ण जीव-मात्र से कितना अधिक पवित्र और सुन्दर है। उसकी पंखुड़ियां अभी-अभी प्रकाश से खिली हैं। वह ऐसा आकर्षक है कि मैं अपनी दृष्टि उस पर से नहीं हटा सकता। हां, मानवों में इसके समान कोई वस्तु विद्यमान नहीं।"

विष्णु भगवान ने एक ठंडी सांस खींची। उसके एक क्षण पश्चात् सोचने लगे-

"आखिर किस प्रकार मुझको अपनी शक्ति से एक नवीन अस्तित्व उत्पन्न करना चाहिए, जो मनुष्यों में ऐसा हो जैसा कि फूलों में कमल है। जो आकाश और पृथ्वी दोनों के लिए सुख तथा प्रसन्नता का कारण बने। ऐ कलम! तू एक सुन्दर युवती के रूप में परिवर्तित हो जा और मेरे सामने खड़ा हो।"

जल में एक हल्की-सी लहर उत्पन्न हुई, जैसे कृष्ण चिड़िया के पंखों से प्रकट होती है। रात अधिक प्रकाशमान हो गई। चन्द्रमा पूरे प्रकाश के साथ चमकने लगा, परन्तु कुछ समय पश्चात् सहसा सब मौन रह गये, जादू पूरा हो गया। भगवान के सम्मुख कमल मानवी-रूप में खड़ा था।

वह ऐसा सुन्दर रूप था कि स्वयं देवता को भी देखकर आश्चर्य हुआ। उस रूपवती को सम्बोधित करके विष्णु भगवान बोले-"तुम इसके पहले सरोवर का फूल थीं, अब मेरी कल्पना का फूल हो, बातें करो।"

सुन्दर युवती ने बहुत धीरे-से बोलना आरम्भ किया। उसका स्वर ठीक ऐसा था जैसे कमल की पंखुड़ियां प्रातः समीरण के झोंकों से बज उठती हैं।

"महाराज, आपने मुझको मानवी-रूप में परिवर्तित किया है, कहिये अब आप मुझे किस स्थान में रहने की आज्ञा देते हैं। महाराज, पहले मैं पुष्प थी तो वायु के थपेड़ों से डरा करती थी और अपनी पंखुड़ियां बन्द कर लेती थी। मैं वर्षा और आंधी से भय मानती थी, बिजली और उसकी कड़क से मेरे हृदय को डर लगता था, मैं सूर्य की जलाने वाली किरणों से डरा करती थी, आपने मुझको कमल से इस अवस्था में बदला है अतः मेरी पहले-सी प्रकृति है। मैं पृथ्वी से और जो कुछ उस पर विद्यमान है, उससे डरती हूं। फिर आज्ञा दीजिए मुझे कहां रहना चाहिए।"

विष्णु ने तारों की ओर दृष्टि की, एक क्षण तक कुछ सोचा, उसके बाद पूछा- "क्या तुम नागराज के शिखरों पर रहना चाहती हो?"

"नहीं महाराज, वहां बर्फ है और मैं शीत से डरती हूं।"

"अच्छा, मैं सरोवर की तह में तुम्हारे लिए शीशे का महल बनवा दूंगा।"

"जल की गहराइयों में सर्प और भयावने जन्तु रहते हैं इसलिए मुझे डर लगता है।"

"तो क्या तुमको सुनसान उजाड़ स्थान रुचिकर है?"

"नहीं महाराज, वन की तूफानी समीर और दामिनी की भयावनी कड़क को मैं किस प्रकार सहन कर सकती हूं।"

"तो फिर तुम्हारे लिए कौन-सा स्थान निश्चित किया जाए? हां, अजन्ता की गुफाओं में साधु रहते हैं, क्या तुम सबसे अलग किसी गुफा में रहना चाहती हो?"

"महाराज, वहां बहुत अंधेरा है, मुझे डर लगता है।"

भगवान विष्णु घुटने के नीचे हाथ रखकर एक पत्थर पर बैठ गये। उनके सामने वही सुन्दरी सहमी हुई खड़ी थी।

बहुत देर के उपरान्त जब ऊषा-किरण के प्रकाश ने पूर्व दिशा में आकाश को प्रकाशित किया, जब सरोवर का जल, ताड के वृक्ष और हरे बांस सुनहरे हो गये, गुलाबी, बगुले, नीले सारस और श्वेत हंस मिलकर पानी पर और मोर जंगल में कूकने लगे तो उसके साथ ही वीणा की मस्त कर देने वाली लय से मिश्रित प्रेमगान सुनाई देना आरम्भ हुआ। भगवान अब तक संसार की चिंता में संलग्न थे, अब चौंके और कहा- "देखो! कवि बाल्मीकि सूर्य को नमस्कार कर रहा है।"

कुछ समय के पश्चात् केसरिया पर्दे जो चांदनी को ढके हुए थे उठ गये और सरोवर के समीप कवि बाल्मीकि प्रकट हुए। मनुष्य के रूप में बदले हुए कमल के फूल को देखकर उन्होंने वाद्ययंत्र बजाना बन्द कर दिया। बीणा उनके हाथों से गिर पड़ी, दोनों हाथ जंघाओं पर जा लगे। वह खड़े-के-खड़े रह गये। जैसे सर्वथा किंकर्तव्यविमूढ़ थे।

भगवान ने पूछा- "बाल्मीकि, क्या बात है, मौन हो गये?"

बाल्मीकि बोले- "महाराज, आज मैंने प्रेम का पाठ पढ़ा है।" बस इससे अधिक कुछ न कह सके।

विष्णु भगवान का मुख सहसा चमक उठा। उन्होंने कहा- "सुन्दर कामिनी! मुझको तेरे लिए योग्य स्थान मिल गया। जा कवि के हृदय में निवास कर।"

भगवान ने बाल्मीकि के हृदय को शीशे के समान निर्मल बना दिया था। वह सुन्दरी अपने निर्वाचित स्थान में प्रविष्ट हो रही थी, किन्तु जैसे ही उसने बाल्मीकि के हृदय की गहराई को मापा, उसका मुख पीला पड़ गया और उस पर भय छा गया।

देवता को आश्चर्य हुआ।

बोले- "क्या कवि-हृदय में भी रहने से डरती हो?"

"महाराज, आपने मुझे किस स्थान पर रहने की आज्ञा दी है। मुझको तो उस एक ही हृदय में नागराज के शिखर, अजीब जन्तुओं से भरी हुई जल की अथाह गहराई और अजन्ता की अंधेरी गुफाएं आदि सब-कुछ दृष्टिगोचर होता है। इसलिए महाराज मैं भयभीत होती हूं।"

यह सुनकर विष्णु भगवान मुस्काये और बोले- "मनुष्य के रूप में परिवर्तित सुमन रख। यदि कवि के हृदय में हिम है तो तुम वसन्त ऋतु की उष्ण समीर का झोंका बन जाओगी, जो हिम को भी पिघला देगा। यदि उसमें जल की गहराई है तो तुम उस गहराई में मोती बन जाओगी। यदि निर्जन वन है तो तुम उसमें सुख और शांति के बीज बो दोगी। यदि अजंता की गुफा है तो तुम उसके अंधेरे में सूर्य की किरण बनकर चमकोगी।"

कवि ने इस बीच में बोलने की शक्ति प्राप्त कर ली थी। उसकी ओर देखते ही भगवान विष्णु ने इतना और कहा- "जाओ, यह वस्तु तुम्हें देता हूं, इसे लो और सुखी रहो।"

9

काबुलीवाला

मेरी पाँच वर्ष की छोटी लड़की मिनी से पल भर भी बात किए बिना नहीं रहा जाता। दुनिया में आने के बाद भाषा सीखने में उसने सिर्फ एक ही वर्ष लगाया होगा। उसके बाद से जितनी देर तक सो नहीं पाती है, उस समय का एक पल भी वह चुप्पी में नहीं खोती। उसकी माता बहुधा डाँट-फटकारकर उसकी चलती हुई जबान बन्द कर देती है। किन्तु मुझसे ऐसा नहीं होता। मिनी का मौन मुझे ऐसा अस्वाभाविक-सा प्रतीत होता है, कि मुझसे वह अधिक देर तक सहा नहीं जाता और यही कारण है कि मेरे साथ उसके भावों का आदान-प्रदान कुछ अधिक उत्साह के साथ होता रहता है।

सवेरे मैंने अपने उपन्यास के सत्तरहवें अध्ध्याय में हाथ लगाया ही था कि इतने में मिनी ने आकर कहना आरम्भ कर दिया, "बाबूजी! रामदयाल दरबान कल 'काक' को कौआ कहता था। वह कुछ जानता ही नहीं, न बाबूजी?"

विश्व की भाषाओं की विभिन्नता के विषय में मेरे कुछ बताने से पहले ही उसने दूसरा प्रसंग छेड़ दिया, "बाबूजी! भोला कहता था आकाश मुँह से पानी फेंकता है, इसी से बरसा होती है। अच्छा बाबूजी, भोला झूठ-मूठ कहता है न? खाली बक-बक किया करता है, दिन-रात बकता रहता है।"

इस विषय में मेरी राय की तनिक भी राह न देख कर, चट से धीमे स्वर में एक जटिल प्रश्न कर बैठी, "बाबूजी, माँ तुम्हारी कौन लगती है?"

मन ही मन में मैंने कहा - साली और फिर बोला, "मिनी, तू जा, भोला के साथ खेल, मुझे अभी काम है, अच्छा।"

तब उसने मेरी मेज के पार्श्व में पैरों के पास बैठकर अपने दोनों घुटने और हाथों को हिला-हिलाकर बड़ी शीघ्रता से मुंह चलाकर 'अटकन-बटकन दही चटाके' कहना आरम्भ कर दिया। जबकि मेरे उपन्यास के अध्ध्याय में प्रतापसिंह उस समय कंचनमाला को लेकर रात्रि के प्रगाढ़ अन्धकार में बन्दीगृह के ऊंचे झरोखे से नीचे कलकल करती हुई सरिता में कूद रहे थे।

मेरा घर सड़क के किनारे पर था, सहसा मिनी अपने अटकन-बटकन को छोड़कर कमरे की खिड़की के पास दौड़ गई, और जोर-जोर से चिल्लाने लगी, "काबुलवाला, ओ काबुलवाला।"

मैले-कुचौले ढीले कपड़े पहने, सिर पर कुल्ला रखे, उस पर साफा बाँधे कन्धे पर सूखे फलों की मैली झोली लटकाए, हाथ में चमन के अंगूरों की कुछ पिटारियाँ लिए, एक लम्बा-तगड़ा-सा काबुली मन्द चाल से सड़क पर जा रहा था। उसे देखकर मेरी छोटी बेटी के हृदय में कैसे भाव उदय हुए यह बताना असम्भव है। उसने जोरों से पुकारना शुरू किया। मैंने सोचा, अभी झोली कन्धे पर डाले, सर पर एक मुसीबत आ खड़ी होगी और मेरा सत्तरहवाँ अध्ध्याय आज अधूरा रह जाएगा।

किन्तु मिनी के चिल्लाने पर ज्यों ही काबुली ने हँसते हुए उसकी ओर मुँह फेरा और घर की ओर बढ़ने लगा, त्यों ही मिनी भय खाकर भीतर भाग गई। फिर उसका पता ही नहीं लगा कि कहाँ छिप गई। उसके छोटे-से मन में वह अन्धविश्वास बैठ गया था कि उस मैली-कुचौली झोली के अन्दर ढूँढ़ने पर उस जैसी और भी जीती-जागती बच्चियाँ निकल सकती हैं।

इधर काबुली ने आकर मुस्कराते हुए मुझे हाथ उठाकर अभिवादन किया और खड़ा हो गया। मैंने सोचा, वास्तव में प्रतापसिंह और कंचनमाला की दशा अत्यन्त संकटापन्न है, फिर भी घर में बुलाकर इससे कुछ न खरीदना अच्छा न होगा।

कुछ सौदा खरीदा गया। उसके बाद मैं उससे इधर-उधर की बातें करने लगा। खुद रहमत, रूस, अंग्रेज, सीमान्त रक्षा के बारे में गप-शप होने लगी।

अन्त में उठकर जाते हुए उसने अपनी मिली-जुली भाषा में पूछा, "बाबूजी, आपकी बच्ची कहाँ गई?"

मैंने मिनी के मन से व्यर्थ का भय दूर करने के अभिप्राय से उसे भीतर से बुलवा लिया। वह मुझसे बिल्कुल लगकर काबुली के मुख और झोली की ओर सन्देहात्मक दृष्टि डालती हुई खड़ी रही। काबुली ने झोली में से किसमिस और

खुबानी निकालकर देना चाहा, पर उसने नहीं लिया और दुगुने सन्देह के साथ मेरे घुटनों से लिपट गई। उसका पहला परिचय इस प्रकार हुआ।

इस घटना के कुछ दिन बाद एक दिन सवेरे मैं किसी आवश्यक कार्यवश बाहर जा रहा था। देखूँ तो मेरी बिटिया दरवाजे के पास बेंच पर बैठी हुई काबुली से हँस-हँसकर बातें कर रही है और काबुली उसके पैरों के समीप बैठा-बैठा मुस्कराता हुआ, उन्हें ध्यान से सुन रहा है और बीच-बीच में अपनी राय मिली-जुली भाषा में व्यक्त करता जाता है। मिनी को अपने पाँच वर्ष के जीवन में, बाबूजी के सिवा, ऐसा धैर्यवाला श्रोता शायद ही कभी मिला हो। देखा तो, उसका फिराक का अग्रभाग बादाम-किसमिस से भरा हुआ है। मैंने काबुली से कहा, "इसे यह सब क्यों दे दिया? अब कभी मत देना।" कहकर कुर्ते की जेब से एक अठन्नी निकालकर उसे दी। उसने बिना किसी हिचक के अठन्नी लेकर अपनी झोली में रख ली।

कुछ देर बाद, घर लौटकर देखता हूं तो उस अठन्नी ने बड़ा भारी उपद्रव खड़ा कर दिया है।

मिनी की माँ एक सफेद चमकीला गोलाकार पदार्थ हाथ में लिए डाँट-डपटकर मिनी से पूछ रही थी, "तूने यह अठन्नी पाई कहाँ से, बता?"

मिनी ने कहा, "काबुल वाले ने दी है।"

"काबुल वाले से तूने अठन्नी ली कैसे, बता?"

मिनी ने रोने का उपक्रम करते हुए कहा, "मैंने माँगी नहीं थी, उसने आप ही दी है।"

मैंने जाकर मिनी की उस अकस्मात मुसीबत से रक्षा की, और उसे बाहर ले आया।

मालूम हुआ कि काबुली के साथ मिनी की यह दूसरी ही भेंट थी, सो बात नहीं। इस दौरान में वह रोज आता रहा है और पिस्ता-बादाम की रिश्वत दे-देकर मिनी के छोटे से हृदय पर बहुत अधिकार कर लिया है।

देखा कि इस नई मित्रता में बँधी हुई बातें और हँसी ही प्रचलित है। जैसे मेरी बिटिया, रहमत को देखते ही, हँसती हुई पूछती, "काबुल वाला, ओ काबुल वाला, तुम्हारी झोली के भीतर क्या है? काबुली, जिसका नाम रहमत था, एक अनावश्यक चन्द्र-बिन्दु जोड़कर मुस्कराता हुआ उत्तर देता, "हाँ बिटिया उसके परिहास का रहस्य क्या है, यह तो नहीं कहा जा सकता, फिर भी इन नए मित्रों को इससे तनिक विशेष खेल-सा प्रतीत होता है और जाड़े के प्रभात में एक सयाने और एक बच्ची की सरल हँसी सुनकर मुझे भी बड़ा अच्छा लगता।

उन दोनों मित्रों में और भी एक-आध बात प्रचलित थी। रहमत मिनी से कहता, "तुम ससुराल कभी नहीं जाना, अच्छा?"

हमारे देश की लड़कियाँ जन्म से ही 'ससुराल' शब्द से परिचित रहती हैं, किन्तु हम लोग तनिक कुछ नई रोशनी के होने के कारण तनिक-सी बच्ची को ससुराल के विषय में विशेष ज्ञानी नहीं बना सके थे, अतः रहमत का अनुरोध वह स्पष्ट रूप से नहीं समझ पाती थी, इस पर भी किसी बात का उत्तर दिए बिना चुप रहना उसके स्वभाव के बिल्कुल ही विरुद्ध था। उलटे, वह रहमत से ही पूछती, "तुम ससुराल जाओगे?"

रहमत काल्पनिक श्वसुर के लिए अपना जबर्दस्त घूँसा तानकर कहता, "हम ससुर को मारेगा।"

सुनकर मिनी 'ससुर' नामक किसी अनजाने जीव की दुरवस्था की कल्पना करके खूब हँसती।

देखते-देखते जाड़े की सुहावनी ऋतु आ गई। पूर्व युग में इसी समय राजा लोग दिग्विजय के लिए कूच करते थे। मैं कलकत्ता छोड़कर कभी कहीं नहीं गया, शायद इसीलिए मेरा मन ब्रह्माण्ड में घूमा करता है। यानी, मैं अपने घर में ही चिर प्रवासी हूँ, बाहरी ब्रह्माण्ड के लिए मेरा मन सर्वदा आतुर रहता है। किसी विदेश का नाम आगे आते ही मेरा मन वहीं की उड़ान लगाने लगता है। इसी प्रकार किसी विदेशी को देखते ही तत्काल मेरा मन सरिता-पर्वत-बीहड़ वन के बीच में एक कुटीर का दृश्य देखने लगता है और एक उल्लासपूर्ण स्वतंत्र जीवन-यात्रा की बात कल्पना में जाग उठती है।

इधर देखा तो मैं ऐसी प्रकृति का प्राणी हूँ, जिसका अपना घर छोड़कर बाहर निकलने में सिर कटता है। यही कारण है कि सवेरे के समय अपने छोटे- से कमरे में मेज के सामने बैठकर उस काबुली से गप-शप लड़ाकर बहुत कुछ भ्रमण का काम निकाल लिया करता हूँ। मेरे सामने काबुल का पूरा चित्र खिंच जाता। दोनों ओर ऊबड़खाबड़, लाल-लाल ऊँचे दुर्गम पर्वत हैं और रेगिस्तानी मार्ग, उन पर लदे हुए ऊँटों की कतार जा रही है। ऊँचे-ऊँचे साफे बाँधे हुए सौदागर और यात्री कुछ ऊँट की सवारी पर हैं तो कुछ पैदल ही जा रहे हैं। किन्हीं के हाथों में बरछा है, तो कोई बाबा आदम के जमाने की पुरानी बन्दूक थामे हुए है। बादलों की भयानक गर्जन के स्वर में काबुली लोग अपने मिली-जुली भाषा में अपने देश की बातें कर रहे हैं।

मिनी की माँ बड़ी वहमी तबीयत की है। राह में किसी प्रकार का शोर-गुल हुआ नहीं कि उसने समझ लिया कि संसार भर के सारे मस्त शराबी हमारे ही घर की ओर दौड़े आ रहे हैं। उसके विचारों में यह दुनिया इस छोर से उस छोर तक चोर-डकैत, मस्त, शराबी, साँप, बाघ, रोगों, मलेरिया,तिलचट्टे और अंग्रेजों से भरी पड़ी है। इतने दिन हुए इस दुनिया में रहते हुए भी उसके मन का यह रोग दूर नहीं हुआ।

रहमत काबुली की ओर से भी वह पूरी तरह निश्चिंत नहीं थी। उस पर विशेष नजर रखने के लिए मुझसे बार-बार अनुरोध करती रहती। जब मैं उसके शक को परिहास के आवरण से ढकना चाहता तो मुझसे एक साथ कई प्रश्न पूछ बैठती, "क्या कभी किसी का लड़का नहीं चुराया गया? क्या काबुल में गुलाम नहीं बिकते? क्या एक लम्बे-तगड़े काबुली के लिए एक छोटे बच्चे का उठा ले जाना असम्भव है?" इत्यादि।

मुझे मानना पड़ता कि यह बात नितान्त असम्भव हो सो बात नहीं पर भरोसे के काबिल नहीं। भरोसा करने की शक्ति सबमें समान नहीं होती, अतः मिनी की माँ के मन में भय ही रह गया लेकिन केवल इसीलिए बिना किसी दोष के रहमत को अपने घर में आने से मना न कर सका।

हर वर्ष रहमत माघ मास में लगभग अपने देश लौट जाता है। इस समय वह अपने व्यापारियों से रुपया-पैसा वसूल करने में तल्लीन रहता है। उसे घर-घर, दुकान-दुकान घूमना पड़ता है, फिर भी मिनी से उसकी भेंट एक बार अवश्य हो जाती है। देखने में तो ऐसा प्रतीत होता है कि दोनों के मध्य किसी षड्यंत्र का श्रीगणेश हो रहा है। जिस दिन वह सवेरे नहीं आ पाता, उस दिन देखूँ तो वह संध्या को हाजिर है। अँधेरे में घर के कोने में उस ढीले-ढाले जामा-पाजामा पहने, झोली वाले लम्बे-तगड़े आदमी को देखकर सचमुच ही मन में अचानक भय-सा पैदा हो जाता है।

लेकिन, जब देखता हूं कि मिनी 'ओ काबुल वाला' पुकारती हुई हँसती-हँसती दौड़ी आती है और दो भिन्न-भिन्न आयु के असम मित्रों में वही पुराना हास-परिहास चलने लगता है, तब मेरा सारा हृदय खुशी से नाच उठता है।

एक दिन सवेरे मैं अपने छोटे कमरे में बैठा हुआ नई पुस्तक के प्रूफ देख रहा था। जाड़ा, विदा होने से पूर्व, आज दो-तीन दिन खूब जोरों से अपना प्रकोप दिखा रहा है। जिधर देखो, उधर उस जाड़े की ही चर्चा है। ऐसे जाड़े-पाले में खिड़की में से सवेरे की धूप मेज के नीचे मेरे पैरों पर आ पड़ी। उसकी गर्मी मुझे अच्छी प्रतीत होने लगी। लगभग आठ बजे का समय होगा। सिर से मफलर लपेटे ऊषाचरण सवेरे

की सैर करके घर की ओर लौट रहे थे। ठीक इस समय राह में एक बड़े जोर का शोर सुनाई दिया।

देखूँ तो अपने उस रहमत को दो सिपाही बाँधे लिए जा रहे हैं। उनके पीछे बहुत से तमाशाई बच्चों का झुंड चला आ रहा है। रहमत के ढीले-ढाले कुर्ते पर खून के दाग हैं और एक सिपाही के हाथ में खून से लथपथ छुरा। मैंने द्वार से बाहर निकलकर सिपाही को रोक लिया, पूछा, "क्या बात है?"

कुछ सिपाही से और कुछ रहमत से सुना कि हमारे एक पड़ोसी ने रहमत से रामपुरी चादर खरीदी थी। उसके कुछ रुपए उसकी ओर बाकी थे, जिन्हें देने से उसने साफ इन्कार कर दिया। बस इसी पर दोनों में बात बढ़ गई और रहमत ने छुरा निकालकर घोंप दिया।

रहमत उस झूठे बेईमान आदमी के लिए भिन्न-भिन्न प्रकार के अपशब्द सुना रहा था। इतने में "काबुल वाला! ओ काबुल वाला!" पुकारती हुई मिनी घर से निकल आई।

रहमत का चेहरा क्षण-भर में कौतुक हास्य से चमक उठा। उसके कन्धे पर आज झोली नहीं थी। अतः झोली के बारे में दोनों मित्रों की अभ्यस्त आलोचना न चल सकी। मिनी ने आते के साथ ही उसने पूछा, "तुम ससुराल जाओगे।"

रहमत ने प्रफुल्लित मन से कहा, "हां, वहीं तो जा रहा हूं।"

रहमत ताड़ गया कि उसका यह जवाब मिनी के चेहरे पर हँसी न ला सकेगा और तब उसने हाथ दिखाकर कहा, "ससुर को मारता, पर क्या करूँ, हाथ बँधे हुए हैं।"

छुरा चलाने के जुर्म में रहमत को कई वर्ष का कारावास मिला।

रहमत का ध्यान धीरे-धीरे मन से बिल्कुल उतर गया। हम लोग अब अपने घर में बैठकर सदा के अभ्यस्त होने के कारण, नित्य के काम-धंधों में उलझे हुए दिन बिता रहे थे। तभी एक स्वाधीन पर्वतों पर घूमने वाला इन्सान कारागार की प्राचीरों के अन्दर कैसे वर्ष पर वर्ष काट रहा होगा, यह बात हमारे मन में कभी उठी ही नहीं।

और चंचल मिनी का आचरण तो और भी लज्जाप्रद था। यह बात उसके पिता को भी माननी पड़ेगी। उसने सहज ही अपने पुराने मित्र को भूलकर पहले तो नबी सईस के साथ मित्रता जोड़ी, फिर क्रमशः जैसे-जैसे उसकी वयोवृद्धि होने लगी वैसे-वैसे सखा के बदले एक के बाद एक उसकी सखियाँ जुटने लगीं और तो क्या,

अब वह अपने बाबूजी के लिखने के कमरे में भी दिखाई नहीं देती। मेरा तो एक तरह से उसके साथ नाता ही टूट गया है।

कितने ही वर्ष बीत गये। वर्षों बाद आज फिर शरद ऋतु आई है। मिनी की सगाई की बात पक्की हो गई। पूजा की छुट्टियों में उसका विवाह हो जाएगा। कैलाशवासिनी के साथ-साथ अबकी बार हमारे घर की आनन्दमयी मिनी भी माँ-बाप के घर में अँधेरा करके ससुराल चली जाएगी।

सवेरे दिवाकर बड़ी सज-धज के साथ निकले। वर्षों के बाद शरद ऋतु की यह नई धवल धूप सोने में सुहागे का काम दे रही है। कलकत्ता की सँकरी गलियों से परस्पर सटे हुए पुराने ईंटझर गन्दे घरों के ऊपर भी इस धूप की आभा ने एक प्रकार का अनोखा सौन्दर्य बिखेर दिया है।

हमारे घर पर दिवाकर के आगमन से पूर्व ही शहनाई बज रही है। मुझे ऐसा प्रतीत हो रहा है कि जैसे यह मेरे हृदय की धड़कनों में से रो-रोकर बज रही हो। उसकी करुण भैरवी रागिनी मानो मेरी विच्छेद पीड़ा को जाड़े की धूप के साथ सारे ब्रह्माण्ड में फैला रही है। मेरी मिनी का आज विवाह है।

सवेरे से घर बवंडर बना हुआ है। हर समय आने-जाने वालों का ताँता बँधा हुआ है। आँगन में बाँसों का मंडप बनाया जा रहा है। हरेक कमरे और बरामदे में झाड़फानूस लटकाए जा रहे हैं, और उनकी टक-टक की आवाज मेरे कमरें में आ रही है। श्चलो रेश, 'जल्दी करो', 'इधर आओ' की तो कोई गिनती ही नहीं है।

मैं अपने लिखने-पढ़ने के कमरे में बैठा हुआ हिसाब लिख रहा था। इतने में रहमत आया और अभिवादन करके खड़ा हो गया।

पहले तो मैं उसे पहचान न सका। उसके पास न तो झोली थी और न पहले जैसे लम्बे-लम्बे बाल और न चेहरे पर पहले जैसी दिव्य ज्योति ही थी। अन्त में उसकी मुस्कान देखकर पहचान सका कि वह रहमत है।

मैंने पूछा, "क्यों रहमत, कब आए?"

उसने कहा, "कल शाम को जेल से छूटा हूँ।"

सुनते ही उसके शब्द मेरे कानों में खट से बज उठे। किसी खूनी को मैंने कभी आँखों से नहीं देखा था, उसे देखकर मेरा सारा मन एकाएक सिकुड़-सा गया। मेरी यही इच्छा होने लगी कि आज के इस शुभ दिन में वह इंसान यहाँ से टल जाए तो अच्छा हो।

मैंने उससे कहा, "आज हमारे घर में कुछ आवश्यक काम है, सो आज मैं उसमें लगा हुआ हूं। आज तुम जाओ, फिर आना।"

मेरी बात सुनकर वह उसी क्षण जाने को तैयार हो गया। पर द्वार के पास आकर कुछ इधर-उधर देखकर बोला, "क्या, बच्ची को तनिक नहीं देख सकता?"

शायद उसे यही विश्वास था कि मिनी अब तक वैसी ही बच्ची बनी है। उसने सोचा हो कि मिनी अब भी पहले की तरह 'काबुल वाला, ओ काबुल वाला' पुकारती हुई दौड़ी चली आएगी। उन दोनों के पहले हास-परिहास में किसी प्रकार की रुकावट न होगी? यहाँ तक कि पहले की मित्रता की याद करके वह एक पेटी अंगूर और एक कागज के दोने में थोड़ी-सी किसमिस और बादाम, शायद अपने देश के किसी आदमी से माँग-ताँगकर लेता आया था। उसकी पहले की मैली-कुचौली झोली आज उसके पास न थी।

मैंने कहा, "आज घर में बहुत काम है। सो किसी से भेंट न हो सकेगी।"

मेरा उत्तर सुनकर वह कुछ उदास-सा हो गया। उसी मुद्रा में उसने एक बार मेरे मुख की ओर स्थिर दृष्टि से देखा। फिर अभिवादन करके दरवाजे के बाहर निकल गया।

मेरे हृदय में जाने कैसी एक वेदना-सी उठी। मैं सोच ही रहा था कि उसे बुलाऊँ, इतने में देखा तो वह स्वयं ही आ रहा है।

वह पास आकर बोला, "ये अंगूर और कुछ किसमिस, बादाम बच्ची के लिए लाया था, उसको दे दीजिएगा।"

मैंने उसके हाथ से सामान लेकर पैसे देने चाहे, लेकिन उसने मेरे हाथ को थामते हुए कहा, "आपकी बहुत मेहरबानी है बाबू साहब, हमेशा याद रहेगी, पिसा रहने दीजिए।" तनिक रुककर फिर बोला- "बाबू साहब! आपकी जैसी मेरी भी देश में एक बच्ची है। मैं उसकी याद कर-कर आपकी बच्ची के लिए थोड़ी-सी मेवा हाथ में ले आया करता हूँ। मैं यह सौदा बेचने नहीं आता।"

कहते हुए उसने ढीले-ढाले कुर्ते के अन्दर हाथ डालकर छाती के पास से एक मैला-कुचौला मुड़ा हुआ कागज का टुकड़ा निकाला, और बड़े जतन से उसकी चारों तहें खोलकर दोनों हाथों से उसे फैलाकर मेरी मेज पर रख दिया।

देखा कि कागज के उस टुकड़े पर एक नन्हे-से हाथ के छोटे-से पंजे की छाप है। फोटो नहीं, तेलचित्र नहीं, हाथ में-थोड़ी-सी कालिख लगाकर कागज के ऊपर उसी का निशान ले लिया गया है। अपनी बेटी के इस स्मृति-पत्र को छाती से लगाकर, रहमत हर वर्ष कलकत्ता के गली-कूचों में सौदा बेचने के लिए आता है और तब वह कालिख चित्र मानो उसकी बच्ची के हाथ का कोमल-स्पर्श, उसके बिछड़े हुए विशाल वक्षः स्थल में अमृत उड़ेलता रहता है।

देखकर मेरी आँखें भर आईं और फिर मैं इस बात को बिल्कुल ही भूल गया कि वह एक मामूली काबुली मेवा वाला है, मैं एक उच्च वंश का रईस हूँ। तब मुझे ऐसा लगने लगा कि जो वह है, वही मैं हूँ। वह भी एक बाप है और मैं भी। उसकी पर्वतवासिनी छोटी बच्ची की निशानी मेरी ही मिनी की याद दिलाती है। मैंने तत्काल ही मिनी को बाहर बुलवाया, हालाँकि इस पर अन्दर घर में आपत्ति की गई, पर मैंने उस पर कुछ भी ध्यान नहीं दिया। विवाह के वस्त्रों और अलंकारों में लिपटी हुई बेचारी मिनी मारे लज्जा के सिकुड़ी हुई-सी मेरे पास आकर खड़ी हो गई।

उस अवस्था में देखकर रहमत काबुल पहले तो सकपका गया। उससे पहले जैसी बातचीत न करते बना। बाद में हँसते हुए बोला, "लल्ली! सास के घर जा रही है क्या?"

मिनी अब सास का अर्थ समझने लगी थी, अतः अब उससे पहले की तरह उत्तर देते न बना। रहमत की बात सुनकर मारे लज्जा के उसके कपोल लाल हो उठे। उसने मुँह को फेर लिया। मुझे उस दिन की याद आई, जब रहमत के साथ मिनी का प्रथम परिचय हुआ था। मन में एक पीड़ा की लहर दौड़ गई।

मिनी के चले जाने के बाद, एक गहरी साँस लेकर रहमत फर्श पर बैठ गया। शायद उसकी समझ में यह बात एकाएक साफ हो गई कि उसकी बेटी भी इतने दिनों में बड़ी हो गई होगी, और उसके साथ भी उसे अब फिर से नई जान-पहचान करनी पड़ेगी। सम्भवतः वह उसे पहले जैसी नहीं पाएगा। इन आठ वर्षों में उसका क्या हुआ होगा, कौन जाने? सवेरे के समय शरद की स्निग्ध सूर्य किरणों में शहनाई बजने लगी और रहमत कलकत्ता की एक गली के भीतर बैठा हुआ अफगानिस्तान के मेरु-पर्वत का दृश्य देखने लगा।

मैंने एक नोट निकालकर उसके हाथ में दिया और कहा, "रहमत, तुम देश चले जाओ, अपनी लड़की के पास। तुम दोनों के मिलन-सुख से मेरी मिनी सुख पाएगी।"

रहमत को रुपए देने के बाद विवाह के हिसाब में से मुझे उत्सव-समारोह के दो-एक अंग छाँटकर काट देने पड़े। जैसी मन में थी, वैसी रोशनी नहीं करा सका, अंग्रेजी बाजा भी नहीं आया, घर में औरतें बड़ी बिगड़ने लगीं, सब कुछ हुआ, फिर भी मेरा विचार है कि आज एक अपूर्व ज्योत्स्ना से हमारा शुभ समारोह उज्ज्वल हो उठा।

10

खोया हुआ मोती

मेरी नौका ने स्नान-घाट की टूटी-फूटी सीढ़ियों के समीप लंगर डाला। सूर्यास्त हो चुका था। नाविक नौका के तख्ते पर ही मगरिब (सूर्यास्त) की नमाज अदा करने लगा। प्रत्येक सजदे के पश्चात् उसकी काली छाया सिंदूरी आकाश के नीचे एक चमक के समान खिंच जाती।

नदी के किनारे एक जीर्ण-शीर्ण इमारत खड़ी थीं, जिसका छज्जा इस प्रकार झुका हुआ था कि उसके गिर पड़ने की हर घड़ी भारी शंका रहती थी। उसके द्वारों और खिड़कियों के किवाड़ बहुत पुराने और ढीले हो चुके थे। चहुं ओर शून्यता छाई हुई थी। उस शून्य वातावरण में सहसा एक मनुष्य की आवाज मेरे कानों में सुनाई पड़ी और मैं कांप उठा।

"आप कहां से आ रहे हैं?"

मैंने गर्दन घुमाकर देखा तो एक पीले, लम्बे और वृद्ध मनुष्य की शक्ल दिखाई पड़ी जिसकी हड्डियां निकली हुई थी, दुर्भाग्य के लक्षण सिर से पैर तक प्रकट हो रहे थे। वह मुझसे दो-चार सीढ़ियां ऊपर खड़ा था। सिल्क का मैला कोट और उसके नीचे एक मैली-सी धोती बांधे हुए। उसका निर्बल शरीर, उतरा हुआ मुख और लड़खड़ाते हुए कदम बता रहे थे कि उस क्षुधा-पीड़ित मनुष्य को शुद्ध वायु से अधिक भोजन की आवश्यकता है।

"मैं रांची से आ रहा हूं।"

यह सुनकर वह मेरे बराबर उसी सीढ़ी पर आ बैठा।

"और आपका काम?"

"व्यापार करता हूं।"

"काहे का?"

"इमारती लकड़ी, रेशम और त्रिफला का।"

"आपका नाम क्या है?"

एक क्षण सोने के बाद मैंने उसे अपना एक बनावटी नाम बता दिया। किन्तु वह अब मुझे एक-टक देख रहा था।

श्परन्तु आपका यहां आना कैसे हुआ? केवल मनोरंजन के लिए या वायु-परिवर्तन के लिए?"

मैंने कहा-वायु-परिवर्तन के लिए।

"यह भी खूब कही। मैं लगभग छः वर्ष से प्रतिदिन यहां की ताजी वायु पेट भरकर खा रहा हूं और साथ ही पन्द्रह ग्रेन कुनैन भी। परन्तु अन्तर कुछ नहीं हुआ। कोई लाभ दिखाई नहीं देता।"

"किन्तु रांची और यहां के जलवायु में तो पृथ्वी और आकाश का अन्तर है।"

"इसमें सन्देह नहीं, किन्तु आप यहां ठहरे किस स्थान पर हैं? क्या इसी मकान में?"

सम्भवतः उस व्यक्ति को संदेह हो गया था कि मुझे उसके किसी गड़े हुए धन का कहीं से सुराग मिल गया है और मैं उस स्थान पर ठहरने के लिए नहीं। बल्कि उसके गड़े हुए धन पर अपना अधिकार जमाने आया हूं। मकान की भलाई-बुराई के सम्बन्ध में एक शब्द तक कहे बिना उसने अपने उस मकान के स्वामी की पन्द्रह साल पूर्व की एक कथा सुनानी आरम्भ कर दी-

"उसकी गंजी खोपड़ी में गहरी और चमकदार काली आंखें मुझे कॉलरिज के पुराने नाविक का स्मरण करा रही थीं। वह एक स्थानीय स्कूल में अध्यापक था।

"नाविक ने समाज से निवृत्त होकर रोटी बनानी आरम्भ कर दी। सूर्यास्त होने के समय आकाश के सिंदूरी रंग पर अधिकार जमाने वाली अंधेरी में वह खण्डहर-भवन एक विचित्र-सा भयावह दृश्य प्रदर्शित कर रहा था।

"मेरे पास सीढ़ी पर बैठे हुए उस दुबले और लम्बे स्कूल मास्टर ने कहा-" मेरे इस गांव में आने से लगभग दस साल पूर्व एक व्यक्ति फणीभूषण सहाय इस मकान में रहता था। उसका चाचा दुर्गामोहन बिना अपने किसी उत्तराधिकारी के

मर गया। जिसकी सम्पूर्ण संपत्ति और विस्तृत व्यापार का अकेला वही अधिकारी था।

"पाश्चात्य शिक्षा और नई सभ्यता का भूत फणीभूषण पर सवार था। कॉलेज में कई वर्षों तक शिक्षा प्राप्त कर चुका था। वह अंग्रेजों की भांति कोठी में जूता पहने फिरा करता था, यह कहने की आवश्यकता नहीं कि ये लोग उनके साथ कोई व्यापारिक रियायत देने के रवादार न थे। वे भली-भांति जानते थे कि फणीभूषण आखिर को नए बंगाल की वायु में सांस ले रहा है।"

"इसके अतिरिक्त एक और बला उसके सिर पर सवार थी। अर्थात् उसकी पत्नी परम सुन्दरी थी। यह सुन्दर बला और पाश्चात्य शिक्षा दोनों उसके पीछे ऐसी पड़ी थीं कि तोबा भली! खर्च सीमा से बाहर। तनिक शरीर गर्म हुआ और झट सरकारी डॉक्टर खट-खट करते आ पहुँचे।"

"विवाह सम्भवतः आपका भी हो चुका है। आपको भी वास्तव में यह अनुभव हो गया है कि स्त्री कठोर स्वभाव वाले पति को सर्वदा पसन्द करती है। वह अभागा व्यक्ति जो अपनी पत्नी के प्रेम से वंचित हो, यह न समझ बैठे कि वह इस संपत्ति से माला-माल नहीं या सौन्दर्य से वंचित है। विश्वास कीजिये वह अपनी सीमा से अधिक कोमल प्रकृति और प्रेम के कारण इसी दुर्भाग्य में फंसा हुआ है। मैंने इस विषय में खूब सोचा है और इस तथ्य पर पहुंचा हूं और यह है भी ठीक। पूछिये क्यों? लीजिये इस प्रश्न का संक्षिप्त और विस्तृत उत्तर इस प्रकार है।"

"यह तो आप अवश्य मानेंगे कि कोई भी व्यक्ति उस समय तक वास्तविक प्रसन्नता प्राप्त नहीं कर सकता, जब तक कि उसे अपने जन्मजात विचार और स्वाभाविक योग्यताओं के प्रकट करने के लिए एक विस्तृत क्षेत्र प्राप्त न हो। हरिण को आपने देखा है वह अपने सींगों को वृक्ष से रगड़कर आनन्द प्राप्त करता है, नर्म और नाजुक केले के खम्भे से नहीं। सृष्टि के आरम्भ से ही नारी-जाति इस जंगली और कठोर-स्वभाव पुरुष को जीतने के लिए विशेष ढंग सीखती चली आ रही है। यदि उसे पहले ही से आज्ञाकारी पति मिल जाये तो उसके वे आकर्षक हथकंडे जो उसको मां और दादियों से बपौती रूप में मिले हैं, और लम्बे समय से निरन्तर चलते रहने के कारण सीमा से अधिक सत्य भी सिद्ध हुए हैं, न केवल बेकार रह जाते हैं बल्कि स्त्री को भार-स्वरूप मालूम होने लगते हैं।"

"स्त्री अपने आकर्षक सौन्दर्य के बल पर पुरुष का प्रेम और उसकी आज्ञाकारिता प्राप्त करना चाहती है। किन्तु जो पति स्वयं ही उनके सौन्दर्य के

सामने झुक जाये, वह वास्तव में दुर्भाग्यशाली होता है, और उससे अधिक उसकी पत्नी।"

"वर्तमान सभ्यता ने ईश्वर-प्रदत्त उपहार अर्थात् "पुरुष की सुन्दर कठोरता" उससे छीन ली है। पुरुष ने अपनी निर्बलता से स्त्री के दाम्पत्य-बन्धन को बड़ी सीमा तक ढीला कर दिया है। मेरी इस कहानी का अभागा फणीभूषण भी इस नवीन सभ्यता की छलना से छला हुआ था और यही कारण था कि न वह अपने व्यापार में सफल था और न गृहस्थ जीवन से सन्तुष्ट। यदि एक ओर वह अपने व्यापार में लाभ से बेखबर था तो दूसरी ओर अपनी पत्नी के पतित्व-अधिकार से वंचित।"

"फणीभूषण की पत्नी मनीमलिका को प्रेम और विलास-सामग्री बेमांगे मिली थी। उसे सुन्दर और बहुमूल्य साड़ियों के लिए अनुनय-विनय तो क्या पति से कहने की आवश्यकता न होती थी। सोने के आभूषणों के लिए उसे झुकना न पड़ता था। इसलिए उसके स्त्रियोचित स्वभाव को आज्ञा देने वाले स्वर का जीवन में कभी आभास न हुआ था, यही कारण था कि वह अपनी प्रेममयी भावनाओं में आवेश की स्थिति उत्पन्न न कर पाती थी। उसके कान-" लो स्वीकार करो" के मधुर शब्दों से परिचित थे। किन्तु उसके होंठ 'लाओ' और 'दो' से सर्वथा अपरिचित। उसके सीधे स्वभाव का पति इस मिथ्या-भावना की कहावत से प्रसन्न था कि "कर्म किये जाओ फल की कामना मत करो, तुम्हारा परिश्रम कभी अकारथ नहीं जाएगा३। वह इसी मिथ्या भावना के पीछे हाथ-पैर मारे जा रहा था। परिणाम यह हुआ कि उसकी पत्नी उसे ऐसी मशीन समझने लगी जो बिना चलाए चलती है। स्वयं ही बिना कुछ कष्ट किये सुन्दर साड़ियां और बहुमूल्य आभूषण बनाकर उसके कदमों पर डालती रहती। उसके पुर्जे इतने शक्तिशाली और टिकाऊ थे कि कभी भी उसको तेल देने की आवश्यकता न होती।

"फणीभूषण की जन्मभूमि और रहने का स्थान समीप ही एक देहात का गांव था, किन्तु उसके चाचा के व्यापार का मुख्य स्थान यही शहर था। इसी कारण उसकी आयु का अधिक भाग यहीं व्यतीत हुआ था। वैसे मां मर चुकी थी। किन्तु मौसी और मामियां आदि ईश्वर की कृपा से विद्यमान थीं। परन्तु वह विवाह के बाद ही फौरन मनीमलिका को अपने साथ ले आया। उसने विवाह अपने सुख के लिए किया था न कि अपने सम्बन्धियों की सेवा के लिए।"

"पत्नी और उसके अधिकारों में पृथ्वी-आकाश का अन्तर है। पत्नी को प्राप्त कर लेना और फिर उसकी देख-भाल करना, उसको अपना बनाने के लिए काफी नहीं हुआ करता।

"मनीमलिका सोसायटी की अधिक भक्त न थी। इसलिए व्यर्थ का खर्च भी न करती थी, बल्कि इसके प्रतिकूल बड़ी सावधानी रखने वाली थी। जो उपहार फणीभूषण उसको एक बार ला देता फिर क्या मजाल कि उसको हवा भी लग जाए। वह सावधानी से सब रख दिया जाता। कभी ऐसा नहीं देखा गया कि किसी पड़ोसिन को उसने भोजन पर बुलाया हो। वह उपहार या भेंट लेने-देने के पक्ष में भी न थी।

"सबसे अधिक आश्चर्य की बात यह थी कि चौबीस साल की आयु में भी" मनीमलिका चौदह वर्ष की सुन्दर युवती दिखाई देती थी। ऐसा प्रतीत होता मानो उसका रूप-लावण्य केवल स्थायी ही नहीं, बल्कि चिरस्थायी रहने वाला है। मनीमलिका के पार्श्व में हृदय न था बर्फ का टुकड़ा था, जिस पर प्रेम की तनिक भी तपन न पहुंची थी। फिर वह पिघलता क्यों और उसका यौवन ढलता किस प्रकार?"

"जो वृक्ष पत्तों से लदा होता है प्रायः फल से वंचित रहता है। मनीमलिका का सौन्दर्य भी फलहीन था। वह संतानहीन थी। रख-रखाव और व्यक्तिगत देख-रेख करती भी तो काहे की? उसका सारा ध्यान अपने आभूषणों पर ही केन्द्रित था। संतान होती तो वसन्त की मीठी-मीठी धूप की भांति उसके बर्फ के हृदय को पिघलाती और वह निर्मल जल उसके दाम्पत्य-जीवन के मुरझाए हुए वृक्ष को हरा कर देता।"

"मनीमलिका गृहस्थ के काम-काज और परिश्रम से भी न कतराती थी। जो काम वह स्वयं कर सकती उसका पारिश्रमिक देना उसे खलता था। दूसरों के कष्ट का न उसे ध्यान था और न नाते-रिश्तेदारों की चिन्ता। उसको अपने काम से काम था। इस शांत जीवन के कारण वह स्वस्थ और सुखी थी। न कभी चिन्ता होती थी, न कोई कष्ट।"

"प्रायः पति इसे सन्तोष तो क्या सौभाग्य समझेंगे? क्योंकि जो पत्नी हर समय फरमाइशें लेकर पति की छाती पर चढ़ती रहे वह सारे गृहस्थ के लिए एक रोग सिद्ध होती है।"

"कम-से-कम मेरी तो यही सम्मति है कि सीमा से बढ़ा हुआ प्रेम पत्नी के लिए सम्भवतः गौरव की बात हो, किन्तु पति के लिए एक विपत्ति से कम सोचिए तो सही कि क्या पुरुष का यही काम रह गया है कि वह हर समय यही तोलता-जोखता रहे कि उसकी पत्नी उसे कितना चाहती है, मेरा तो यह दृष्टिकोण है कि गृहस्थ का जीवन उस समय अच्छा व्यतीत होता है जब पति अपना काम करे और पत्नी अपना।"

"स्त्री का सौन्दर्य और प्रेम यानी तिरिया-चरित्र पुरुष की बुद्धि से परे की चीज है, किन्तु स्त्री-पुरुष के प्रेम के उतार-चढ़ाव और उसके न्यूनाधिक अन्तर को गम्भीर दृष्टि से देखती रहती है। वह शब्दों के लहजे और छिपी हुई बात के अर्थ को झट अलग कर लेती है। इसका कारण केवल यह है कि जीवन के व्यापार में स्त्री की पूंजी लेकर केवल पुरुष का प्रेम है। यही उनके जीवन का एकमात्र सहारा है। यदि वह पुरुष की रुचि के वायु के प्रवाह को अपनी जीवन-नैया के वितान से स्पर्श करने में सफल हो जाए तो विश्वस्ततः नैया अभिप्राय के तट तक पहुंच जाती है। इसीलिए प्रेम का कल्पना-यन्त्र पुरुष के हृदय में नहीं, स्त्री के हृदय में लगाया गया है।"

"प्रकृति ने पुरुष और स्त्री की रुचि में स्पष्ट रूप से अन्तर रखा है, किन्तु पाश्चात्य सभ्यता इस स्त्री-पुरुष के अन्तर को मिटा देने पर तुली हुई है। स्त्री पुरुष बनी जा रही है और पुरुष स्त्री। स्त्री-पुरुष के चरित्र तथा उसके कार्य-क्षेत्र को अपने जीवन की पूंजी और पुरुष स्त्रियोचित चरित्र तथा नारी-कर्म-क्षेत्र को अपने जीवन का आनन्द समझने लगे हैं। इसलिए यह कठिन हो गया है कि विवाह के समय कोई यह कह सके कि वधू स्त्री है या स्त्रीनुमा स्त्री पुरुष। इसी प्रकार स्त्री अनुमान लगा सकती है कि जिसके पल्ले वह बंध रही है वह पुरुष है या पुरुषनुमा स्त्री। इसलिए कि अन्तर केवल हृदय का है। पर क्या जाने कि पुरुष का हृदय मरदाना है या जनाना?"

"मैं बहुत देर से आपको शुष्क बातें सुना रहा हूं, परन्तु किसी सीमा तक क्षमा के योग्य भी हूं। मैं अपनों से दूर निर्वासित जीवन व्यतीत कर रहा हूं। मेरी दशा उस तमाशा देखने वाले दर्शक के समान है जो दूर से गृहस्थ-जीवन का तमाशा देख रहा हो और वह उसके गुणों से लाभ उठाकर केवल उसके लिए कुछ सोच सकता हो। इसीलिए दाम्पत्य-जीवन पर मेरे विचार अत्यन्त गम्भीर हैं। मैं अपने शिष्यों के सम्मुख तो वह विचार प्रकट कर नहीं सकता, इसी कारण आपके सामने प्रकट करके अपने हृदय को हल्का कर रहा हूं। आप अवकाश के समय इन पर विचार करें।"

"सारांश यह है कि यद्यपि गृहस्थ-जीवन में प्रकट रूप में कोई कष्ट फणीभूषण को न था। समय पर भोजन मिल जाता, घर का प्रबन्ध सुचारु रूप से चल रहा था, किन्तु फिर भी एक प्रकार की विकलता और अविश्वास उसके

हृदय में समाया हुआ था और वह नहीं समझ पाता था कि वह है क्या? उसकी दशा उस बच्चे के समान थी जो रो रहा है और नहीं जानता कि उसके हृदय में कोई इच्छा है या नहीं।"

"अपनी जीवन-संगिनी के हृदय के स्नेह-रिक्त स्थान को वह सुनहरे और मूल्यवान आभूषणों तथा इसी प्रकार के अन्य उपहारों से भर देना चाहता था।"

"उसका चाचा दुर्गामोहन दूसरी तरह का व्यक्ति था। वह अपनी पत्नी के प्रेम को किसी भी मूल्य पर क्रय करने के पक्ष में न था और न ही वह प्रेम के विषय में चिड़चिड़े स्वभाव का था। फिर भी अपनी जीवन-संगिनी के प्रेम की प्राप्ति के लिए भाग्यशाली था।"

"जिस प्रकार एक सफल दुकानदार को कहीं तक बे-लिहाज होना आवश्यक है, ठीक उसी प्रकार एक सफल पति बनने के लिए पुरुष को कहीं तक कठोर स्वभाव बन जाना भी अति आवश्यक है। सानुरोध आपको मैं यह सीख देता हूं।"

ठीक उसी समय गीदड़ों की चीख-पुकार जंगल में सुनाई दी। ऐसा ज्ञान होता था कि या तो वे उस स्कूल के अध्यापक के दाम्पत्य-जीवन के मनोविज्ञान पर घिनौना परिहास कर रहे हैं या फणीभूषण की कहानी के प्रवाह को कुछ क्षणों के लिए उस चीख-पुकार से रोक देना चाहते हैं। फिर भी बहुत जल्दी वह चीख-पुकार रुक गई और पहले से भी गहन अंधेरी और शून्यता वायुमण्डल पर छा गई, किन्तु स्कूल के अध्यापक ने पुनः कथा आरम्भ की-

"सहसा फणीभूषण के बड़े व्यवसाय में शिक्षाप्रद अवनति दृष्टिगोचर हुई। यह क्यों हुआ? इसका उत्तर मेरी बुद्धि से परे है। संक्षिप्त में यह कि कुसमय ने उसके लिए बाजार में साख रखना कठिन कर दिया। यदि किसी प्रकार कुछ दिनों के लिए वह एक बड़ी पूंजी प्राप्त करके मण्डियों में फैला सकता तो सम्भव था कि बाजार से माल को न खरीदने के तूफान से बच निकलता, किन्तु इतनी बड़ी रकम का तुरन्त प्रबन्ध खाला का घर न था। यदि स्थानीय साहूकारों से कर्ज मांगता तो अनेक प्रकार की अफवाहें फैल जातीं और उसकी साख को असहनीय हानि पहुंचती। यदि पत्र-व्यवहार से भुगतान का ढंग करता तो रुक्का या पर्चे के बिना संभव न था और इससे उसकी ख्याति को बहुत बड़ा आघात पहुंचने की सम्भावना थी। केवल एक युक्ति थी कि पत्नी के आभूषणों पर रुपया प्राप्त किया जाए और यह विचार उसके हृदय में दृढ़ हो गया।"

"फणीभूषण मनीमलिका के पास गया। परन्तु वह ऐसा पति न था कि पत्नी से स्पष्ट और सबलता से कह सके। दुर्भाग्यवश उसे अपनी पत्नी से उतना घनिष्ठ प्रेम था जैसा कि उपन्यास के किसी नायक को नायिका से हो सकता है।

"सूर्य का आकर्षण पृथ्वी पर बहुत अधिक है, किन्तु अधिक प्रभावशाली नहीं। यही दशा फणीभूषण के प्रेम की थी। उस प्रेम का मनीमलिका के हृदय पर कोई प्रभाव न था। किन्तु मरता क्या न करता, आर्थिक कठिनाई की चर्चा, प्रोनोट, कर्जे का कागज, बाजार के उतार-चढ़ाव की दशा, इन सब बातों को कम्पित और अस्वाभाविक स्वर में फणीभूषण ने अपनी पत्नी को बताया। झूठे मान, असत्य विचार और भावावेश में साधारण-सी समस्या जटिल बन गई। अस्पष्ट शब्दों में विषय की गम्भीरता बता कर डरते-डरते अभागे फणीभूषण ने कहा-"तुम्हारे आभूषण!"

"मनीमलिका ने न 'हां' कही और न 'ना' और न उसके मुख से कुछ ज्ञात होता था। उस पर गहरा मौन छाया हुआ था। फणीभूषण के हृदय को गहरा आघात पहुंचा। किन्तु उसने प्रकट न होने दिया। उसमें पुरुषों का-सा वह साहस न था कि प्रत्येक वस्तु का वह प्रतिदिन निरीक्षण करता। उसके इन्कार पर उसने किसी प्रकार की चिन्ता प्रदर्शित न की। वह ऐसे विचारों का व्यक्ति था कि प्रेम के जगत में शक्ति और आधिक्य से काम नहीं चल सकता। पत्नी की स्वीकृति के बिना वह आभूषणों को छूना भी पाप समझता था। इसलिए निराश होकर रुपये की प्राप्ति के लिए युक्तियां सोचकर कलकत्ता चला गया।"

"पत्नी अपने पति को प्रायः जानती है, उसकी नस-नस से परिचित होती है, पर पति अपनी पत्नी के चारित्रय का इतना गम्भीर अध्ययन नहीं कर सकता। यदि पति कुछ गम्भीर व्यक्ति हो तो पत्नी के चरित्र के कुछ भाग उसकी तीक्ष्ण दृष्टि से बचाकर जान लेता है। सम्भवतः यह सत्य है कि मनीमलिका ने फणीभूषण को अच्छी तरह न समझा। एक पाश्चात्य व्यक्ति का व्यक्तित्व मूर्ख स्त्री के अन्धविश्वास-जैसे जीवन और उसकी समझबूझ से प्रायः ऊंचा होता है। वह स्वयं स्त्री की भांति एक रोमांचकारी व्यक्तित्व बनकर रह जाता है और इसी कारण पुरुष की उन दशाओं में से किसी में भी फणीभूषण को पूरी तरह सम्मिलित नहीं किया जा सकता।

"मूर्ख-अन्धा-जंगली-"

"मनीमलिका ने अपने बड़े सलाहकार मधुसूदन को बुलाया। यह दूर के रिश्ते से चचेरा भाई था और फणीभूषण के व्यापार में एक आसामी की देख-रेख पर नियुक्त था। योग्यता के कारण नहीं, बल्कि रिश्तेदारी के जोर पर वह उस आसामी पर अधिकार जमाये हुए था। काम की चतुराई के कारण नहीं, बल्कि रिश्तेदारी की धौंस

में हर माह वेतन से भी अधिक रकम ले उड़ता था। मनीमलिका ने सारी रामकहानी उसके सामने वर्णन की और अन्त में पूछा-" "क्या करूं, नेक सलाह दो।"

"मधु ने बुद्धिमत्त और दूरदर्शिता के ढंग से सिर हिलाकर कहा-"मेरा माथा ठनकता है, इस मामले में कुशल दिखाई नहीं देती।"

"सांसारिक बुद्धिहीन व्यक्तियों को हर कार्य में सन्देह ही दिखाई दिया करता है। उनको किसी काम में कुशल नहीं दिखाई देती।

"फणीभूषण को रुपया तो मिलने से रहा, अन्त में तुम्हें आभूषणों से भी हाथ धोने पड़ेंगे।"

"सांसारिक समस्याओं और पुरुष तथा नारी के सम्बन्ध में जो मनीमलिका के अपने व्यक्तिगत विचार थे, उनके प्रकाश में मधु के निकाले हुए परिणाम का प्रथम भाग सम्भावित और दूसरा सत्य मालूम होता था। विश्वास उसके हृदय से जाता रहा था, सन्तान उसके थी ही नहीं। बाकी रहा पति, वह किसी गिनती में ही न था। अतः उसका सम्पूर्ण ध्यान अपने आभूषणों पर केन्द्रित था। इन्हीं से उसके हृदय की प्रसन्नता थी, ये ही उसको सन्तान के समान प्रिय थे। सन्तान को मां से छीन लीजिए फिर देखिए ममता की क्या दशा होती है। यही दशा मनीमलिका की थी। उसका यह विचार था कि उसके आभूषण पति के मनसूबों की भेंट हो जायेंगे।

"फिर मुझे क्या करना चाहिए?"

"अभी मैके चली जाओ, सारे आभूषण वहां छोड़ आओ।" चालाक मधु ने कहा।

"इस प्रकार उसकी हांडी को भी बघार लगता है। यदि सारे नहीं तो कुछ आभूषण मधु को अपने हत्थे चढ़ने की भी आशा थी। मनीमलिका उसी समय सहमत हो गई।

बढ़ते हुए अन्धकार से स्कूल के अध्यापक पर भी गम्भीरता छा गई थी, किन्तु कुछ क्षणों के पश्चात् उसने फिर वर्णन आरम्भ किया-

"झुटपुटे के समय जबकि सावन की घटाएं आकाश पर डेरा जमाए हुए थीं वर्षा मूसलाधर हो रही थी, एक नौका ने रेतीली सीढ़ियों पर लंगर डाला। दूसरे दिन प्रातः घटाटोप अंधेरे में मनीमलिका आई और एक मोटी चादर में सिर से पांव तक लिपटी हुई नौका पर सवार हो गई!

"मधु जो रात से उसी नौका में सोया हुआ था, उसकी आहट से जाग गया।

"आभूषणों की सन्दूकची मुझे दे दो। ताकि सुरक्षित रख लूं।"

"अभी ठहरो जल्दी क्या है? चलो तो सही, आगे देखा जायेगा।"

"नौका का लंगर उठा और वह फुंकारती हुई नदी की लहरों से जूझने लगी। मनीमलिका ने सारे आभूषण एक-एक करके पहन लिये थे। सन्दूक में बन्द करके ले जाना असुरक्षित मालूम होता था। मधु हक्का-बक्का रह गया, जब उसने देखा कि मनी के पास सन्दूकची नहीं है। उसको इसकी कल्पना भी न थी कि उसने आभूषणों को अपने प्राणों से लगा रखा है।"

"चाहे मनीमलिका ने फणीभूषण को न समझा था किन्तु मधु के चरित्र का एक बहुत ही ठीक अन्दाजा लगाया था।

"जाने से पहले मधु ने फणीभूषण के एक विश्वासी मुनीम को लिख भेजा था कि मैं मनीमलिका के साथ उसको मैके पहुंचाने जा रहा हूँ। यह मुनीम दुनिया का अनुभवी और बड़ी आयु का था और फणीभूषण के पिता के समय से ही उसके साथ था। उसको मनीमलिका के जाने से बहुत चिन्ता और सन्देह हुआ। उसने अपने मालिक को फौरन लिखा। वफादारी और खैरख्वाही ने उसे प्रेरणा दी और अपने पत्र में अपने मालिक को खूब खरी-खरी सुनाई। पति की लाज और दूरदर्शिता दोनों का यह अर्थ नहीं है कि पत्नी को इस प्रकार स्वतन्त्र छोड़ दिया जाये। मनीमलिका के हृदय के सन्देह को फणीभूषण समझ गया। उसे अत्यन्त दुःख हुआ। वह इस संबंध में एक शब्द भी शिकायत का जबान पर न लाया। अपमान और कष्ट सहे, किन्तु उसने मनीमलिका पर कोई दबाव डालना उचित न समझा। किन्तु फिर भी इतना अविश्वास! वर्षों से वह मेरे एकान्त की और सांसारिक साथी रही है। आश्चर्य है कि उसने मुझे तनिक भी न समझा।

"इस मौके पर कोई और होता तो क्रोधावेश में न जाने क्या कर बैठता, किन्तु फणीभूषण मौन था और दुःख प्रकट करके मनीमलिका को दुखित करना उचित न समझता था।"

"पुरुष को चाहिए कि वह दावानल की भांति जरा-जरा-सी बात पर भड़क जाए। जिस प्रकार स्त्री सावन के बादलों की भांति बात-बात पर आंसुओं की झड़ी लगा देती है। किन्तु अब वह पहले-से दिन कहां?

फणीभूषण ने मनीमलिका को उसकी अनुपस्थिति में बिना सूचना दिए जाने के विषय में कोई डांट-फटकार का पत्र न लिखा। बल्कि यह निश्चय कर लिया कि मरते दम तक उसके आभूषणों का नाम तक जबान पर न लायेगा। रुपये की वसूली में फणीभूषण सफल हो गया। उसके व्यापारिक रास्ते खुल गये। दस दिन के पश्चात्

वह अपने घर को वापस चला, इस विचार को लिये हुए कि आभूषण मैके में छोड़कर मनीमलिका घर को वापस आ गई होगी।

"दस दिन पहले का तुच्छ और असफल प्रश्न का उत्तर जब मस्तानी चाल से घर में कदम रखेगा और पत्नी की दृष्टि उसकी सफलता से दमकते हुए मुख पर पड़ेगी, तो वह अपने इन्कार पर स्वयं लज्जित होगी और अपनी नादानी पर पश्चाताप प्रकट करेगी। इन विचारों में मग्न फणीभूषण शयन-कक्ष में पहुंचा। परन्तु द्वार पर ताला लगा हुआ था। ताला तुड़वाकर अन्दर घुसा तो तिजोरी के किवाड़ खुले पड़े थे।"

"इस आघात से वह लड़खड़ा गया- "शुभ चिन्ता और प्रेम" उस समय उसके पास निरर्थक और अस्पष्ट शब्द थे। सोने का पिंजरा, जिसकी प्रत्येक सुनहरी तीली को उसने अपने प्राण और आन का मूल्य देकर प्राप्त किया था, टूट चुका था और खाली पड़ा था। वह अब दिवालिया था और सिवाय गहरी उसांस, आंसू और हृदय की टीस के अतिरिक्त उसके पास कुछ न था।"

"मनीमलिका को बुलाने का ध्यान भी उसके हृदय में न आया। उसने यह निश्चय कर लिया कि वह अब चाहे आए या न आए, किन्तु वृद्ध मुनीम इस निश्चय के विरुद्ध था। वह अनुरोध कर रहा था कि कम-से-कम कुशल-क्षेम अवश्य मंगानी चाहिए। इतनी देरी का कोई कारण समझ में नहीं आता। उसके अनुरोध से विवश होकर मनीमलिका के मैके को आदमी भेजा गया। किन्तु वह यह अशुभ समाचार लाया कि न यहां मनीमलिका आई है न मधु।"

"यह सुना तो पांव-तले की जमीन निकल गई। नदी-पार आदमी दौड़ाये गये। खोज और प्रयत्न में किसी प्रकार की कमी न रखी। किन्तु पता न चलना था, न चला। यह भी मालूम न हो सका कि नौका किस दिशा में गई है और नौका का नाविक कौन था।"

"निराश फणीभूषण हृदय मसोसकर बैठ गया।"

"कृष्ण-जन्माष्टमी की संध्या थी। वर्षा हो रही थी। फणीभूषण शयनकक्ष में अकेला था। गांव में एक व्यक्ति भी बाकी न था। जन्माष्टमी के मेले ने गांव-का-गांव सूना कर दिया था। मेले की चहल-पहल और महाभारत के नाटक के शौक ने बच्चे से लेकर बूढ़े तक को खींच लिया था। शयन-कक्ष की खिड़की का एक किवाड़ बन्द था। फणीभूषण दीन-दुनिया से बेखबर बैठा था।"

"संध्या का झुटपुटा रात्रि के गहन अंधेरे में परिवर्तित हो गया। किन्तु इस भयावने अंधेरे, मूसलाधर वर्षा और ठंडी वायु का उसको ध्यान भी न था। दूर से गाने की मधुर ध्वनि से उसकी श्रवण-शक्ति सर्वथा बेसुध थी।"

"दीवार पर विष्णु और लक्ष्मी के चित्र लगे हुए थे। फर्श साफ था और प्रत्येक वस्तु उपयुक्त स्थान पर रखी हुई थी।"

"पलंग के समीप एक खूंटी पर एक सुन्दर और आकर्षक साड़ी लटकी हुई थी। सिरहाने एक छोटी-सी मेज पर पान का बीड़ा स्वयं मनीमलिका के हाथ का बना हुआ रखा-रखा सूख चुका था।"

"विभिन्न वस्तुएं सलीके से अपने-अपने स्थान पर रखी हुई थीं। एक ताक में मनीमलिका का प्रिय लैम्प रखा हुआ था। जिसको वह अपने हाथ से प्रकाशित किया करती थी और जो उसकी अन्तिम विदाई का स्मरण करा रहा था। मनी की स्मृति में इन सम्पूर्ण वस्तुओं का मौन-रुदन उस कमरे को कामना का शोक-स्थल बनाए हुए था। फणीभूषण का हृदय स्वतः कह रहा था-" प्यारी मनी, आओ और अपने प्राणमय सौन्दर्य से इन सब में प्राण फूंक दो।"

"कहीं आधी रात के लगभग जाकर बूंदों की तड़तड़ थमी। किन्तु फणीभूषण उसी विचार में खोया बैठा था।

"अंधेरी रात के असीमित धुंधले वायुमण्डल पर मृत्यु की राजधनी का सिक्का चल रहा था। फणीभूषण की दुखित आत्मा का रुग्ण स्वर इतना पीड़ामय था कि यदि मृत्यु की नींद सोने वाली मनीमलिका भी सुन पाये तो एक बार नेत्र खोल दे और अपने सोने के आभूषण पहने हुए उस अंधेरे में ऐसी प्रकट हो जैसे कसौटी के कठोर पत्थर पर किंचित सुनहरी रेखा।"

"सहसा फणीभूषण के कान में किसी के पैरों की-सी आहट सुनाई दी। ऐसा मालूम होता था कि नदी-तट से वह उस घर की ओर वापस आ रही है। नदी की काली लहरें रात की अंधेरी में मालूम न होती थीं। आशा की प्रसन्नता ने उसे जीवित कर दिया। उसके नेत्र चमक उठे। उसने अंधकार के पर्दे को फाड़ना चाहा, किन्तु व्यर्थ। जितना अधिक वह नेत्र फाड़कर देखता था, अंधकार के पर्दे और अधिक गहन होते जाते थे और यह मालूम होता था कि प्रकृति इस भयावनी अन्धेरी में मनुष्य के हस्तक्षेप के विरुद्ध विद्रोह कर रही है। आवाज समीप में समीपतर होती गई। यहां तक कि सीढ़ियों पर चढ़ी और सामने द्वार पर आकर रुक गई। जिस पर ताला लगा हुआ था। द्वारपाल भी मेले में गया था। द्वार पर धीमी-सी-खुट-खुट सुनाई दी। ऐसी जैसी आभूषणों से सुसज्जित स्त्री का हाथ द्वार खटखटा रहा हो। फणीभूषण सहन न कर सका। जीने से उतरकर बरामदे से होता हुआ द्वार पर पहुंचा। ताला बाहर

से लगा हुआ था। सम्पूर्ण शक्ति से उसने द्वार हिलाया। शोर-गुल से उसका सपना टूटा तो वहां कुछ न था।

"वह पसीने में सराबोर था, हाथ-पांव ठंडे हुए थे। उसका हृदय टिमटिमाते हुए दीपक के अन्तिम प्रकाश की भांति जलकर बुझने को तैयार था।

"वर्षा की तड़तड़ ध्वनि के सिवाय कुछ भी सुनाई न देता था।

"फणीभूषण से यह "वास्तविकता" किंचित मात्र भी विस्मृत न हुई थी कि उसकी अधूरी इच्छाएं पूरी होते-होते रह गईं।

"दूसरी रात को फिर नाटक होने वाला था, नौकर ने आज्ञा चाही तो चेतावनी दे दी कि बाहर का द्वार खुला रहे।

"यह कैसे हो सकता है। विभिन्न स्वभाव के व्यक्ति बाहर से मेले में आये हुए हैं, दुर्घटना का सन्देह है।" नौकर ने कहा।

"नहीं, तुम जरूर खुला रखो।"

"तो फिर मैं मेले नहीं जाऊंगा।"

"तुम अवश्य जाओ।"

"नौकर आश्चर्य में था कि आखिर उनका आशय क्या है?

"जब संध्या हो गई और चहुंओर अन्धकार छा गया तो फणीभूषण उस खिड़की में आ बैठा। आकाश पर गहरा कोहरा छाया हुआ था, घनघोर घटाएं ऐसी तुली खड़ी थीं कि जल-थल एक कर दें, चहुंओर शून्यता का राज्य था। ऐसा मालूम होता था कि सारे संसार का वायुमण्डल मौन भाव से किसी मधुर ध्वनि को सुनने के लिए अपने कान लगाये हुए है। मेढकों की निरन्तर टर्र-टर्र और ग्रामीण स्वांगों की कम्पित ध्वनि भी उस शून्यता में बाधक न मालूम होती थी।"

"आधी रात के लगभग फिर सम्पूर्ण शोर, चहल-पहल रात्रि के मौन में सोने लगा। रात ने अपने काले वस्त्रों पर एक और काला आवरण डाल लिया। पहली रात की भांति फणीभूषण को फिर वही आवाज सुनाई दी। उसने नदी की ओर दृष्टि उठाकर भी न देखा। ईश्वर न करे कि कोई अनाधिकार-चेष्टा द्वारा समय से पूर्व ही उसकी आकांक्षाओं का खून कर दे। वह मूर्तिवत बैठा रहा जैसे किसी ने लकड़ी की प्रतिमा को बनाकर सरेश से कुर्सी पर चिपका दिया हो।"

"पंजों की आहट सुनसान घाट की सीढ़ियों की ओर से आकर मुख्य द्वार में प्रविष्ट हुई। चक्कर वाले जीने की सीढ़ियों पर चढ़कर अन्दर के कमरे की ओर बढ़ी। लहरों की प्रतिस्पर्धा में अपने नौका को देखा होगा। इसी प्रकार फणीभूषण का हृदय

बल्लियों उछलने लगा। वह आवाज बरामदे से होती हुई शयनकक्ष की ओर आई और ठीक द्वार पर आकर ठहर गई। अब केवल द्वार-प्रवेश करना शेष था।"

फणीभूषण की आकांक्षाएं मचल उठीं। संतोष का आंचल हाथ से जाता रहा, वह सहसा कुर्सी से उछल पड़ा। एक दुःखभरी चीख-"मनी" उसके मुख से निकली, किन्तु दुःख है कि उसके पश्चात् मेंढकों की आवाज और वर्षा की बड़ी-बड़ी बूंदों की तड़तड़ के सिवा और कुछ न था।

"दूसरे दिन मेला छंटने लगा, दुकानें आरम्भ हो गईं। दर्शक अपने-अपने घरों को वापस जाने लगे। मेले की शोभा समाप्त हो गई।"

"फणीभूषण ने दिन में व्रत रखा और सब नौकरों को आज्ञा दे दी कि आज रात को कोई भी व्यक्ति न रहे। नौकरों का विचार था कि हमारे मालिक आज किसी विशेष मंत्र का जाप करेंगे।"

"संध्या-समय जब कहीं भी आकाश की टुकड़ियों पर बादल न थे वर्षा से धुले हुए वायुमंडल से सितारे चमकने लगे थे, पूर्णिमा का चांद निकला हुआ था, वायु भी मंद-मंद बह रही थी, मेले से लौटे हुए दर्शक अपनी थकान उतार रहे थे वे बेसुध हुए सो रहे थे और नदी पर कोई नौका दिखाई न देती थी।"

"फणीभूषण उसी खिड़की में आ बैठा और तकिये से सिर लगाकर आकाश की ओर ध्यान से देखने लगा। उसको उस समय वह समय याद आया जब वह कालेज में शिक्षा प्राप्त कर रहा था। संध्या-समय चौक में लेटकर अपनी भुजा पर सिर रखकर झिलमिलाते हुए सितारों को देखकर मनीमलिका की सुन्दर कल्पना में खो जाया करता था। उन दिनों कुछ समय का बिछोह मिलन की आशाओं को अपने आंचल में लिये बहुत ही प्रिय मालूम हुआ करता था। परन्तु वह सब-कुछ अब "स्वप्न" मालूम होता था।"

"सितारे आकाश से ओझल होने लगे, अन्धकार ने दांये-बांये और नीचे-ऊपर सब ओर से पर्दे डालने आरम्भ कर दिये और ये पर्दे आंख की पलकों की भांति परस्पर मिल गये। संसार स्वप्नमय हो गया।"

"किन्तु आज फणीभूषण पर एक विशेष प्रकार का प्रभाव-सा था। वह अनुभव कर रहा था कि उसकी आशाओं के पूर्ण होने का समय समीप है।

"पिछली रातों की भांति किसी के पांवों की आहट फिर स्नान-घाट की सीढ़ियों पर चढ़ने लगी, फणीभूषण ने आंखें बन्द कर लीं और विचारों में निमग्न

हो गया। पांव की आहट मुख्य द्वार से प्रविष्ट होकर सम्पूर्ण मकान में होती हुई" शयनकक्ष के द्वार पर आकर विलीन हो गई। फणीभूषण का सम्पूर्ण शरीर कांपने लगा। परन्तु वह दृढ़ निश्चय कर चुका था कि अन्त तक आंखें न खोलेगा। आहट कमरे में प्रविष्ट हुई, खूंटी पर की साड़ी, ताक के लैम्प, खुले हुए पानदान और अन्य वस्तुओं के पास थोड़ी-थोड़ी देर ठहरी और अन्त में फणीभूषण की कुर्सी की ओर बढ़ी।

"अब फणीभूषण ने आंखें खोल दीं। धीमी-धीमी चांदनी खिड़की से आ रही थी। उसकी दृष्टि के सामने एक ढांचा, एक हड्डियों का पंजर खड़ा था। उसने रोम-रोम में छल, कलाइयों में कड़े, गले में माला। सारांश यह कि प्रत्येक जोड़ जड़ाऊ आभूषणों से दमक रहा था। सम्पूर्ण आभूषण ढीले होने के कारण निकले पड़ते थे। नेत्र वैसे ही बड़े-बड़े और चमकीले, परन्तु प्रेम-भावना से रिक्त थे। अठारह वर्ष पूर्व विवाह की रात को शहनाइयों के मधुर स्वरों में इन्हीं मोहिनी आंखों से मनीमलिका ने फणीभूषण को पहली बार देखा था। आज वही आंखें वर्षा की भींगी चांदनी में उसके मुख पर जमी हुई थी।"

"पंजर ने दायें हाथ से संकेत किया। फणीभूषण स्वयं चल पड़ने वाली मशीन की भांति उठा और पंजर के पीछे-पीछे हो लिया। हर कदम पर उसकी हड्डिग्यां चटख रही थीं, आभूषण झंकृत हो रहे थे। वे बरामदे से होते हुए, सीढ़ियों के नीचे उतरे और उसी पथ पर हो लिये जो स्नान-घाट पर जाता था। अंधेरे में जुगनू कभी-कभी चमक उठते थे। मद्धम धीमी चांदनी वृक्षों के गहन पत्तों में से निकलने के लिए प्रयत्नशील थी।"

"वे दोनों नदी के तट पर पहुँचे। पंजर ने सीढ़ियों से नीचे उतरना आरम्भ किया। जल पर चांदनी का प्रतिबिम्ब नदी की लहरों से क्रीड़ा कर रहा था। पंजर नदी में कूद पड़ा, उसके पीछे फणीभूषण का पांव भी नदी में गया। उसकी स्वप्न की छलना टूटी तो वहां कोई न था, केवल वृक्षों की एक पंक्ति चौकीदारी कर रही थी।

"अब फणीभूषण के सम्पूर्ण शरीर पर कम्पन छाया हुआ था। फणीभूषण भी एक अच्छा तैराक था, किन्तु अब उसके हाथ-पांव बस में न थे। दूसरे ही क्षण वह नदी के अथाह जल की तह में जा चुका था।"

इस दर्द से भरे हुए अन्त पर स्कूल के अध्यापक ने कक्षा को समाप्त किया। उसकी समाप्ति पर हमें फिर एक बार शून्य वायुमंडल का अनुभव हुआ। मैं भी मौन था। अंधेरे में मेरे मुख के विचारों का अध्ययन वह न कर सकता था।

"क्या आप इसको कहानी कहते हैं?" उसने संदेह की मुद्रा में पूछा।"

"नहीं! मैं तो इसे सत्य नहीं समझता, प्रथम तो इसका कारण है कि मेरी प्रकृति उपन्यास और कहानी-लेखन से ऊंची है। और दूसरा कारण यह है कि मैं ही फणीभूषण हूं।" मैंने बात को काटकर कहा।

स्कूल का अध्यापक अधिक व्याकुल नहीं था।

"किन्तु आपकी पत्नी का नाम?" उसने पूछा।

"नरवदा काली।"

11

गूंगी

कन्या का नाम जब सुभाषिणी रखा गया था तब कौन जानता था कि वह गूंगी होगी। इसके पहले, उसकी दो बड़ी बहनों के सुकेशिनी और सुहासिनी नाम रखे जा चुके थे, इसी से तुकबन्दी मिलाने के हेतु उसके पिता ने छोटी कन्या का नाम रख दिया सुभाषिणी। अब केवल सब उसे "सुभा" ही कहकर बुलाते हैं।

बहुत खोज और खर्च के बाद दोनों बड़ी कन्याओं के हाथ पीले हो चुके हैं, और अब छोटी कन्या सुभा माता-पिता के हृदय के नीरव बोझ की तरह घर की शोभा बढ़ा रही है। जो बोल नहीं सकती, वह सब-कुछ अनुभव कर सकती है- यह बात सबकी समझ में नहीं आती, और इसी से सुभा के सामने ही सब उसके भविष्य के बारे में तरह-तरह की चिन्ता-फिक्र की बातें किया करते हैं। किन्तु स्वयं सुभा इस बात को बचपन से ही समझ चुकी है कि उसने विधाता के शाप के वशीभूत होकर ही इस घर में जन्म लिया है। इसका फल यह निकला कि वह सदैव अपने को सब परिजनों की दृष्टि से बचाये रखने का प्रयत्न करने लगी। वह मन-ही-मन सोचने लगी कि उसे सब भूल जाएं तो अच्छा हो। लेकिन, जहां पीड़ा है, उस स्थान को क्या कभी कोई भूल सकता है? माता-पिता के मन में वह हर समय पीड़ा की तरह जीती-जागती बनी रहती है।

विशेषकर उसकी माता उसे अपनी ही किसी गलती के रूप में देखती है। क्योंकि प्रत्येक माता पुत्र की अपेक्षा पुत्री को कहीं अधिक अपने अंश के रूप में

देखती है। और, पुत्री में किसी प्रकार की कमी होने पर, उसे अपने लिए मानो विशेष रूप से लज्जाजनक बातें समझती है। सुभा के पिता वाणीकंठ तो सुभा को अपनी दोनों बड़ी पुत्रियों की अपेक्षा कुछ अधिक ही स्नेह करते हैं। पर माता उसे अपने गर्भ का कलंक समझकर उससे उदासीन ही रहती है।

सुभा को बोलने की जबान नहीं है, पर उसकी लम्बी-लम्बी पलकों में दो बड़ी-बड़ी काली आंखें अवश्य हैं, और उसके ओष्ठ तो मन के भावों के तनिक से संकेत पर नए पल्लव की तरह कांप-कांप उठते हैं।

वाणी द्वारा हम जो अपने मन के भाव प्रकट करते हैं उसको हमें बहुत कुछ अपनी चेष्टाओं से गढ़ लेना पड़ता है, बस, कुछ अनुवाद करने के समान ही समझिए। और, वह हर समय ठीक भी नहीं होता, ताकत की कमी से बहुधा उसमें भूल हो जाती है। लेकिन खंजन जैसी आंखों को कभी कुछ भी अनुवाद नहीं करना पड़ता, मन अपने-आप ही उन पर छाया डालता रहता है, मन के भाव अपने आप ही उस छाया में कभी विस्तृत होते और कभी सिकुड़ते हैं। कभी-कभी आंखें चमक-दमककर जलने लगती हैं और कभी उदासीनता की कालिमा में बुझ-सी जाती हैं, कभी डूबते हुए चन्द्रमा की तरह टकटकी लगाए न जाने क्या देखती रहती हैं तो कभी चंचल दामिनी की तरह, ऊपर-नीचे, इधर-उधर चारों ओर बड़ी तेजी से छिटकने लगती हैं। और विशेषकर मुंह के भाव के सिवा जिसके पास जन्म से ही और कोई भाषा नहीं, उसकी आंखों की भाषा तो बहुत उदार और अथाह गहरी होती ही है, करीब- करीब साफ-सुथरे नील-गगन के समान। उन आंखों को उदय से अस्त तक, सुबह से शाम तक और शाम से सुबह तक छवि-लोक की निस्तब्ध रंगभूमि ही मानना चाहिए। जिह्वाहीन इस कन्या में विशाल प्रकृति के समान एक जनहीन महानता है। और यही कारण है कि साधारण लड़के-लड़कियों को उसकी ओर से किसी-न-किसी प्रकार का भय-सा बना रहता, उसके साथ कोई खेलता नहीं। वह नीरव दुपहरिया के समान शब्दहीन और संगहीन एकान्तवासिनी बनी रहती।

गांव का नाम है चंडीपुर। उसके पार्श्व में बहने वाली सरिता बंगाल की एक छोटी-सी सरिता है, गृहस्थ के घर की छोटी लड़की के समान। बहुत दूर तक उसका फैलाव नहीं है, उसको तनिक भी आलस्य नहीं, वह अपनी इकहरी देह लिये अपने दोनों छोरों की रक्षा करती हुई अपना काम करती जाती है। दोनों छोरों के ग्रामवासियों के साथ मानो उसका एक-न-एक सम्बन्ध स्थापित हो गया है। दोनों ओर गांव हैं, और वृक्षों के छायादार ऊंचे किनारे हैं, जिनके नीचे से गांव की लक्ष्मी सरिता

अपने-आपको भूलकर शीघ्रता के साथ कदम बढ़ाती हुई बहुत ही प्रसन्न-चित्त असंख्य शुभ कार्यों के लिए चली जा रही है।

वाणीकंठ का अपना घर नदी के बिल्कुल एक छोर पर है। उसका खपच्चियों का बेड़ा, ऊंचा छप्पर गाय-घर, भुस का ढेर, आम, कटहल और केलों का बगीचा हरेक नाविक की दृष्टि अपनी ओर आकर्षित करता है। ऐसे घर में, आसानी से चलने वाली ऐसी सुख की गृहस्थी में, उस गूंगी कन्या पर किसी की दृष्टि पड़ती है या नहीं, मालूम नहीं। पर काम-धन्धों से ज्योंही उसे तनिक फुर्सत मिलती, त्योंही झट से वह उस नदी के किनारे जा बैठती।

प्रकृति अपने पार्श्व में बैठकर उसकी सारी कमी को पूर्ण कर देती है। नदी की स्वर-ध्वनि, मनुष्यों का शोर, नाविकों का सुमधुर गान, चिड़ियों का चहचहाना, पेड़-पौधों की मर्मर ध्वनि, सब मिलकर चारों ओर के गमनागमन आन्दोलन और कम्पन के साथ होकर सागर की उत्ताल तरंगों के समान उस बालिका के चिर-स्तब्ध हृदय उपकूल के पार्श्व में आ कर मानो टूट-फूट पड़ती हैं। प्रकृति के ये अनोखे शब्द और अनोखे गीत-यह भी तो गूंगी की ही भाषा है, बड़ी-बड़ी आंखों और उसमें भी बड़ी पलकों वाली सुभाषिणी की जो भाषा है, उसी का मानो वह विश्वव्यापी फैलाव है। जिसमें झींगुरों की झिन-झिन ध्वनि से गूंजती हुई तृणभूमि से लेकर शब्दातीत नक्षत्र-लोक तक केवल इंगित, संगीत, क्रन्दन और उच्छ्वासें भरी पड़ी हैं।

और दुपहरिया को नाविक और मछुए, खाने के लिए अपने-अपने घर जाते, गृहस्थ और पक्षी आराम करते, पार उतारने वाली नौका बन्द पड़ी रहती, जन-समाज अपने सारे काम-धन्धों के बीच में रुककर सहसा भयानक निर्जन मूर्ति धारण करता, तब रुद्र महाकाल के नीचे एक गूंगी प्रकृति और एक गूंगी कन्या दोनों आमने-सामने चुपचाप बैठी रहतीं। एक दूर तक फैली हुई धूप में और दूसरी एक छोटे-से वृक्ष की छाया में।

सुभाषिणी की कोई सहेली हो ही नहीं, सो बात नहीं। गौ-घर में दो गायें हैं, एक का नाम है सरस्वती और दूसरी का नाम है पार्वती। ये नाम सुभाषिणी के मुंह से उन गायों ने कभी भी नहीं सुने, परन्तु वे उसके पैरों की मन्थर गति को भलीभांति पहचानती हैं। सुभाषिणी का बिना बातों का एक ऐसा करुण स्वर है, जिसका अर्थ वे भाषा की अपेक्षा कहीं अधिक सरलता से समझ जाती हैं। वह कभी उन पर लाड़ करती, कभी डांटती और कभी प्रार्थना का भाव दर्शाकर उन्हें मनाती और इन बातों को उसकी "सारो" और "पारो" इन्सान से कहीं अधिक और भलीभांति समझ जाती हैं।

सुभाषिणी गौ-घर में घुसकर अपनी दोनों बांहों से जब "सारो" की गर्दन पकड़कर उसके कान के पास अपनी कनपटी रगड़ती है, तब "पारो" स्नेह की दृष्टि से उसकी ओर निहारती हुई, उसके शरीर को चाटने लगती है। सुभाषिणी दिन-भर में कम-से-कम दो-तीन बार तो नियम से गौ-घर में जाया करती। इसके सिवा अनियमित आना-जाना भी बना रहता। घर में जिस दिन वह कोई सख्त बात सुनती, उस दिन उसका समय अपनी गूंगी सखियों के पास बीतता। सुभाषिणी की सहनशील और विषाद-शान्त चितवन को देखकर वे न जाने कैसी एक अन्य अनुमान शक्ति में उसकी मर्म-वेदना को समझ जातीं और उसकी देह से सटकर धीरे-धीरे उसकी बांहों पर सींग घिस-घिसकर अपनी मौन आकुलता से उसको धैर्य बंधाने का प्रयत्न करतीं।

इसके सिवा, एक बकरी और बिल्ली का बच्चा भी था। उनके साथ सुभाषिणी की गहरी मित्रता तो नहीं थी, फिर भी वे उससे बहुत प्यार रखते और कहने के अनुसार चलते। बिल्ली का बच्चा, चाहे दिन हो या रात, जब-तब सुभाषिणी की गर्म गोद पर बिना किसी संकोच के अपना हक जमा लेता और सुख की नींद सोने की तैयारी करता और सुभाषिणी जब उसकी गर्दन और पीठ पर अपनी कोमल उंगलियां फेरती, तब तो वह ऐसे आन्तरिक भाव दर्शाने लगता, मानो उसको नींद में खास सहायता मिल रही है।

ऊंची श्रेणी के प्राणियों में सुभाषिणी को और भी एक मित्र मिल गया था, किन्तु उसके साथ उसका ठीक कैसा सम्बन्ध था, इसकी पक्की खबर बताना मुश्किल है। क्योंकि उसके बोलने की जिह्वा है और वह गूंगी है, अतः दोनों की भाषा एक नहीं थी।

वह था गुसाइयों का छोटा लड़का प्रताप! प्रताप बिल्कुल आलसी और निकम्मा था। उसके माता-पिता ने बड़े प्रयत्नों के उपरान्त इस बात की आशा तो बिल्कुल छोड़ दी थी कि वह कोई काम-काज करके घर-गृहस्थी की कुछ सहायता करेगा।

निकम्मों के लिए एक बड़ा सुभीता यह है कि परिजन उन पर बेशक नाराज रहें पर बाहरी जनों के लिए वे प्रायः स्नेहपात्र होते हैं, कारण, किसी विशेष काम में न फंसे रहने से वे सरकारी मिलकियत-से बन जाते हैं। नगरों में जैसे घर के पार्श्व में या कुछ दूर पर एक-आध सरकारी बगीचे का रहना आवश्यक है, वैसे ही गांवों में दो-चार निठल्ले-निकम्मे सरकारी इन्सानों का रहना आवश्यक है। काम-धन्धों में, हास-परिहास में और जहां कहीं भी एक-आध की कमी देखी, वहीं वे चट-से हाथ के पास ही मिल जाते हैं।

प्रताप की विशेष रुचि एक ही है। वह है मछली पकड़ना। इससे उसका बहुत-सा समय आसानी के साथ कट जाता है। तीसरे पहर सरिता के तीर पर बहुधा वह इस काम में तल्लीन दिखाई देता और इसी बहाने सुभाषिणी से उसकी भेंट हुआ करती। चाहे किसी भी काम में हो, पार्श्व में एक हमजोली मिलने मात्र से ही प्रताप का हृदय खुशी से नाच उठता। मछली के शिकार में मौन साथी ही सबसे श्रेयस्कर माना जाता है, अतः प्रताप सुभाषिणी की खूबी को जानता है और कद्र करता है। यही कारण है कि और सब तो सुभाषिणी को "सुभा" कहते, किन्तु प्रताप उसमें और भी स्नेह भरकर सुभा को "सू" कहकर पुकारता।

सुभाषिणी इमली के वृक्ष के नीचे बैठी रहती और प्रताप पास ही जमीन पर बैठा हुआ सरिता-जल में कांटा डालकर उसी की ओर निहारता रहता। प्रताप के लिए उसकी ओर से हर रोज एक पान का बीड़ा बंधा हुआ था और उसे स्वयं वह अपने हाथ से लगा कर लाती। और शायद, बहुत देर तक बैठे-बैठे, देखते-देखते उसकी इच्छा होती कि वह प्रताप की कोई विशेष सहायता करे, उसके किसी काम में सहारा दे। उसके ऐसा मन में आता कि किसी प्रकार वह यह बता दे कि संसार में वह भी एक कम आवश्यक व्यक्ति नहीं। लेकिन उसके पास न तो कुछ करने को था और वह न कुछ कर ही सकती थी। तब वह मन-ही-मन भगवान से ऐसी अलौकिक शक्ति के लिए विनती करती कि जिससे वह जादू-मन्तर से चट से ऐसा कोई चमत्कार दिखा सके जिसे देखकर प्रताप दंग रह जाये, और कहने लगे- "अच्छा! "सू" में यह करामात! मुझे क्या पता था?"

मान लो, सुभाषिणी यदि जल-परी होती और धीरे-धीरे जल में से निकलकर सर्प के माथे की मणि घाट पर रख देती और प्रताप अपने उस छोटे-से धंधे को छोड़कर मणि को पाकर जल में डुबकी लगाता और पाताल में पहुंचकर देखता कि रजत-प्रासाद में स्वर्ण-जड़ित शैया पर कौन बैठी है? और आश्चर्य से मुंह खोलकर कहता- "अरे! यह तो अपनी वाणीकंठ के घर की वही गूंगी छोटी कन्या है "सूश! मेरी सू" आज मणियों से जटित, गम्भीर, निस्तब्ध पातालपुरी की एकमात्र जलपरी बनी बैठी है।" तो! क्या यह बात हो ही नहीं सकती, क्या यह नितान्त असम्भव ही है? वास्तव में कुछ भी असम्भव नहीं। लेकिन फिर भी, "सू" प्रजा-शून्य पातालपुरी के राजघराने में जन्म न लेकर वाणीकंठ के घर पैदा हुई है, और इसीलिए वह आज "गुसांइयों के घर के लड़के प्रताप को किसी प्रकार के आश्चर्य से अचम्भित नहीं कर सकती।"

सुभाषिणी की अवस्था दिन-प्रतिदिन बढ़ती ही जा रही है। धीरे-धीरे मानो वह अपने आपको अनुभव कर रही है। मानो किसी एक पूर्णिमा को किसी सागर से एक ज्वार-सा आकर उसके अन्तराल को किसी एक नवीन अनिर्वचनीय चेतना-शक्ति से भर-भर देता है। अब मानो वह अपने-आपको देख रही है, अपने विषय में कुछ सोच रही है, कुछ पूछ रही है, लेकिन कुछ समझ नहीं पाती।

पूर्णिमा की गाढ़ी रात्रि में उसने एक दिन धीरे-से कक्ष के झरोखे को खोलकर, भयत्रस्तावस्था में मुंह निकाल कर बाहर की ओर देखा। देखा कि सम्पूर्ण-प्रकृति भी उसके समान सोती हुई दुनिया पर अकेली बैठी हुई जाग रही है। वह भी यौवन के उन्माद से, आनन्द से, विषाद से, असीम नीरवता की अन्तिम परिधि तक, यहां तक कि उसे भी पार करके चुपचाप स्थिर बैठी है, एक शब्द भी उसके मुख से नहीं निकल रहा है। मानो इस स्थिर निस्तब्ध प्रकृति के एक छोर पर उससे भी स्थिर और उससे भी निस्तब्ध एक भोली लड़की खड़ी हो।

इधर कन्या के विवाह की चिन्ता में माता-पिता बहुत बेचौन हो उठे हैं और गांव के लोग भी यत्र-तत्र निन्दा कर रहे हैं। यहां तक कि जातिविच्छेद कर देने की भी अफवाह उड़ी हुई है। वाणीकंठ की आर्थिक दशा वैसे अच्छी है, खाते-पीते आराम से हैं और इसी कारण इनके शत्रुओं की भी गिनती नहीं है।

स्त्री-पुरुषों में इस बात पर बहुत-कुछ सलाह-मशविरा हुआ। कुछ दिनों के लिए वाणीकंठ गांव से बाहर परदेश चले गये। अन्त में, एक दिन घर लौटकर पत्नी से बोले-"चलो, कलकत्ते चले चलें? " कलकत्ता-गमन की तैयारियां पूरे जोर-शोर से होने लगीं। कुहरे से ढके हुए सवेरे के समान सुभा का सारा अन्तरूकरण अश्रुओं की भाप से ऊपर तक भर आया। भावी आशंका से भयभीत होकर वह कुछ दिनों में मूक पशु की तरह लगातार अपने माता-पिता के साथ रहती और अपने बड़े-बड़े नेत्रों से उनके मुख की ओर देखकर मानो कुछ समझने का प्रयत्न किया करती पर वे उसे, कोई भी बात समझाकर बताते ही नहीं थे।

इसी बीच में एक दिन तीसरे पहर, तट के समीप मछली का शिकार करते हुए प्रताप ने हंसते-हंसते पूछा- "क्यों री सू, मैंने सुना है कि तेरे लिए वर मिल गया है, तू विवाह करने कलकत्ता जा रही है। देखना, कहीं हम लोगों को भूल मत जाना।" इतना कहकर वह जल की ओर निहारने लगा।

तीर से घायल हिरणी जैसे शिकारी की ओर ताकती और आंखों-ही-आंखों में वेदना प्रकट करती हुई कहती रहती है, "मैंने तुम्हारा क्या बिगाड़ा था?" सुभा ने लगभग वैसे ही प्रताप की ओर देखा, उस दिन वह वृक्ष के नीचे नहीं बैठी। वाणीकंठ

जब बिस्तर से उठकर धूम्रपान कर रहे थे। सुभा उनके चरणों के पास बैठकर उनके मुख की ओर देखती हुई रोने लगी। अन्त में बेटी को ढाढस और सान्त्वना देते हुए पिता के सूखे हुए कपोलों पर अश्रु की दो बूंदें ढुलक पड़ी।

कल कलकत्ता जाने का शुभमुहूर्त है। सुभा ग्वाल-घर में अपनी चिर-संगिनियों से विदा लेने के लिए गई। उन्हें अपने हाथ से खिलाकर गले में बांह डालकर वह अपनी दोनों आंखों से खूब जी-भर के उनसे बातें करने लगी। उसके दोनों नेत्र अश्रुओं के बांध को न रोक सके।

उस दिन शुक्ला-द्वादशी की रात थी। सुभा अपनी कोठरी में से निकल कर उसी जाने-पहचाने सरिता-तट के कच्चे घाट के पास घास पर औंधी लेट गई। मानो वह अपनी और अपनी गूंगी जाति की पृथ्वी माता से अपनी दोनों बांहों को लिपटाकर कहना चाहती है, "तू मुझे कहीं के लिए मत विदा कर मां, मेरे समान तू मुझे अपनी बाहों से पकड़े रख, कहीं मत विदा कर।"

कलकत्ते के एक किराये के मकान में एक दिन सुभा की माता ने उसे वस्त्रों से खूब सजा दिया। कसकर उसका जूड़ा बांध दिया, उसमें जरी का फीता लपेट दिया, आभूषणों से लादकर उसके स्वाभाविक सौंदर्य को भरसक मिटा दिया। सुभा के दोनों नेत्र अश्रुओं से गीले थे। नेत्र कहीं सूख न जायें, इस भय से माता ने उसे बहुत समझाया-बुझाया और अन्त में फटकारा भी, पर अश्रुओं ने फटकार की कोई परवाह न की।

उस दिन कई मित्रों के साथ वह कन्या को देखने के लिए आया। कन्या के माता-पिता चिन्तित, शंकित और भयभीत हो उठे। मानो देवता स्वयं अपनी बलि के पशुओं को देखने आये हों।

अन्दर से बहुत डांट-फटकार बताकर कन्या के अश्रुओं की धारा को और भी तीव्र रूप देकर उसे निरीक्षकों के सम्मुख भेज दिया।

निरीक्षकों ने बहुत देर तक देखभाल के उपरान्त कहा- "ऐसी कोई बुरी भी नहीं है।"

विशेषकर कन्या के अश्रुओं को देखकर वे समझ गये कि इसके हृदय में कुछ दर्द भी है। और फिर हिसाब लगाकर देखा कि जो हृदय आज माता-पिता के बिछोह की बात सोचकर इस प्रकार द्रवित हो रहा है, अन्त में कल उन्हीं के काम वह आयेगा। सीप के मोती के समान कन्या के आंसुओं की बूंदें उसका मूल्य बढ़ाने लगीं। उसकी ओर से और किसी को कुछ कहना ही नहीं पड़ा।

पात्र देखकर, खूब अच्छे मुहूर्त में सुभा का विवाह-संस्कार हो गया।

गूंगी कन्या को दूसरों के हाथ सौंपकर माता-पिता अपने घर लौट आये। और तब कहीं उनकी जाति और परलोक की रक्षा हो सकी।

सुभा का पति पछांह की ओर नौकरी करता है। विवाह के उपरान्त शीघ्र ही वह पत्नी को लेकर नौकरी पर चला गया।

एक सप्ताह के अन्दर ससुराल के सब लोग समझ गये कि बहू गूंगी है, पर इतना किसी ने न समझा कि इसमें उसका अपना कोई दोष नहीं, उसने किसी के साथ विश्वासघात नहीं किया है। उसके नेत्रों ने सभी बातें कह दी थीं, किन्तु कोई उसे समझ न सका। अब वह चारों ओर निहारती रहती है, उसे अपने मन की बात कहने की भाषा नहीं मिलती। जो गूंगे की भाषा समझते थे, उसके जन्म से परिचित थे, वे चेहरे उसे यहां दिखाई नहीं देते। कन्या के गहरे शान्त अन्तःकरण में असीम अव्यक्त क्रन्दन ध्वनित हो उठा, और सृष्टिकर्ता के सिवा और कोई उसे सुन ही न सका।

अब की बार उसका पति अपनी आंखों और कानों से ठीक प्रकार परीक्षा लेकर एक बोलने वाली कन्या को ब्याह लाया।

12

धन की भेंट

वृन्दावन कुण्डू क्रोधावेश में अपने पिता के पास आकर कहने लगा- "मैं इसी समय आपसे विदा होना चाहता हूं।"

उसके पिता जगन्नाथ कुण्डू ने घृणा प्रकट करते हुए कहा- "अभागे! कृतघ्न! मैंने जो रुपया तेरे पालन-पोषण पर खर्च किया है, उसे चुका कर ही ऐसी धमकी देना।"

जिस प्रकार का खान-पान जगन्नाथ के घर चला करता था उस पर कुछ अधिक व्यय न होता था। भारत के प्राचीन ऋषि मितव्ययता के लिए ऐसी ही वस्तुओं का प्रबन्ध कर लिया करते थे। जगन्नाथ के व्यवहार से ज्ञात होता था वह इस विषय में उन ऋषियों ही के निर्मित आदर्शों पर चलना पसन्द करता था। यद्यपि वह पूर्णरूप से इस आदर्श को निबाहने में असमर्थ था। इसका कारण कुछ यह समझा जा सकता है कि जिस समाज में उसका रहन-सहन था वह अपने प्राचीन आदर्शों से बहुत पतित हो चुका था और कुछ यह कि उसकी आत्मा को शरीर के साथ मिलाये रखने के विषय में प्रकृति की उत्तेजना तीव्र और युक्तियुक्त-संगत थी।

जब तक वृन्दावन अविवाहित था, उसका निर्वाह जैसे-तैसे चलता रहा, किन्तु विवाह के पश्चात् उसने सीमा से बाहर इस उत्तम और सुन्दर आदर्श को, जो उसके महामना पिता ने निर्मित कर रखा था, त्यागना शुरू कर दिया। ऐसा ज्ञात होता था कि सांसारिक सुख-ऐश्वर्य के सम्बन्ध में उसके विचार आध्यात्मिकता से शारीरिकता

की ओर परिवर्तित हो रहे हैं और खाने-पीने की न्यूनता से उसे भूख, प्यास, सर्दी, गर्मी और जो कष्ट भी सामने आते हैं, उसने उन्हें सहना पसन्द न करके संसार के साधारण व्यक्तियों के आचरण का अनुकरण करना आरम्भ कर दिया।

जब से वृन्दावन ने अपने पिता के निर्मित उच्च आदर्श को त्यागा, तभी से पिता और पुत्र में कलह आरम्भ हो गई। इस कलह ने चरम-सीमा का रूप उस समय धारण किया, जब वृन्दावन की पत्नी अधिक रुग्ण हुई और उसकी चिकित्सा के लिए एक वैद्यराज बुलाया गया। यहां तक का व्यवहार भी क्षमा करने के योग्य था। किन्तु जब वैद्यराज ने रोगी के लिए एक अधिक मूल्य की औषधि का निर्णय किया, तो जगन्नाथ ने समझ लिया कि वैद्यराज अयोग्य है और वैद्यक के नियमों से बिल्कुल अपरिचित। बस उसने उसी समय उनको मकान से बाहर निकलवा दिया। वृन्दावन ने पहले तो पिता से काफी अनुनय-विनय की कि औषधि जारी रहे-फिर झगड़ा भी किया, परन्तु पिता के कान पर जूं तक न रेंगी। अन्त में जब पत्नी स्वर्ग सिधर गई तो वृन्दावन का क्रोध अधिक बढ़ गया और उसने अपने पिता को उसका प्राण-घातक ठहराया।

जगन्नाथ ने स्वभावानुसार उसको समझाने का बहुत प्रयत्न किया और कहा- "तुम कैसी नामसझी की बातें करते हो? क्या लोग विभिन्न प्रकार की औषधि खाकर नहीं मरते यदि मूल्यवान औषधियां ही मनुष्य को जीवित रख सकती तो बड़े-बड़े राजा-महाराजा क्यों मरते? इससे पहले तुम्हारी मां और दादी मर चुकी हैं, बहू भी मर गई तो क्या हुआ? समय आने पर प्रत्येक व्यक्ति को यहां से कूच करना है।"

वृन्दावन यदि इस प्रकार दुःखी और सचेत होकर वास्तविक परिणाम पर पहुंचने में योग्य न होता, तो सम्भव था कि वह इन बातों से कुछ सान्त्वना प्राप्त कर लेता। इससे पहले मरने के समय उसकी मां और दादी ने औषधि न पी थी और औषधि सेवन न करने की यह रीति बहुत पहले से इस खानदान में चली आई है। नई पौध का चरित्र इतना बिगड़ चुका है कि वह पुराने ढंग पर मरना भी पसन्द नहीं करती।

जिस युग की चर्चा हम कर रहे हैं, उन दिनों अंग्रेज भारत में नए-नए आये थे। किन्तु उस समय भी इस देश के बड़े-बूढ़े अपनी-अपनी औलाद के स्वभाव-विरुद्ध ढंग पर आश्चर्य और विकलता प्रकट किया करते और अन्त में जब उनकी एक न चलती तो अपने मुंह से लगे हुए हुक्कों से सान्त्वना प्राप्त करने का प्रयत्न करते।

वास्तविकता यह है कि जिस समय मामला चरम-सीमा को पहुंच गया तो वृन्दावन से न रहा गया और उसने आवेश तथा विकलता के साथ अपने पिता से कहा- "मैं जाता हूं।"

पिता ने उसे दृढ़ देखकर उसी समय आज्ञा दे दी।

और घोषणा करते हुए कह दिया- "चाहे देवता मेरे ढंग को गौहत्या के समान क्यों न समझें, मैं शपथ खाकर कहता हूं कि तुम्हें अपनी धन-संपत्ति से एक कौड़ी भी नहीं दूंगा।"

"यदि मैं तुम्हारी एक पाई तक को भी हाथ लगाऊं तो उस व्यक्ति से भी नीच होऊंगा जो अपनी मां को बुरे भाव से देखता है।" वृन्दावन के मुख से आवेश में निकल गया।

गांव के निवासियों ने अपने-जैसे विचारों के, लम्बे-चौड़े वाद-विवाद के पश्चात् उस छोटे-से परिवर्तन-भरे झगड़े को संतोषपूर्वक देखा। जगन्नाथ ने चूंकि अपने बेटे को अपनी संपत्ति से वंचित कर दिया था, अतः प्रत्येक व्यक्ति उसे सान्त्वना देने का प्रयत्न कर रहा था। वे सब इस विषय में सहमत थे कि केवल पत्नी की खातिर पिता के साथ झगड़ा करने का दृश्य इस नए युग में ही देखा जा सकता है। इसके सम्बन्ध में वे स्वयं जो कारण बताते थे वे भी बहुत असंगत थे। वे कहते थे यदि किसी की पत्नी मर जाये तो बड़ी सरलता से दूसरी प्राप्त कर सकता है, पिता मर जाये तो संसार-भर के धन-ऐश्वर्य के बदले में भी उसे प्राप्त नहीं कर सकता।

इस बात में सन्देह नहीं कि उनका उपदेश हर प्रकार से ठीक था। किन्तु हमें सन्देह है कि दूसरा पिता प्राप्त करने की पीड़ा उस पथ-भ्रष्ट बेटे को कहां तक प्रभावित कर सकती थी। इसके विरुद्ध हमारा विचार यह है कि ऐसा अवसर आता तो वह उसे ईश्वरीय अनुकम्पा में सम्मिलित समझता।

वृन्दावन के अलग होने का दुःख उसके पिता जगन्नाथ को तनिक भी अनुभव न हुआ। इसके कुछ विशेष कारण थे। एक तो यह कि उसके चले जाने से घर का खर्च कम हो गया, दूसरे हृदय से एक भारी चिन्ता दूर हो गई, हर समय उसे इस बात का भय रहता था कि मेरा बेटा मुझे विष देकर न मार दे। जब कभी वह अपना थोड़ा-सा भोजन करने बैठता तो यही विचार उसे विकल कर देता कि इसमें विष न मिला हुआ हो। यही चिन्ता किसी सीमा तक वृन्दावन की पत्नी का स्वर्गवास हो जाने पर दूर हो गई थी, किन्तु अब वह बिल्कुल ही न रही।

जिस प्रकार घने अंधियारे बादलों में चमकीली बिजली और भयंकर तूफानी समुद्र में बहुमूल्य रत्न विद्यमान रहते हैं, उसी प्रकार बूढ़े जगन्नाथ के कठोर हृदय में भी एक निर्बलता शेष थी। वृन्दावन जाते समय अपने साथ अपने चार-वर्षीय पुत्र गोकुलचन्द्र को भी ले गया था। चूंकि उसकी खुराक और वस्त्रों का खर्च बहुत न्यून था इसलिए जगन्नाथ को उससे बहुत प्रेम था। जाते समय जब वृन्दावन उसे अपने साथ ले गया तो सबसे पहले दुःख और पछतावे की अपेक्षा उसने अपने मन में हिसाब करना शुरू किया कि इन दोनों के चले जाने से खर्च में कितनी कमी हो जाएगी। इस बचत की वार्षिक रकम कहां तक पहुँचेगी और इस बचत को यदि किसी रकम का सूद समझा जाए तो उसका मूलधन कितना हो सकेगा?

जब तक गोकुलचन्द घर में था वह अपनी चंचलता से जगन्नाथ का ध्यान अपनी ओर आकर्षित रखता था। परन्तु उसके चले जाने पर कुछ दिनों में ही बूढ़े को ऐसा अनुभव होने लगा कि घर काटने को दौड़ता है। इससे पहले जिस समय जगन्नाथ पूजा-पाठ में तल्लीन होता तो गोकुलचन्द उसे छेड़ा करता। भोजन करते समय उसके आगे से रोटी या चावल उड़ाकर भाग जाता और स्वयं खा लेता और जब वह आय-व्यय लिखने बैठता तो उसकी दवात लेकर दौड़ जाता, किन्तु अब उसके चले जाने पर ये सब बातें भी दूर हो गईं। जीवन में प्रतिदिन का क्रिया-कर्म उसे भार अनुभव होने लगा। उसे ऐसा मालूम होता था कि इस प्रकार का विश्राम भविष्य के संसार में ही सहन किया जा सकता है। जब कभी वह गोकुल की चंचलता को स्मरण करता तो रजाइयों में उसके हाथों के छेदों या दरी पर कलम-दवात से उसके बनाए हुए भद्दे चित्रों को देखता तो उसका हृदय कष्ट के मारे बैठ जाता। जगन्नाथ को अपने सोने के कमरे में एक कोने के अन्दर पड़ी हुई पुरानी धोती के टुकड़े दिखाई पड़े तो सहसा उसके नेत्रों से अश्रु बह निकले। वह धोती थी जिसे गोकुल ने दो वर्ष के अल्प समय में फाड़ दिया था तो जगन्नाथ ने उसे झिड़का और बुरा-भला कहा था। किन्तु अब उसने इन टुकड़ों को उठाकर बड़ी सावधानी से अपने सन्दूक में रख लिया और इसकी शपथ खा ली कि यदि गोकुल उसके जीते-जी फिर कभी वापस आ गया तो चाहे वह हर वर्ष एक धोती फाड़े, वह उससे कभी रुष्ट न होगा।

परन्तु गोकुल को न वापस आना था, न आया। गरीब जगन्नाथ दिन-प्रतिदिन वृद्ध होता जा रहा था और उसको खाली घर अधिक-से-अधिक भयावना दिखाई पड़ता था।

अन्त में दशा यहां तक पहुंची कि वह सन्तोष से घर में बैठ भी न पाता। मध्यान्ह समय जब गांव के सब लोग अपने-अपने घरों में सोए होते तो जगन्नाथ नारियल हाथ में लिये गलियों में घूमता दिखाई देता। गांव के लड़के जब कभी उसे अपनी ओर आता देखते तो खेल छोड़कर दूर जा खड़े होते और इस प्रकार की पद्य-पंक्ति गाने लगते जिसमें एक स्थानीय कवि ने वृद्ध जगन्नाथ के मितव्ययी स्वभाव की प्रशंसा की थी। कोई व्यक्ति भय के मारे उसका वास्तविक नाम इस डर से जबान पर न लाता कि कहीं उसे उस रोज अन्न-जल प्राप्त न हो। अतः लोगों ने उसके अनेक प्रकार के नाम रख छोड़े थे। वृद्ध उसे जगन्नाथ कहा करते थे, परन्तु मालूम नहीं छोटे लड़के उसे चिड़ियल क्यों कहते थे। सम्भव है इसका कारण यह हो कि उसका चर्म शुष्क और शरीर रक्तहीन दिखाई देता था। इन्हीं कारणों से वह प्रेत-आत्माओं के समान समझा जाता था।

एक दिन मध्यान्ह-समय जब जगन्नाथ स्वभावानुसार गांव की गलियों में आम के छतनारे वृक्षों के नीचे अपना नारियल हाथ में लिये फिर रहा था। उसने देखा कि एक लड़का जो देखने में अपरिचित मालूम होता था, गांव के लड़कों का मुखिया बना हुआ है और उन्हें कोई नई शरारत समझा रहा है। उसके महान चरित्र और उसकी कुशाग्र बुद्धि से प्रभावित होकर सब लड़कों ने इस बात का नियम कर लिया था कि हर काम में उसकी आज्ञानुसार आचरण करेंगे। दूसरे लड़कों की भांति वह वृद्ध जगन्नाथ को अपनी ओर आता देखकर भय से भागा नहीं, बल्कि उसके समीप जाकर चादर झाड़ने लगा। उसी समय उसमें से एक जीवित छिपकली निकलकर वृद्ध के शरीर पर गिरी और उसकी पीठ की ओर से नीचे उतरकर वन की ओर भाग गई। भय से वृद्ध के हाथ-पांव कांपने लगे। यह देखकर सब लड़के बहुत प्रसन्न हुए और प्रसन्नता से उच्च-स्वर में घोष करने लगे। वृद्ध जगन्नाथ बड़बड़ाता और गालियां देता हुआ बहुत दूर निकल गया, किन्तु वह अंगोछा जो प्रायः उसके कन्धों पर पड़ा रहा करता था, सहसा गायब हो गया और दूसरे ही क्षण उस अपरिचित लड़के के सिर पर बंधी हुई पगड़ी के रूप में दिखाई देने लगा।

लड़के की ओर से इस प्रकार की चेष्टा देखकर जगन्नाथ पहले तो कुछ चिन्तित हुआ, फिर वह गांव की प्रतिदिन की कठोरता को इस प्रकार पराजित होते देखकर प्रसन्न भी हुआ। काफी दिनों से लड़के उसकी छाया ही देखकर दूर भाग जाया करते थे और उसे उनसे बोलने तथा बातचीत करने का अवसर ही न मिलता था। अपरिचित लड़का इस शरारत के पश्चात् दूर भाग गया था, किन्तु बहुत से

वचन और सांत्वना देने के पश्चात् वह उस वृद्ध के समीप आया। फिर दोनों में निम्न बातें होने लगीं।

"बेटा, तुम्हारा नाम क्या है?"

"नितईपाल।"

श्घर कहां है?"

"मैं नहीं बताऊंगा।"

"क्यों नहीं बतलाओगे?"

"मैं घर से भागकर आया हूं।"

"भागे क्यों थे?"

"मेरा पिता मुझे स्कूल जाने को कहता था।"

जगन्नाथ के हृदय में विचार आया, ऐसे होनहार लड़के को स्कूल भेजना कैसी व्यर्थ की बात है? वह कैसा लड़के के भविष्य के परिणाम की ओर से आंखें मीचे रहने वाला पिता होगा, जो इसे स्कूल भेजना चाहता है।

थोड़ी देर पश्चात् वह कहने लगा- "अच्छा, तुम मेरे घर रहना पसन्द करोगे!"

लड़के ने उत्तर दिया- "क्यों नहीं।"

उसी दिन से वह लड़का उसके घर रहने लगा। उसे घर में प्रवेश करते हुए इतना भी भय न हुआ, जितना अंधेरे में किसी वृक्ष के नीचे जाने से हो सकता है। इतना ही नहीं, बल्कि उसने अपने वस्त्र और भोजन के विषय में ऐसे निर्भयतापूर्ण ढंग पर प्रश्न करने आरम्भ किये जैसे वह उस घर में वर्षों से परिवार का अंग रहा है। यदि कोई वस्तु उसकी इच्छानुसार न होती तो वह जगन्नाथ से झगड़ा आरम्भ कर देता। जगन्नाथ अपने बेटे को तो डरा-धमका भी लेता, परन्तु उसे बस में लाना सरल न था। उसे उसकी हर बात माननी पड़ती।

गांव के लोग आश्चर्य में थे कि जगन्नाथ ने नितईपाल को क्यों इस प्रकार सिर पर चढ़ा रखा है। यह सर्वविदित था कि वृद्ध अब कुछ दिन नहीं तो कुछ सप्ताह का अतिथि है और वे इस बात को सोचकर बहुत दुखित होते थे कि उसके स्वर्ग सिधरने पर उसकी संपत्ति का अधिकारी यही लड़का होगा। वे सब इस बात पर लड़के से ईष्या करने लगे थे। उन्होंने यह भी निश्चय कर लिया कि उसे अवश्य हानि पहुंचाने का प्रयत्न करेंगे। परन्तु जगन्नाथ उसकी ऐसी निगरानी रखता जैसे वह उसकी पसली की हड्डी हो।

कभी-कभी लड़का धमकी देकर कहता- "मैं घर चला जाऊंगा" ऐसे अवसर पर वृद्ध लोभ-लालच का जाल बिछाकर कहता- "मैं अपनी सारी संपत्ति तुमको ही

दे दूंगा।" लड़का हर प्रकार से कम आयु का था, तब भी इस वचन के महत्व को खूब समझता था।

गांव वालों से और कुछ न हो सकता था उन्होंने उस लड़के के बाप के सम्बन्ध में जांच आरम्भ की। उनको यह सोचकर बहुत दुःख होता था कि उसके माता-पिता उसकी याद में दुखी होंगे। लड़का बड़ा चंचल है, जो उन्हें इस प्रकार छोड़कर भाग आया। वे इसे हजार-हजार गालियां देते होंगे। किन्तु ये सब बातें वे जिस आवेश में करते थे इससे स्पष्ट प्रतीत होता था कि वे न्याय नहीं ईर्ष्या से काम ले रहे हैं।

एक दिन वृद्ध को किसी बटोही की जबानी ज्ञात हुआ कि दामोदरपाल अपने बेटे की खोज में समीप के गांवों और कस्बों में फिर रहा है, और कुछ ही समय में वह इस गांव में आना चाहता है। नितई ने जब यह बात सुनी तो सहज भाव से उसके हृदय के प्रेम में आवेश आया। वह उद्विग्नता की दशा में धन-संपत्ति छोड़कर अपने पिता के पास जाने को तैयार हो गया। जगन्नाथ उसे रोकने के लिए प्रत्येक सम्भव रीति से प्रयत्न करता था। अतः उसने कहा- "तुम अपने पिता के पास जाओगे तो वह तुम्हें पीटेगा, मैं तुम्हें एक ऐसे स्थान पर छिपा दूंगा कि किसी को भी तुम्हारा पता न मिल सके। यहां तक कि गांव वाले भी मालूम न कर सकेंगे।"

इस बात से लड़के के हृदय में आश्चर्य उत्पन्न हुआ और वह कहने लगा- "बाबा! मुझे कहां छिपाओगे? ऐसा भला स्थान तो मुझे भी दिखा दो।"

जगन्नाथ ने उत्तर दिया- "यदि वह स्थान मैं इस समय दिखा दूं तो लोगों को खबर हो जाएगी, रात हो जाने दो।" बच्चों में आश्चर्य-जनक स्थान देखने की उत्कट लालसा होती है, नितई भी उसी तरह यह बात सुनकर प्रसन्न हुआ। उसने अपने हृदय में विचारा कि जब मेरे पिता मेरी खोज करने के पश्चात् वापस चले जाएंगे तो मैं दौड़ लगाकर लड़कों के साथ उस स्थान पर आंख-मिचौनी खेला करूंगा और कोई मालूम न कर सकेगा कि मैं कहां छिपा हूं- वास्तव में उस समय बड़ा आनन्द आयेगा। पिताजी सम्पूर्ण गांव छान मारेंगे और मुझे कहीं न पा सकेंगे, बड़ी दिल्लगी होगी।

मध्यान्ह के समय जगन्नाथ लड़के को कुछ समय के लिए मकान में बन्द करके कहीं चला गया। उसके वापस आने पर नितई ने उससे इतने प्रश्न किए कि वह परेशान हो गया।

अन्त में जब रात हुई तो नितई कहने लगा- "बाबा, अब तो वह स्थान मुझको दिखा दो।"

जगन्नाथ ने उत्तर दिया- "अभी रात नहीं हुई।"

इसके कुछ समय पश्चात् लड़के ने फिर कहा- "बाबा, अब रात बहुत हो गई है, अब तो चलो।"

जगन्नाथ ने धीरे से कहा- "अभी गांव के लोग सोए नहीं हैं।"

नितई फिर एक क्षण के लिए रुका और बोला- "बाबा! इस समय तो सब लोग सो गये हैं, आओ अब चलें।"

रात बहुत जा चुकी थी। गरीब लड़का इतनी देर तक कभी न जागा था, इसलिए उसको जागे रहने में बड़ी कठिनाई पड़ रही थी। अन्त में आधी रात के समय जगन्नाथ लड़के की बांह पकड़कर स्वप्निल गांव की अंधेरी गलियों से रास्ता टटोलता बाहर निकला। सब दिशाएं सूनी थीं, चारों ओर सूनापन था, कभी-कभी कोई कुत्ता भोंकने लगता तो और कुत्ते भी उसके साथ मिलकर भोंकना आरम्भ कर देते। इसके अतिरिक्त कहीं-कहीं उसके पैरों की आहट से कोई पक्षी वृक्ष की टहनी से पंख फड़फड़ाता हुआ उड़ जाता। नितई भय से कांप रहा था किन्तु जगन्नाथ ने उसका हाथ दृढ़ता से पकड़ा हुआ था।

कई खेतों में से होकर अन्त में ये लोग जंगल में प्रविष्ट हुए। यहां एक जीर्ण मन्दिर खड़ा हुआ था, जिसमें किसी भी देवता की मूर्ति दिखाई न पड़ती थी।

नितई ने उसे देखकर निराशा- भरे स्वर में कहा-"बस, यही स्थान था?"

यह स्थान उसकी कल्पना से सर्वथा भिन्न था, क्योंकि उसमें कोई आश्चर्य की बात न थी। जब से वह घर से भागा था अनेक बार ऐसे खंडहर मन्दिरों में रातें व्यतीत कर चुका था। इतना होने पर भी आंख-मिचौनी खेलने के लिए यह स्थान सुन्दर था अर्थात् ऐसा कि उसके साथ खेलने वाले लड़के यहां उसकी खोज न कर सकते थे।

जगन्नाथ ने फर्श के बीच से एक पत्थर की सिल उठाई। उसके नीचे आश्चर्य- चकित लड़के को एक तहखाना दिखाई दिया, जिसमें एक धीमा-सा दीप जल रहा था। भय और आश्चर्य दोनों बातें उसके हृदय पर जमी हुई थीं। अन्दर एक बांस की सीढ़ी खड़ी थी। जगन्नाथ नीचे उतरा और नितई भी उसके पीछे हो लिया।

नीचे उतरकर लड़के ने इधर-उधर देखा तो उसे चारों ओर पीतल के टोकने पड़े हुए दिखाई दिए। उसके मध्य में एक आसन बिछा हुआ था और सामने थोड़ा सिन्दूर, घिसा हुआ चन्दन, कुछ जंगली फूल और पूजा की शेष सामग्री रखी हुई थी। लड़के ने अपनी जिज्ञासा-पूर्ति के लिए उन टोकनों में से कुछ के अन्दर हाथ डाला और जब बाहर हाथ निकालकर देखा तो मालूम हुआ कि उनमें रुपये और सोने की

मोहरें भरी हुई हैं। इतने में वृद्ध जगन्नाथ ने नितई से कहा-"नितई, मैंने तुमसे कहा था न कि अपनी सारी संपत्ति तुम्हें दे दूंगा, मेरे पास कोई अधिक संपत्ति नहीं है, किन्तु जो कुछ भी है वह इन पीतल के टोकनों में भरी है और यह सब मैं आज तुम्हारे हवाले करना चाहता हूं।"

नितई प्रसन्नता के मारे उछल पड़ा और बोला- "सच! क्या तुम इनमें से एक रुपया भी अपने पास न रखोगे?"

वृद्ध ने उत्तर दिया- "यदि मैं इसमें से कुछ लूं तो भगवान करे मेरा वह हाथ कोढ़ी हो जाए-किन्तु यह संपत्ति मैं तुम्हें एक शर्त पर देता हूं। यदि कभी मेरा पोता गोकुलचन्द या उसका भी पोता या परपोता या उसकी औलाद में से कोई व्यक्ति भी इस रास्ते से होकर जाये तो तुम्हारे लिए अनिवार्य होगा कि यह सारी संपत्ति उसको सौंप दो।"

लड़के ने ध्यान से सोचा और निश्चय के साथ विचारा कि वृद्ध पागल हो गया है। फिर कहने लगा- "बहुत अच्छा, ऐसा ही करूंगा।"

जगन्नाथ ने कहा-"बस तो इस स्थान पर बैठ जाओ-"

"क्यों?"

"तुम्हारी पूजा की जाएगी।"

लड़के ने चकित होकर पूछा- "यही रीति है!"

वृद्ध ने उत्तर दिया- "यही रीति है।"

लड़का उछलकर तुरन्त आसन पर बैठ गया। वृद्ध जगन्नाथ ने उसके माथे पर चन्दन लगाया, भृकुटियों के मध्य सिंदुर की बिन्दी लगा दी, जंगली पुष्पों का हार उनके गले में डाला और कुछ मन्त्र उच्चारण करने लगा।

बेचारा नितई देवता की भांति आसन पर बैठा-बैठा उकता गया, क्योंकि उसकी पलकें नींद से भारी हो रही थीं। अन्त में उसने घबराकर कहा-"बाबा!"

परन्तु जगन्नाथ उत्तर दिए बिना ही मन्त्र पढ़ता रहा।

अन्त में मन्त्रों का सिलसिला समाप्त हुआ और जगन्नाथ ने बड़ी कठिनाई से एक टोकने को खींचकर लड़के के सम्मुख रखा और ये शब्द विवशता से उसके मुख से कहलवाये- "मैं सच्चे हृदय से प्रतिज्ञा करता हूं कि इस सारी धन-संपत्ति को गोकुलचन्द कुण्डू या वृन्दावन कुण्डू वल्द जगन्नाथ कुण्टू या गोकुलचन्द कुण्डू के बेटे, पोते, परपोते। या उसकी औलाद के किसी व्यक्ति को जो इसका वास्तविक और योग्य उत्तराधिकारी होगा दे दूंगा।"

अनेक बार शब्दों के कहने में भोले लड़के की चेतना जाती रही और कण्ठ सूखने लगा।

जैसे-तैसे यह रस्म समाप्त हुई, गुफा की वायु, दीपक के धुएं और दोनों के सांस के कारण बुरी मालूम होने लगी। नितई को अपना कण्ठ मिट्टी की भांति सूखा और हाथ-पांव जलते हुए अनुभव हो रहे थे। बेचारे का दम घुटा जा रहा था।

दीपक धीरे-धीरे मद्धिम होता गया, यहां तक कि अन्तिम झोंका खाकर बुझ गया। इसके पश्चात् अंधेरा। नितई को ऐसा लगा कि वृद्ध जल्दी-जल्दी सीढ़ी से ऊपर चढ़ रहा है। उसने घबराकर पूछा- "बाबा तुम कहां जा रहे हो?"

जगन्नाथ ने निरन्तर ऊपर की ओर चढ़ते हुए उत्तर दिया- "मैं अब जाता हूं, तुम यहां रहो, यहां तुम्हें कोई ढूंढ़ न सकेगा। वृन्दावन के बेटे और जगन्नाथ के पोते गोकुलचन्द का नाम याद रखना।"

इसके पश्चात् उसने ऊपर जाकर सीढ़ी खींच ली। लड़के ने अवरुद्ध और दयनीय स्वर में कहा- "मैं अब अपने पिता के पास जाना चाहता हूं, यहां मुझे भय लगता है।"

जगन्नाथ ने उसकी परवाह न करते हुए गुफा के मुंह पर पत्थर की शिला रख दी। इसके पश्चात् दोनों जंघाओं को मोड़कर झुका और अपने कान पत्थर के समीप लगाकर सुनने लगा। अन्दर से आवाज आई, "बाबाजी! बाबाजी!" फिर किसी भारी वस्तु के फर्श पर गिरने की आवाज सुनाई दी और इसके बाद निस्तब्धता छा गई।

इस प्रकार अपनी संपत्ति उसको सौंपकर वृद्ध जगन्नाथ ने जल्दी-जल्दी पत्थर के ऊपर मिट्टी डालनी आरम्भ कर दी। उस पर उसने टूटी-फूटी ईंटें और चूना रख दिया और फिर मिट्टी बिछाकर उसमें जंगली घास और बूटियों की जड़ें गाड़ दीं।

रात सम्भवतः समाप्त हो चुकी थी। परन्तु वह उस स्थान से हटकर घर न जा सका, रह-रहकर अपना कान पृथ्वी पर लगाता और आवाज सुनने का प्रयत्न करता। ऐसा मालूम होता था कि अब भी उस गुफा के अन्दर या पृथ्वी की अथाह गहराइयों में से एक वेदनायुक्त क्रन्दन सुनाई दे रहा है। उसे ऐसा भान होता था कि रात में आकाश पर केवल वही एक आवाज छाई हुई है और संसार के सब व्यक्ति उस आवाज से जागकर बिस्तरों में बैठे उसे सुनने का प्रयत्न कर रहे हैं।...

पागल वृद्ध आवेश में आकर और अधिक मिट्टी डाले जाता था। वह चाहता था कि उस आवाज को दबा देय किन्तु इस पर भी रह-रहकर वह आवाज उसके कानों में आ रही थी- "बाबाजी! हाय बाबाजी!"

उसने पूरी शक्ति से धरती पर पांव मारकर चिल्लाते हुए कहा- "चुप रहो, लोग तुम्हारी आवाज सुन लेंगे।"

फिर भी उसे मालूम हुआ कि "हाय बाबा जी! हाय बापू!" की आवाजें रह-रहकर सुनाई दे रही हैं।

इतने में सूर्य उदय हुआ और जगन्नाथ कुण्डू मन्दिर को छोड़कर खेतों की ओर आ गया।

वहां भी किसी ने उसके पीछे से आवाज दी- "बापू!" घबराहट की दशा में जगन्नाथ ने पीछे फिरकर देखा तो उसका पुत्र वृन्दावन था।

वृन्दावन कहने लगा- "मुझे पता चला है कि मेरा बेटा आपके घर में छिपा हुआ है, उसे मुझे दे दो।"

यह सुनकर वृद्ध के नेत्र विस्तृत हो गये, मुंह चौड़ा हो गया और उसने मुड़कर पूछा-"क्या कहा? तुम्हारा बेटा?"

वृन्दावन ने कहा- "हां, मेरा बेटा गोकुल, अब उसका नाम नितईपाल है और मैंने अपना नाम दामोदरपाल प्रसिद्ध कर रखा है। तुम्हारी मनहूसी और कंजूसी की बात चारों ओर इतनी अधिक फैल चुकी थी कि विवश होकर मुझे अपना वास्तविक नाम बदलना पड़ा। वरना सम्भव था कि लोग हमारा नाम लेने से भी सकुचाते।"

वृद्ध ने धीरे से दोनों हाथ सिर के ऊपर उठाए। उसकी उंगलियां इस प्रकार कांपने लगी, मानो वह वायु में किसी अदृश्य वस्तु के पकड़ने का प्रयत्न कर रही हों। फिर वह अचेत होकर पृथ्वी पर गिर पड़ा। जब उसे चेत हुआ तो वह अपने बेटे की बांह पकड़कर उसे घसीटता हुआ पुराने मन्दिर के समीप ले गया और पूछने लगा-"तुम्हें इसके अन्दर से रोने की आवाज सुनाई देती है?"

वृन्दावन ने उत्तर दिया-"नहीं?"

वृद्ध ने कहा- "ध्यान से सुनो, कोई आवाज अन्दर से "बाबाजी! बाबा जी!" कहती सुनाई नहीं देती?"

वृन्दावन ने फिर कान लगाकर उत्तर दिया- "नहीं।"

इससे वृद्ध जगन्नाथ की चिन्ता किसी सीमा तक दूर हो गई, साथ ही उसके मस्तिष्क ने भी उसे जवाब दे दिया।

उस दिन के पश्चात् उसकी दशा यह थी कि गांव में आवारा फिरता और लोगों से पूछा करता- "तुम्हें किसी के रोने की आवाज तो नहीं सुनाई देती?"

लोग उसके पागलपन पर ठहाका लगाते।

इसके लगभग चार वर्ष पश्चात् जगन्नाथ मृत्यु-शैया पर पड़ा था। संसार का प्रकाश धीरे-धीरे उसके नेत्रों के सामने से दूर होता जा रहा था और सांस अधिक कष्ट से आने लगी थी। सहसा वह विक्षिप्त अवस्था में उठकर बैठ गया। उसने अपने दोनों हाथ ऊपर को उठा लिये और वायु में इस प्रकार चलाने लगा जैसे किसी वस्तु को टटोल रहा हो और कहने लगा-"मेरी सीढ़ी किसने उठा ली?"

उस भयानक बन्दी-गृह में से, जहां न देखने को प्रकाश और न सांस लेने के लिए वायु थी, बाहर निकलने के लिए सीढ़ी न पाकर वह फिर अपनी मृत्यु-शैया पर गिर पड़ा और जहां संसार की स्थायी आंख-मिचौनी के खेल में कोई छिपने वाला पाया नहीं गया

13

नई रोशनी

बाबू अनाथ बन्धु बी.ए. में पढ़ते थे। परन्तु कई वर्षों से निरन्तर फेल हो रहे थे। उनके सम्बन्धियों का विचार था कि वह इस वर्ष अवश्य उत्तीर्ण हो जाएंगे, पर इस वर्ष उन्होंने परीक्षा देना ही उचित न समझा।

इसी वर्ष बाबू अनाथ बन्धु का विवाह हुआ था। भगवान की कृपा से वधू सुन्दर सद्चरित्रा मिली थी। उसका नाम विन्ध्यवासिनी था। किन्तु अनाथ बाबू को इस हिंदुस्तानी नाम से घृणा थी। पत्नी को भी वह विशेषताओं और सुन्दरता में अपने योग्य न समझते थे।

परन्तु विन्ध्यवासिनी के हृदय में हर्ष की सीमा न थी। दूसरे पुरुषों की अपेक्षा वह अपने पति को सर्वोत्तम समझती थी। ऐसा मालूम होता था कि किसी धर्म में आस्था रखने वाले श्रद्धालु व्यक्ति की भांति वह अपने हृदय के सिंहासन पर स्वामी की मूर्ति सजाकर सर्वदा उसी की पूजा किया करती थी।

इधर अनाथ बन्धु की सुनिये! वह न जाने क्यों हर समय उससे रुष्ट रहते और तीखे-कड़वे शब्दों से उसके प्रेम-भरे मन को हर सम्भव ढंग पर जख्मी करते रहते। अपनी मित्र-मंडली में भी वह उस बेचारी को घृणा के साथ स्मरण करते।

जिन दिनों अनाथ बन्धु कॉलेज में पढ़ते थे उनका निवास ससुराल में ही था। परीक्षा का समय आया, किन्तु उन्होंने परीक्षा दिये बगैर ही कॉलेज छोड़ दिया। इस घटना पर अन्य व्यक्तियों की अपेक्षा विन्ध्यवासिनी को अधिक दुःख हुआ। रात के

समय उसने विनम्रता के साथ कहना आरम्भ किया-"प्राणनाथ! आपने पढ़ना क्यों छोड़ दिया? थोड़े दिनों का कष्ट सह लेना कोई कठिन बात न थी। पढ़ना-लिखना कोई बुरी बात तो नहीं है।"

पत्नी की इतनी बात सुनकर अनाथ बन्धु के मिजाज का पारा 120 डिग्री तक पहुंच गया। बिगड़कर कहने लगे- "पढ़ने-लिखने से क्या मनुष्य के चार हाथ-पांव हो जाते हैं? जो व्यक्ति पढ़-लिखकर अपना स्वास्थ्य खो बैठते हैं उनकी दशा अन्त में बहुत बुरी होती है।"

पति का उत्तर सुनकर विन्ध्यवासिनी ने इस प्रकार स्वयं को सांत्वना दी जो मनुष्य गधे या बैल की भांति कठिन परिश्रम करके किसी-न-किसी प्रकार सफल भी हो गये, परन्तु कुछ न बन सके तो फिर उनका सफल होना-न-होना बराबर है।

इसके दूसरे दिन पड़ोस में रहने वाली सहेली कमला विन्ध्यवासिनी को एक समाचार सुनाने आई। उसने कहा- "आज हमारे भाई बी.ए. की परीक्षा में उत्तीर्ण हो गये। उनको बहुत कठिन परिश्रम करना पड़ा, किन्तु भगवान की कृपा से परिश्रम सफल हुआ।"

कमला की बात सुनकर विन्ध्य ने समझा कि पति की हंसी उड़ाने को कह रही है। वह सहन कर गई और दबी आवाज से कहने लगी- "बहन, मनुष्य के लिए बी.ए. पास कर लेना कोई कठिन बात नहीं परन्तु बी.ए. पास कर लेने से होता क्या है? विदेशों में लोग बी.ए. और एम.ए. पास व्यक्तियों को घृणा की दृष्टि से देखते हैं।"

विन्ध्यवासिनी ने जो बातें कमला से कही थीं वे सब उसने अपने पति से सुनी थीं, नहीं तो उस बेचारी को विलायत का हाल क्या मालूम था। कमला आई तो थी हर्ष का समाचार सुनाने, किन्तु अपनी प्रिय सहेली के मुख से ऐसे शब्द सुनकर उसको बहुत दःरूख हुआ। परन्तु समझदार लड़की थी। उसने अपने हृदयगत भाव प्रकट न होने दिए। उल्टा विनम्र होकर बोली- "बहन, मेरा भाई तो विलायत गया ही नहीं और न मेरा विवाह ऐसे व्यक्ति से हुआ है जो विलायत होकर आया हो, इसलिए विलायत का हाल मुझे कैसे मालूम हो सकता है?"

इतना कहकर कमला अपने घर चली गई।

किन्तु कमला का विनम्र स्वर होते हुए भी ये बातें विन्ध्य को अत्यन्त कटु प्रतीत हुईं। वह उनका उत्तर तो क्या देती, हां एकान्त में बैठकर रोने लगी।

इसके कुछ दिनों पश्चात् एक अजीब घटना घटित हुई जो विशेषतः वर्णन करने योग्य है। कलकत्ता से एक धनवान व्यक्ति जो विन्ध्य के पिता राजकुमार के

मित्र थे, अपने कुटुम्ब-सहित आये और राजकुमार बाबू के घर अतिथि बनकर रहने लगे। चूंकि उनके साथ कई आदमी और नौकर-चाकर थे इसलिए जगह बनाने को राजकुमार बाबू ने अनाथ बन्धु वाला कमरा भी उनको सौंप दिया और अनाथ बन्धु के लिए एक और छोटा-सा कमरा साफ कर दिया। यह बात अनाथ बन्धु को बहुत बुरी लगी। तीव्र क्रोध की दशा में वह विन्ध्यवासिनी के पास गये और ससुराल की बुराई करने लगे, साथ-ही-साथ उस निरपराधिनी को दो-चार बातें सुनाईं। विन्ध्य बहुत व्याकुल और चिन्तित हुई किन्तु वह मूर्ख न थी। उसके लिए अपने पिता को दोषी ठहराना योग्य न था किन्तु पति को कह-सुनकर ठण्डा

किया। इसके बाद एक दिन अवसर पाकर उसने पति से कहा कि- "अब यहां रहना ठीक नहीं। आप मुझे अपने घर ले चलिये। इस स्थान पर रहने में सम्मान नहीं है।"

अनाथ बन्धु परले सिरे के घमण्डी व्यक्ति थे। उनमें दूरदर्शिता की भावना बहुत कम थी। अपने घर पर कष्ट से रहने की अपेक्षा उन्होंने ससुराल का अपमान सहना अच्छा समझा, इसलिए आना-कानी करने लगे। किन्तु विन्ध्यवासिनी ने न माना और कहने लगी- "यदि आप जाना नहीं चाहते तो मुझे अकेली भेज दीजिये। कम-से-कम मैं ऐसा अपमान सहन नहीं कर सकती।"

इस पर अनाथ बन्धु विवश हो घर जाने को तैयार हो गये।

चलते समय माता-पिता ने विन्ध्य से कुछ दिनों और रहने के लिए कहा किन्तु विन्ध्य ने कुछ उत्तर न दिया। यह देखकर माता-पिता के हृदय में शंका हुई। उन्होंने कहा- "बेटी विन्ध्य! यदि हमसे कोई ऐसी वैसी बात हुई हो तो उसे भुला देना।"

बेटी ने नम्रतापूर्वक पिता के मुंह की ओर देखा। फिर कहने लगी- "पिताजी! हम आपके ऋण से कभी उऋण नहीं हो सकते। हमारे दिन सुख से बीते और... ।"

कहते-कहते विन्ध्य का गला भर आया, आंखों से आंसू से बहने लगे। इसके पश्चात् उसने हाथ जोड़कर माता-पिता से विदा चाही और सबको रोता हुआ छोड़कर पति के साथ चल दी।

कलकत्ता के धनवान और ग्रामीण जमींदारों में बहुत बड़ा अन्तर है। जो व्यक्ति सर्वदा नगर में रहा हो उसे गांव में रहना अच्छा नहीं लगता। किन्तु विन्ध्य ने पहली बार नगर से बाहर कदम रखने पर भी किसी प्रकार का कष्ट प्रकट न किया बल्कि ससुराल में हर प्रकार से प्रसन्न रहने लगी। इतना ही नहीं, उसने अपनी

नारी-सुलभ-चतुरता से बहुत शीघ्र अपनी सास का मन मोह लिया। ग्रामीण स्त्रियां उसके गुणों को देखकर प्रसन्न होती थीं, परन्तु सब-कुछ होते हुए भी विन्ध्य प्रशन्न न थी। अनाथ बन्धु के तीन भाई और थे। दो छोटे एक बड़ा। बड़े भाई परदेश में पचास रुपये के नौकर थे। इससे अनाथ बन्धु के घर-बार का खर्च चलता था। छोटे भाई अभी स्कूल में पढ़ते थे।

बड़े भाई की पत्नी श्यामा को इस बात का घमण्ड था कि उसके पति की कमाई से सबको रोटी मिलती है, इसलिए वह घर के कामकाज को हाथ तक न लगाती थी।

इसके कुछ दिनों पश्चात् बड़े भाई छुट्टी लेकर घर आये। रात को श्यामा ने पति से भाई और भौजाई की शिकायत की। पहले तो पति ने उसकी बातों को हंसी में उड़ा दिया, परन्तु जब उसने कई बार कहा तो उन्होंने अनाथ बन्धु को बुलाया और कहने लगे-"भाई, पचास रुपये में हम सबका गृहस्थ नहीं चल सकता, अब तुमको भी नौकरी की चिन्ता करनी चाहिए।"

यह शब्द उन्होंने बड़े प्यार से कहे थे परन्तु अनाथ बन्धु बिगड़कर बोले- "भाई साहब! दो मुट्ठी-भर अन्न के लिए आप इतने रुष्ट होते हैं, नौकरी तलाश करना कोई बड़ी बात नहीं, किन्तु हमसे किसी की गुलामी नहीं हो सकती।" इतना कहकर वह भाई के पास से चले आये।

इन्हीं दिनों गांव के स्कूल में थर्ड मास्टर का स्थान खाली हुआ था। अनाथ बन्धु की पत्नी और उनके बड़े भाई ने उस स्थान पर उनसे काम करने के लिए बहुत कहा, किन्तु उन्होंने ऐसी तुच्छ नौकरी स्वीकार न की। अब तो अनाथ बन्धु को केवल विलायत जाने की धुन समाई हुई थी। एक दिन अपनी पत्नी से कहने लगे- "देखो, आजकल विलायत गये बिना मनुष्य का सम्मान नहीं होता और न अच्छी नौकरी मिल सकती है। इसलिए हमारा विलायत जाना आवश्यक है। तुम अपने पिता से कहकर कुछ रुपया मंगा दो तो हम चले जाएं।"

विलायत जाने की बात सुनकर विन्ध्य को बहुत दुःख हुआ, पिता के घर से रुपया मंगाने की बात से बेचारी की जान ही निकल गई।

दुर्गा-पूजा के दिन समीप आये तो विन्ध्य के पिता ने बेटी और दामाद को बुलाने के लिए आदमी भेजा। विन्ध्य खुशी-खुशी मैके आई। मां ने बेटी और दामाद को रहने के लिए अपना कमरा दे दिया। दुर्गा-पूजा की रात को यह सोचकर कि पति न जाने कब वापस आएं, विन्ध्य प्रतीक्षा करते-करते सो गई।

सुबह उठी तो उसने अनाथ बन्धु को कमरे में न पाया। उठकर देखा तो मां का लोहे का सन्दूक खुला पड़ा था, सारी चीजें इधर-उधर बिखरी पड़ी थीं और पिता का छोटा कैश-बाक्स जो उसके अन्दर रखा था, गायब था।

विन्ध्य का हृदय धड़कने लगा। उसने सोचा कि जिस बदमाश ने चोरी की है उसी के हाथों पति को भी हानि पहुंची है।

परन्तु थोड़ी देर बार उसकी दृष्टि एक कागज के टुकड़े पर जा पड़ी। वह उठाने लगी तो देखा कि पास ही कुंजियों का एक गुच्छा पड़ा है। पत्र पढ़ने से मालूम हुआ कि उसका पति आज ही प्रातः जहाज पर सवार होकर विलायत चला गया है।

पत्र पढ़ते ही विन्ध्य की आंखों के सामने अन्धेरा छा गया।

वह दुःख के आघात से जमीन पर बैठ गई और आंचल से मुंह ढांपकर रोने लगी।

आज सारे बंगाल में खुशियां मनाई जा रही थीं किन्तु विन्ध्य के कमरे का दरवाजा अब तक बन्द था। इसका कारण जानने के लिए विन्ध्य की सहेली कमला ने दरवाजा खटखटाना आरम्भ किया, किन्तु अन्दर से कोई उत्तर न मिला तो वह दौड़कर विन्ध्य की मां को बुला लाई। मां ने बाहर खड़ी होकर आवाज दी- "विन्ध्य! अन्दर क्या कर रही है? दरवाजा तो खोल बेटी!"

मां की आवाज पहचानकर विन्ध्य ने झट आंसुओं को पोंछ डाला और कहा-"माताजी! पिताजी को बुला लो।"

इससे मां बहुत घबराई, अतः उसने तुरन्त पति को बुलवाया। राजकुमार बाबू के आने पर विन्ध्य ने दरवाजा खोल दिया और माता-पिता को अन्दर बुलाकर फिर दरवाजा बंद कर लिया।

राजकुमार ने घबराकर पूछा- "विन्ध्य, क्या बात है? तू रो क्यों रही है?"

यह सुनते ही विन्ध्य पिता के चरणों में गिर पड़ी और कहने लगी- "पिताजी! मेरी दशा पर दया करो। मैंने आपका रुपया चुराया है।"

राजकुमार आश्चर्य-चकित रह गये। उसी हालत में विन्ध्य ने फिर हाथ जोड़कर कहा-"पिताजी, इस अभागिन का अपराध क्षमा कीजिए। स्वामी को विलायत भेजने के लिए मैंने यह नीच कर्म किया है।

अब राजकुमार को बहुत क्रोध आया। डांटकर बोला- "दुष्ट लड़की, यदि तुझको रुपये की आवश्यकता थी तो हमसे क्यों न कहा?"

विन्ध्य ने डरते-डरते उत्तर दिया-"पिताजी! आप उनको विलायत जाने के लिए रुपया न देते।"

ध्यान देने योग्य बात है कि जिस विन्ध्य ने कभी माता-पिता से रुपये पैसे के लिए विनती तक न की थी आज वह पति के पाप को छिपाने के लिए चोरी का इल्जाम अपने ऊपर ले रही है।

विन्ध्यवासिनी पर चारों ओर से घृणा की बौछारें होने लगीं। बेचारी सब-कुछ सुनती रही, किन्तु मौन थी।

तीव्र क्रोधावेश की दशा में राजकुमार ने बेटी को ससुराल भेज दिया।

इसके बाद समय बीतता गया, किन्तु अनाथ बंधु ने विन्ध्य को कोई पत्र न लिखा और न अपनी मां की ही कोई सुधबुध ली। पर जब आखिरकार सब रुपये, जो उनके पास थे खर्च हो गये तो बहुत ही घबराये और विन्ध्य के पास एक तार भेजकर तकाजा किया। विन्ध्य ने तार पाते ही अपने बहुमूल्य आभूषण बेच डाले और उनसे जो मिला वह अनाथ बाबू को भेज दिया। अब क्या था? जब कभी रुपयों की आवश्यकता होती वह झट विन्ध्य को लिख देते और विन्ध्य से जिस तरह बन पड़ता, अपने रहे-सहे आभूषण बेचकर उनकी आवश्यकताओं को पूरा करती रहती। यहां तक कि बेचारी गरीब के पास कांच की दो चूड़ियों के सिवाय कुछ भी शेष न रहा।

अब अभागी विन्ध्य के लिए संसार में कोई सुख शेष न रहा था। सम्भव था वह किसी दिन दुखी हालत में आत्महत्या कर लेती। किन्तु वह सोचती कि मैं स्वतंत्र नहीं, अनाथ बन्धु मेरे स्वामी हैं। इसलिए कष्ट सहते हुए भी वह जीवन के दुःख उठाने पर विवश थी। अनाथ बन्धु के लिए वह जीवित रहकर अपना कर्तव्य पूरा कर रही थी किन्तु अब चूंकि उसके लिए विरह का दुःख सहना कठिन हो गया था इसलिए विवश होकर उसने पति के नाम वापस आने के लिए पत्र लिखा।

इसके थोड़े दिनों बाद अनाथ बन्धु बैरिस्टरी पास करके साहब बहादुर बने हुए वापस लौट आये परन्तु देहात में बैरिस्टर साहब का निर्वाह होना कठिन था इसलिए पास ही एक कस्बे में होटल का आश्रय लेना पड़ा। विलायत में रहकर अनाथ बन्धु के रहन-सहन में बहुत अन्तर आ गया था। वह ग्रामीणों से घृणा करते थे। उनके खान-पान और रहन-सहन के तरीकों से यह भी मालूम न होता था कि वह अंग्रेज हैं या हिंदुस्तानी।

विन्ध्य यह सुनकर बहुत प्रसन्न हुई कि स्वामी बैरिस्टर होकर आये हैं, किंतु मां उसकी बिगड़ी हुई आदतों को देखकर बहुत व्याकुल हुई। अंत में उसने भी यह सोचकर दिल को समझा लिया कि आजकल का जमाना ही ऐसा है, इसमें अनाथ बन्धु का क्या दोष?

इसके कुछ समय पश्चात् एक बहुत ही दर्द से भरी घटना घटित हुई। बाबू राजकुमार अपने कुटुम्ब-सहित नाव पर सवार होकर कहीं जा रहे थे कि सहसा नौका जहाज से टकराकर गंगा में डूब गई। राजकुमार तो किसी प्रकार बच गये किन्तु उनकी पत्नी और पुत्र का कहीं पता न लगा।

अब उनके कुटुम्ब में विन्ध्य के सिवाय कोई दूसरा शेष न रहा था। इस दुर्घटना के पश्चात् एक दिन राजकुमार बाबू विकल अवस्था में अनाथ बन्धु से मिलने आये। दोनों में कुछ देर तक बातचीत होती रही, अन्त में राजकुमार ने कहा- "जो कुछ होना था सो तो हुआ, अब प्रायश्चित करके अपनी जाति में सम्मिलित हो जाना चाहिए। क्योंकि तुम्हारे सिवाय अब दुनिया में हमारा कोई नहीं, बेटा या दामाद जो कुछ भी हो, अब तुम हो।"

अनाथ बन्धु ने प्रायश्चित करना स्वीकार कर लिया। पंडितों से सलाह ली गई तो उन्होंने कहा- "यदि इन्होंने विलायत में रहकर मांस नहीं खाया है तो इनकी शुद्धि वेद-मन्त्रों द्वारा की जा सकती है।"

यह समाचार सुनकर विन्ध्य हर्ष से फूली न समाई और अपना सारा दुःख भूल गई। आखिर एक दिन प्रायश्चित की रस्म अदा करने के लिए निश्चित किया गया।

बड़े आनन्द का समय था, चहुंओर वेद-मन्त्रों की गूंज सुनाई देती थी। प्रायश्चित के पश्चात् ब्राह्मणों को भोजन कराया गया और इसके परिणामस्वरूप बाबू अनाथ बन्धु नए सिरे से बिरादरी में सम्मिलित कर लिये गये।

परन्तु ठीक उसी समय राजकुमार बाबू ब्राह्मणों को दक्षिणा दे रहे थे, एक नौकर ने कार्ड लिये हुए घर में प्रवेश किया और राजकुमार से कहने लगा- "बाबू जी! एक मेम आई हैं।"

मेम का नाम सुनते ही राजकुमार बाबू चकराए, कार्ड पढ़ा। उस पर लिखा था- "मिसेज अनाथ बन्धु सरकार।"

इससे पहले कि राजकुमार बाबू हां या न में कुछ उत्तर देते एक गोरे रंग की यूरोपियन युवती खट-खट करती अन्दर आ उपस्थित हुई।

पंडितों ने उसको देखा, तो दक्षिणा लेनी भूल गये। घबराकर जिधर जिसके सींग समाये निकल गये। इधर मेम साहिबा ने जब अनाथ बन्धु को न देखा तो बहुत विकल हुई और उनका नाम ले-लेकर आवाजें देने लगी।

इतने में अनाथ बन्धु कमरे से बाहर निकले। उन्हें देखते ही मेम साहिबा 'माई डीयर' कहकर झट उनसे लिपट गई।

यह दशा देखकर घर के पुरोहित भी अपना बोरिया-बंधना संभाल कर विदा हो गये। उन्होंने पीछे मुड़कर भी न देखा।

14

पत्नी का पत्र

आज हमारे विवाह को पंद्रह वर्ष हो गए, लेकिन अभी तक मैंने कभी तुमको चिट्ठी न लिखी। सदा तुम्हारे पास ही बनी रही - न जाने कितनी बातें कहती सुनती रही, पर चिट्ठी लिखने लायक दूरी कभी नहीं मिली। आज मैं श्रीक्षेत्र में तीर्थ करने आई हूँ, तुम अपने ऑफिस के काम में लगे हुए हो। कलकत्ता के साथ तुम्हारा वही संबंध है जो घोंघे के साथ शंख का होता है। वह तुम्हारे तन-मन से चिपक गया है। इसलिए तुमने ऑफिस में छुट्टी की दरख्वास्त नहीं दी। विधाता की यही इच्छा थी, उन्होंने मेरी छुट्टी की दरख्वास्त मंजूर कर ली। तुम्हारे घर की मझली बहू हूँ। पर आज पंद्रह वर्ष बाद इस समुद्र के किनारे खड़े होकर मैं जान पाई हूँ कि अपने जगत और जगदीश्वर के साथ मेरा एक संबंध और भी है। इसीलिए आज साहस करके यह चिट्ठी लिख रही हूँ, इसे तुम अपने घर की मझली बहू की ही चिट्ठी मत समझना!

तुम लोगों के साथ मेरे संबंध की बात जिन्होंने मेरे भाग्य में लिखी थी उन्हें छोड़कर जब इस संभावना का और किसी को पता न था, उसी शैशवकाल में मैं और मेरा भाई एक साथ ही सन्निपात के ज्वर से पीड़ित हुए थे। भाई तो मारा गया, पर मैं बची रही। मोहल्ले की औरतें कहने लगीं, "मृणाल लड़की है न, इसीलिए बच गई। लड़का होती तो क्या भला बच सकती थी।" चोरी की कला में यमराज निपुण हैं, उनकी नजर कीमती चीज पर ही पड़ती है। मेरे भाग्य में मौत नहीं है। यही बात अच्छी तरह से समझाने के लिए मैं यह चिट्ठी लिखने बैठी हूँ।

एक दिन जब दूर के रिश्ते में तुम्हारे मामा तुम्हारे मित्र नीरद को साथ लेकर कन्या देखने आए थे तब मेरी आयु बारह वर्ष की थी। दुर्गम गाँव में मेरा घर था, जहाँ दिन में भी सियार बोलते रहते। स्टेशन से सात कोस तक छकड़ा गाड़ी में चलने के बाद बाकी तीन मील का कच्चा रास्ता पालकी में बैठकर पार करने के बाद हमारे गाँव में पहुँचा जा सकता था। उस दिन तुम लोगों को कितनी हैरानी हुई। जिस पर हमारे पूर्वी बंगाल का भोजन - मामा उस भोजन की हँसी उड़ाना आज भी नहीं भूलते।

तुम्हारी माँ की एक ही जिद थी कि बड़ी बहू के रूप की कमी को मझली बहू के द्वारा पूरी करें। नहीं तो भला इतना कष्ट करके तुम लोग हमारे गाँव क्यों आते। पीलिया, यकृत, उदरशूल और दुल्हन के लिए बंगाल प्रांत में खोज नहीं करनी पड़ती। वे स्वयं ही आकर घेर लेते हैं, छुड़ाये नहीं छूटते। पिता की छाती धक्-धक् करने लगी। माँ दुर्गा का नाम जपने लगी। शहर के देवता को गाँव का पुजारी क्या देकर संतुष्ट करे। बेटी के रूप का भरोसा था, लेकिन स्वयं बेटी में उस रूप का कोई मूल्य नहीं होता, देखने आया हुआ व्यक्ति उसका जो मूल्य दे, वही उसका मूल्य होता है। इसीलिए तो हजार रूप-गुण होने पर भी लड़कियों का संकोच किसी भी तरह दूर नहीं होता।

सारे घर का, यही नहीं, सारे मोहल्ले का यह आंतक मेरी छाती पर पत्थर की तरह जमकर बैठ गया। आकाश का सारा उजाला और संसार की समस्त शक्ति उस दिन मानो इस बारह-वर्षीय ग्रामीण लड़की को दो परीक्षकों की दो जोड़ी आँखों के सामने कसकर पकड़ रखने के लिए चपरासीगीरी कर रही थी- मुझे कहीं छिपने की जगह न मिली।

अपने करुण स्वर में संपूर्ण आकाश को कँपाती हुई शहनाई बज उठी। मैं तुम लोगों के यहाँ आ पहुँची। मेरे सारे ऐबों का ब्यौरेवार हिसाब लगाकर गृहिणियों को यह स्वीकार करना पड़ा कि सब-कुछ होते हुए भी मैं सुंदरी जरूर हूँ। यह बात सुनते ही मेरी बड़ी जेठानी का चेहरा भारी हो गया। लेकिन सोचती हूँ, मुझे रूप की जरूरत ही क्या थी। रूप नामक वस्तु को अगर किसी त्रिपुंडी पंडित ने गंगा मिट्टी से गढ़ा हो तो उसका आदर हो, लेकिन उसे तो विधाता ने केवल अपने आनंद से निर्मित किया है। इसलिए तुम्हारे धर्म के संसार में उसका कोई मूल्य नहीं। मैं रूपवती हूँ, इस बात को भूलने में तुम्हें बहुत दिन नहीं लगे। लेकिन मुझमें बुद्धि भी है, यह बात तुम लोगों को पग-पग पर याद करनी पड़ी। मेरी यह बुद्धि इतनी प्रकृत है कि तुम लोगों की घर-गृहस्थी में इतना समय काट देने पर भी वह आज भी टिकी हुई

है। मेरी इस बुद्धि से माँ बड़ी चिंतित रहती थीं। नारी के लिए यह तो एक बला ही है। बाधाओं को मानकर चलना जिसका काम है वह यदि बुद्धि को मानकर चलना चाहे तो ठोकर खा-खाकर उसका सिर फूटेगा ही। लेकिन तुम्हीं बताओ, मैं क्या करूँ। तुम लोगों के घर की बहू को जितनी बुद्धि की जरूरत है विधाता ने लापरवाही में मुझे उससे बहुत ज्यादा बुद्धि दे डाली है, अब मैं उसे लौटाऊँ भी तो किसको। तुम लोग मुझे पुरखिन कहकर दिन-रात गाली देते रहे। अक्षम्य को कड़ी बात कहने से ही सांत्वना मिलती है, इसीलिए मैंने उसको क्षमा कर दिया।

मेरी एक बात तुम्हारी घर-गृहस्थी से बाहर थी जिसे तुममें से कोई नहीं जानता। मैं तुम सबसे छिपाकर कविता लिखा करती थी। वह भले ही कूड़ा-कर्कट क्यों न हो, उस पर तुम्हारे अंतः पुर की दीवार न उठ सकी। वहीं मुझे मृत्यु मिलती थी, वहीं पर मैं रो पाती थी। मेरे भीतर तुम लोगों की मझली बहू के अतिरिक्त जो कुछ था, उसे तुम लोगों ने कभी पसंद नहीं किया। क्योंकि उसे तुम लोग पहचान भी न पाए। मैं कवि हूँ, यह बात पंद्रह वर्ष में भी तुम लोगों की पकड़ में नहीं आई।

तुम लोगों के घर की प्रथम स्मृतियों में मेरे मन में जो सबसे ज्यादा जगती रहती है वह है तुम लोगों की गोशाला। अंतःपुर को जाने वाले जीने की बगल के कोठे में तुम लोगों की गौएँ रहती हैं, सामने के आँगन को छोड़कर उनके हिलने-डुलने के लिए और कोई जगह न थी। आँगन के कोने में गायों को भूसा देने के लिए काठ की नाँद थी, सवेरे नौकर को तरह-तरह के काम रहते इसलिए भूखी गाएँ नाँद के किनारों को चाट-चाटकर चबा-चबाकर खुरच देतीं। मेरा मन रोने लगता। मैं गँवई-गाँव की बेटी जिस दिन पहली बार तुम्हारे घर में आई उस दिन उस बड़े शहर के बीच मुझे वे दो गाएँ और तीन बछड़े चिर परिचित आत्मीय - जैसे जान पड़े। जितने दिन मैं रही, बहू रही, खुद न खाकर छिपा-छिपाकर मैं उन्हें खिलाती रही, जब बड़ी हुई तब गौओं के प्रति मेरी प्रत्यक्ष ममता देखकर मेरे साथ हँसी-मजाक का संबंध रखने वाले लोग मेरे गोत्र के बारे में संदेह प्रकट करते रहे।

मेरी बेटी जनमते ही मर गई। जाते समय उसने साथ चलने के लिए मुझे भी पुकारा था। अगर वह बची रहती तो मेरे जीवन में जो-कुछ महान है, जो कुछ सत्य है, वह सब मुझे ला देती, तब मैं मझली बहू से एकदम माँ बन जाती। गृहस्थी में बँधी रहने पर भी माँ विश्व-भर की माँ होती है। पर मुझे माँ होने की वेदना ही मिली, मातृत्व की मुक्ति प्राप्त नहीं हुई।

मुझे याद है, अंग्रेज डॉक्टर को हमारे घर का भीतरी भाग देखकर बड़ा आश्चर्य हुआ था, और जच्चा घर देखकर नाराज होकर उसने डाँट-फटकार भी लगाई थी। सदर में तो तुम लोगों का छोटा-सा बाग है। कमरे में भी साज-शृंगार की कोई कमी नहीं, पर भीतर का भाग मानो पश्मीने के काम की उल्टी परत हो। वहाँ न कोई लज्जा है, न सौंदर्य, न शृंगार। उजाला वहाँ टिमटिमाता रहता है। हवा चोर की भाँति प्रवेश करती है, आँगन का कूड़ा-कर्कट हटने का नाम नहीं लेता। फर्श और दीवार पर कालिमा अक्षय बनकर विराजती है। लेकिन डॉक्टर ने एक भूल की थी। उसने सोचा था कि शायद इससे हमको रात-दिन दुख होता होगा। बात बिल्कुल उल्टी है। अनादर नाम की चीज राख की तरह होती है। वह शायद भीतर-ही-भीतर आग को बनाए रहती है लेकिन ऊपर से उसके ताप को प्रकट नहीं होने देती। जब आत्म-सम्मान घट जाता है तब अनादर में अन्याय भी नहीं दिखाई देता। इसीलिए उसकी पीड़ा नहीं होती। यही कारण है कि नारी दुख का अनुभव करने में ही लज्जा पाती है। इसीलिए मैं कहती हूँ, अगर तुम लोगों की व्यवस्था यही है कि नारी को दुख पाना ही होगा तो फिर जहाँ तक संभव हो उसे अनादर में रखना ही ठीक है। आदर से दुख की व्यथा और बढ़ जाती है।

तुम मुझे चाहे जैसे रखते रहे, मुझे दुख है यह बात कभी मेरे खयाल में भी न आई। जच्चा घर में जब सिर पर मौत मँडराने लगी थी, तब भी मुझे कोई डर नहीं लगा। हमारा जीवन ही क्या है कि मौत से डरना पड़े? जिनके प्राणों को आदर और यत्न से कसकर बाँध लिया गया हो, मरने में उन्हीं को कष्ट होता है। उस दिन अगर यमराज मुझे घसीटने लगते तो मैं उसी तरह उखड़ आती जिस तरह पोली जमीन से घास बड़ी आसानी से जड़-समेत खिंच आती है। बंगाल की बेटी तो बात-बात में मरना चाहती है। लेकिन इस तरह मरने में कौन-सी बहादुरी है। हम लोगों के लिए मरना इतना आसान है कि मरते लज्जा आती है।

मेरी बेटी संध्या-तारा की तरह क्षण-भर के लिए उदित होकर अस्त हो गई। मैं फिर से अपने दैनिक कामों में और गाय-बछड़ों में लग गई। इसी तरह मेरा जीवन आखिर तक जैसे-तैसे कट जाता, आज तुम्हें यह चिट्ठी लिखने की जरूरत न पड़ती, लेकिन, कभी-कभी हवा एक मामूली-सा बीज उड़ाकर ले जाती है और पक्के दालान में पीपल का अंकुर फूट उठता है, और होते-होते उसी से लकड़ी-पत्थर की छाती विदीर्ण होने लग जाती है। मेरी गृहस्थी की पक्की व्यवस्था में भी जीवन का एक छोटा-सा कण न जाने कहाँ से उड़कर आ पड़ा, तभी से दरार शुरू हो गई।

जब विधवा माँ की मृत्यु के बाद मेरी बड़ी जेठानी की बहन बिंदु ने अपने चचेरे भइयों के अत्याचार के मारे एक दिन हमारे घर में अपनी दीदी के पास आश्रय लिया था, तब तुम लोगों ने सोचा था, यह कहाँ की बला आ गई। आग लगे मेरे स्वभाव को, करती भी क्या। देखा, तुम लोग सब मन-ही-मन खीज उठे हो, इसीलिए उस निराश्रिता लड़की को घेरकर मेरा संपूर्ण मन एकाएक जैसे कमर बाँधकर खड़ा हो गया हो। पराए घर में, पराए लोगों की अनिच्छा होते हुए भी आश्रय लेना - कितना बड़ा अपमान है यह। यह अपमान भी जिसे विवश होकर स्वीकार करना पड़ा हो उसे क्या धक्का देकर एक कोने में डाल दिया जाता है?

बाद में मैंने अपनी बड़ी जेठानी की दशा देखी। उन्होंने अपनी गहरी संवेदना के कारण ही बहन को अपने पास बुलाया था, लेकिन जब उन्होंने देखा कि इसमें पति की इच्छा नहीं है, तो उन्होंने ऐसा भाव दिखाना शुरू किया मानो उन पर कोई बड़ी बला आ पड़ी हो, मानो अगर वह किसी तरह दूर हो सके तो जान बचे। उन्हें इतना साहस न हुआ कि वे अपनी अनाथ बहन के प्रति खुले मन से स्नेह प्रकट कर सकें। वे पतिव्रता थीं।

उनका यह संकट देखकर मेरा मन और भी दुखी हो उठा। मैंने देखा, बड़ी जेठानी ने खासतौर से सबको दिखा-दिखाकर बिंदु के खाने-पहनने की ऐसी रद्दी व्यवस्था की और उसे घर में इस तरह नौकरानियों के-से काम सौंप दिए कि मुझे दुख ही नहीं, लज्जा भी हुई। मैं सबके सामने इस बात को प्रमाणित करने में लगी रहती थी कि हमारी गृहस्थी को बिंदु बहुत सस्ते दामों में मिल गई है। ढेरों काम करती है फिर भी खर्च की दृष्टि से बेहद सस्ती है।

मेरी बड़ी जेठानी के पितृ-वंश में कुल के अलावा और कोई बड़ी चीज न थी, न रूप था, न धन। किस तरह मेरे ससुर के पैरों पड़ने पर तुम लोगों के घर में उनका ब्याह हुआ था, यह बात तुम अच्छी तरह जानते हो। वे सदा यही सोचती रहीं कि उनका विवाह तुम्हारे वंश के प्रति बड़ा भारी अपराध था। इसीलिए वे सब बातों में अपने-आपको भरसक दूर रखकर, अपने को छोटा मानकर तुम्हारे घर में बहुत ही थोड़ी जगह में सिमटकर रहती थीं।

लेकिन उनके इस प्रशंसनीय उदाहरण से हम लोगों को बड़ी कठिनाई होती रही। मैं अपने-आपको हर तरफ से इतना बेहद छोटा नहीं बना पाती, मैं जिस बात को अच्छा समझती हूँ उसे किसी और की खातिर बुरा समझने को मैं उचित नहीं मानती - इस बात के तुम्हें भी बहुत-से प्रमाण मिल चुके हैं। बिंदु को मैं अपने कमरे में घसीट लाई। जीजी कहने लगीं, "मझली बहू गरीब घर की बेटी का दिमाग खराब

कर डालेगी।" वे सबसे मेरी इस ढंग से शिकायत करती फिरती थीं मानो मैंने कोई भारी आफत ढा दी हो। लेकिन मैं अच्छी तरह जानती हूँ, वे मन-ही-मन सोचती थीं कि जान बची। अब अपराध का बोझ मेरे सिर पर पड़ने लगा। वे अपनी बहन के प्रति खुद जो स्नेह नहीं दिखा पाती थीं वही मेरे द्वारा प्रकट करके उनका मन हल्का हो जाता। मेरी बड़ी जेठानी बिंदु की उम्र में से दो-एक अंक कम कर देने की चेष्टा किया करती थीं, लेकिन अगर अकेले में उनसे यह कहा जाता कि उसकी अवस्था चौदह से कम नहीं थी, तो ज्यादती न होती। तुम्हें तो मालूम है, देखने में वह इतनी कुरूप थी कि अगर वह फर्श पर गिरकर अपना सिर फोड़ लेती तो भी लोगों को घर के फर्श की ही चिंता होती। यही कारण है कि माता-पिता के न होने पर ऐसा कोई न था जो उसके विवाह की सोचता, और ऐसे लोग भी भला कितने थे जिनके प्राणों में इतना बल हो कि उससे ब्याह कर सकें।

बिंदु बहुत डरती-डरती मेरे पास आई। मानो अगर मेरी देह उससे छू जाएगी तो मैं सह नहीं पाऊँगी। मानो संसार में उसको जन्म लेने का कोई अधिकार ही न था। इसीलिए वह हमेशा अलग हटकर आँख बचाकर चलती। उसके पिता के यहाँ उसके चचेरे भाई उसके लिए ऐसा एक भी कोना नहीं छोड़ना चाहते थे जिसमें वह फालतू चीज की तरह पड़ी रह सके। फालतू कूड़े को घर के आस-पास अनायास ही स्थान मिल जाता है क्योंकि मनुष्य उसको भूल जाता है, लेकिन अनावश्यक लड़की एक तो अनावश्यक होती है, दूसरे, उसको भूलना भी कठिन होता है। इसलिए उसके लिए घूरे पर भी जगह नहीं होती। फिर भी यह कैसे कहा जा सकता है कि उसके चचेरे भाई ही संसार में परमावश्यक पदार्थ थे। जो हो, वे लोग थे खूब। यही कारण है कि जब मैं बिंदु को अपने कमरे में बुला लाई तो उसकी छाती धक्-धक् करने लग गई। उसका डर देखकर मुझे बड़ा दुख हुआ। मेरे कमरे में उसके लिए थोड़ी-सी जगह है, यह बात मैंने बड़े प्यार से उसे समझाई।

लेकिन मेरा कमरा एक मेरा ही कमरा तो था नहीं। इसलिए मेरा काम आसान नहीं हुआ। मेरे पास दो-चार दिन रहने पर ही उसके शरीर में न जाने लाल-लाल क्या निकल आया। शायद अम्हौरी रही होगी या ऐसा ही कुछ होगा, तुमने कहा शीतला। क्यों न हो, वह बिंदु थी न। तुम्हारे मोहल्ले के एक अनाड़ी डॉक्टर ने आकर बताया, दो-एक दिन और देखे बिना ठीक से कुछ नहीं कहा जा सकता। लेकिन दो-एक दिन तक धीरज किसको होता। बिंदु तो अपनी बीमारी की लज्जा से ही मरी जा रही थी। मैंने कहा, शीतला है तो हो, मैं उसे अपने जच्चा-घर में लिवा ले जाऊँगी, और किसी को कुछ करने की जरूरत नहीं। इस बात पर जब तुम सब लोग मेरे

ऊपर भड़ककर क्रोध की मूर्ति बन गए। यही नहीं, जब बिंदु की जीजी भी बड़ी परेशानी दिखाती हुई उस अभागी लड़की को अस्पताल भेजने का प्रस्ताव करने लगीं, तभी उसके शरीर के वे सारे लाल-लाल दाग एकदम विलीन हो गए। मैंने देखा कि इस बात से तुम लोग और भी व्यग्र हो उठे। कहने लगे, अब तो वाकई शीतला बैठ गई है। क्यों न हो, वह बिंदु थी न।

अनादर के पालन-पोषण में एक बड़ा गुण है। शरीर को वह एकदम अजर-अमर कर देता है। बीमारी आने का नाम नहीं लेती, मरने के सारे आम रास्ते बिल्कुल बंद हो जाते हैं। इसीलिए रोग उसके साथ मजाक करके चला गया, हुआ कुछ नहीं। लेकिन यह बात अच्छी तरह स्पष्ट हो गई कि संसार में ज्यादा साधनहीन व्यक्ति को आश्रय देना ही सबसे कठिन है। आश्रय की आवश्यकता उसको जितनी अधिक होती है आश्रय की बाधाएँ भी उसके लिए उतनी ही विषम होती हैं। बिंदु के मन से जब मेरा डर जाता रहा तब उसको एक और कुग्रह ने पकड़ लिया। वह मुझे इतना प्यार करने लगी कि मुझे डर होने लगा। स्नेह की ऐसी मूर्ति तो संसार में पहले कभी देखी ही न थी। पुस्तकों में पढ़ा अवश्य था, पर वह भी स्त्री-पुरुष के बीच ही। बहुत दिनों से ऐसी कोई घटना नहीं हुई थी कि मुझे अपने रूप की बात याद आती। अब इतने दिनों बाद यह कुरूप लड़की मेरे उसी रूप के पीछे पड़ गई। रात-दिन मेरा मुँह देखते रहने पर भी उसकी आँखों की प्यास नहीं बुझती थी। कहती, जीजी तुम्हारा यह मुँह मेरे अलावा और कोई नहीं देख पाता। जिस दिन मैं स्वयं ही अपने केश बाँध लेती उस दिन वह बहुत रूठ जाती। अपने हाथों से मेरे केश-भार को हिलाने-डुलाने में उसे बड़ा आनंद आता। कभी कहीं दावत में जाने के अतिरिक्त और कभी तो मुझे साज-शृंगार की आवश्यकता पड़ती ही न थी, लेकिन बिंदु मुझे तंग कर-करके थोड़ा-बहुत सजाती रहती। वह लड़की मुझे लेकर बिल्कुल पागल हो गई थी।

तुम्हारे घर के भीतरी हिस्से में कहीं रत्ती-भर भी मिट्टी न थी। उत्तर की ओर की दीवार में नाली के किनारे न जाने कैसे एक गाब का पौधा निकला। जिस दिन देखती कि उस गाब के पौधे में नई लाल-लाल कोंपलें निकल आई हैं, उसी दिन जान पड़ता कि धरती पर वसंत आ गया है, और जिस दिन मेरी घर-गृहस्थी में जुटी हुई इस अनादृत लड़की के मन का ओर-छोर किसी तरह रंग उठा उस दिन मैंने जाना कि हृदय के जगत में भी वसंत की हवा बहती है। वह किसी स्वर्ग से आती है, गली के मोड़ से नहीं।

बिंदु के स्नेह के दुःसह वेग ने मुझे अधीर कर डाला था। मैं मानती हूँ कि मुझे कभी-कभी उस पर क्रोध आ जाता, लेकिन उस स्नेह में मैंने अपना एक ऐसा रूप देखा जो जीवन में मैं पहले कभी नहीं देख पाई थी। वही मेरा मुख्य स्वरूप है।

इधर मैं बिंदु-जैसी लड़की को जो इतना लाड़-प्यार करती थी यह बात तुम लोगों को बड़ी ज्यादती लगी। इसे लेकर बराबर खटपट होने लगी। जिस दिन मेरे कमरे से बाजूबंद चोरी हुआ उस दिन इस बात का आभास देते हुए तुम लोगों को तनिक भी लज्जा न आई कि इस चोरी में किसी-न-किसी रूप में बिंदु का हाथ है। जब स्वदेशी आंदोलनों में लोगों के घर की तलाशियाँ होने लगीं तब तुम लोग अनायास ही यह संदेह कर बैठे कि बिंदु पुलिस द्वारा रखी गई स्त्री-गुप्तचर है। इसका और तो कोई प्रमाण न था, प्रमाण बस इतना ही था कि वह बिंदु थी। तुम लोगों के घर की दासियाँ उनका कोई भी काम करने से इनकार कर देती थीं - उनमें से किसी से अपने काम के लिए कहने में वह लड़की भी संकोच के मारे जड़वत हो जाती थी। इन्हीं सब कारणों से उसके लिए मेरा खर्च बढ़ गया। मैंने खास तौर से अलग से एक दासी रख ली। यह बात तुम लोगों को अच्छी नहीं लगी। बिंदु को पहनने के लिए मैं जो कपड़े देती थी, उन्हें देखकर तुम इतने क्रुद्ध हुए कि तुमने मेरे हाथ-खर्च के रुपये ही बंद कर दिए। दूसरे ही दिन से मैंने सवा रुपये जोड़े की मोटी कोरी मिल की धोती पहनना शुरू कर दिया। और जब मोती की माँ मेरी जूठी थाली उठाने के लिए आई तो मैंने उसको मना कर दिया। मैंने खुद जूठा भात बछड़े को खिलाने के बाद आंगन के नल पर जाकर बर्तन मल लिए। एक दिन एकाएक इस दृश्य को देखकर तुम प्रसन्न न हो सके। मेरी खुशी के बिना तो काम चल सकता है, पर तुम लोगों की खुशी के बिना नहीं चल सकता - यह बात आज तक मेरी समझ में नहीं आई। उधर ज्यों-ज्यों तुम लोगों का क्रोध बढ़ता जा रहा था त्यों-त्यों बिंदु की आयु भी बढ़ती जा रही थी। इस स्वाभाविक बात पर तुम लोग अस्वाभाविक ढंग से परेशान हो उठे थे।

एक बात याद करके मुझे आश्चर्य होता रहा है कि तुम लोगों ने बिंदु को जबर्दस्ती अपने घर से विदा क्यों नहीं कर दिया? मैं अच्छी तरह समझती हूँ कि तुम लोग मन-ही-मन मुझसे डरते थे। विधाता ने मुझे बुद्धि दी है, भीतर-ही-भीतर इस बात की खातिर किए बिना तुम लोगों को चैन नहीं पड़ता था। अंत में अपनी शक्ति से बिंदु को विदा करने में असमर्थ होकर तुम लोगों ने प्रजापति देवता की शरण ली। बिंदु का वर ठीक हुआ। बड़ी जेठानी बोली, जान बची। माँ काली ने अपने वंश की लाज रख ली। वर कैसा था, मैं नहीं जानती। तुम लोगों से सुना था कि सब बातों

में अच्छा है। बिंदु मेरे पैरों से लिपटकर रोने लगी। बोली, जीजी, मेरा ब्याह क्यों कर रही हो भला। मैंने उसको समझाते-बुझाते कहा, बिंदु, डर मत, मैंने सुना है तेरा वर अच्छा है।

बिंदु बोली, "अगर वर अच्छा है तो मुझमें भला ऐसा क्या है जो उसे पसंद आ सके।" लेकिन वर-पक्ष वालों ने तो बिंदु को देखने के लिए आने का नाम भी न लिया। बड़ी जीजी इससे बड़ी निश्चिंत हो गईं। लेकिन बिंदु रात-दिन रोती रहती। चुप होने का नाम ही न लेती। उसको क्या कष्ट है, यह मैं जानती थी। बिंदु के लिए मैंने घर में बहुत बार झगड़ा किया था लेकिन उसका ब्याह रुक जाए यह बात कहने का साहस नहीं होता था। कहती भी किस बल पर। मैं अगर मर जाती तो उसकी क्या दशा होती।

एक तो लड़की जिस पर काली, जिसके यहाँ जा रही है, वहाँ उसकी क्या दशा होगी, इस बातों की चिंता न करना ही अच्छा था। सोचती तो प्राण काँप उठते।

बिंदु ने कहा, "जीजी, ब्याह के अभी पाँच दिन और हैं। इस बीच क्या मुझे मौत नहीं आएगी।"

मैंने उसको खूब धमकाया। लेकिन अंतर्यामी जानते हैं कि अगर किसी स्वाभाविक ढंग से बिंदु की मृत्यु हो जाती तो मुझे चैन मिलता। ब्याह के एक दिन पहले बिंदु ने अपनी जीजी के पास जाकर कहा, "जीजी, मैं तुम लोगों की गोशाला में पड़ी रहूँगी, जो कहोगी वही करूँगी, मैं तुम्हारे पैरों पड़ती हूँ, मुझे इस तरह मत धकेलो।"

कुछ दिनों से जीजी की आँखों से चोरी-चोरी आँसू झर रहे थे। उस दिन भी झरने लगे। लेकिन सिर्फ हृदय। ही तो नहीं होता। शास्त्र भी तो है। उन्होंने कहा, "बिंदु, जानती नहीं, स्त्री की गति-मुक्ति सब-कुछ पति ही है। भाग्य में अगर दुख लिखा है तो उसे कोई नहीं मिटा सकता।"

असली बात तो यह थी कि कहीं कोई रास्ता ही न था - बिंदु को ब्याह तो करना ही पड़ेगा। फिर जो हो सो हो। मैं चाहती थी कि विवाह हमारे ही घर से हो। लेकिन तुम लोग कह बैठे वर के ही घर में हो, उनके कुल की यही रीति है। मैं समझ गई, बिंदु के ब्याह में अगर तुम लोगों को खर्च करना पड़ा तो तुम्हारे गृह-देवता उसे किसी भी भाँति नहीं सह सकेंगे। इसीलिए चुप रह जाना पड़ा। लेकिन एक बात तुममें से कोई नहीं जानता। जीजी को बताना चाहती थी, पर फिर बताई नहीं, नहीं तो वे डर से मर जातीं - मैंने अपने थोड़े-बहुत गहने लेकर चुपचाप बिंदु का शृंगार कर दिया था। सोचा था, जीजी की नजर में तो जरूर ही

पड़ जाएगा। लेकिन उन्होंने जैसे देखकर भी नहीं देखा। दुहाई है धर्म की, इसके लिए तुम उन्हें क्षमा कर देना।

जाते समय बिंदु मुझसे लिपटकर बोली, "जीजी, तो क्या तुम लोगों ने मुझे एकदम त्याग दिया।" मैंने कहा, "नहीं बिंदु, तुम चाहे-जैसी हालत में रहो, प्राण रहते मैं तुम्हें नहीं त्याग सकती।"

तीन दिन बीते। तुम्हारे ताल्लुके के आसामियों ने तुम्हें खाने के लिए जो भेड़ा दिया था उसे मैंने तुम्हारी जठराग्नि से बचाकर नीचे वाली कोयले की कोठरी के एक कोने में बाँध दिया था। सवेरे उठते ही मैं खुद जाकर उसको दाना खिला आती। दो-एक दिन तुम्हारे नौकरों पर भरोसा करके देखा उसे खिलाने की बजाय उनका झुकाव उसी को खा जाने की ओर अधिक था। उस दिन सवेरे कोठरी में गई तो देखा, बिंदु एक कोने में गुड़-मुड़ होकर बैठी हुई है। मुझे देखते ही वह मेरे पैर पकड़कर चुपचाप रोने लगी। बिंदु का पति पागल था। "सच कह रही है, बिंदु?"

"तुम्हारे सामने क्या मैं इतना बड़ा झूठ बोल सकती हूँ, दीदी? वह पागल हैं। इस विवाह में ससुर की सम्मति नहीं थी, लेकिन वे मेरी सास से यमराज की तरह डरते थे। ब्याह के पहले ही काशी चल दिए थे। सास ने जिद करके अपने लड़के का ब्याह कर लिया।"

मैं वहीं कोयले के ढेर पर बैठ गई। स्त्री पर स्त्री को दया नहीं आती। कहती है, कोई लड़की थोड़े ही है। लड़का पागल है तो हो, है तो पुरुष।

देखने में बिंदु का पति पागल नहीं लगता। लेकिन कभी-कभी उसे ऐसा उन्माद चढ़ता कि उसे कमरे में ताला बंद करके रखना पड़ता। ब्याह की रात वह ठीक था। लेकिन रात में जगते रहने के कारण और इसी तरह के और झंझटों के कारण दूसरे दिन से उसका दिमाग बिल्कुल खराब हो गया। बिंदु दोपहर को पीतल की थाली में भात खाने बैठी थी, अचानक उसके पति ने भात समेत थाली उठाकर आँगन में फेंक दी। न जाने क्यों अचानक उसको लगा, मानो बिंदु रानी रासमणि हो। नौकर ने, हो न हो, चोरी से उसी के सोने के थाल में रानी के खाने के लिए भात दिया हो। इसलिए उसे क्रोध आ गया था। बिंदु तो डर के मारे मरी जा रही थी। तीसरी रात को जब उसकी सास ने उससे अपने पति के कमरे में सोने के लिए कहा तो बिंदु के प्राण सूख गए। उसकी सास को जब क्रोध आता था तो होश में नहीं रहती थी। वह भी पागल ही थी, लेकिन पूरी तरह से नहीं। इसलिए वह ज्यादा खतरनाक थी। बिंदु को कमरे में जाना ही पड़ा। उस रात उसके पति का मिजाज ठंडा था। लेकिन डर के मारे बिंदु का शरीर पत्थर हो गया था। पति जब सो गए

तब काफी रात बीतने पर वह किस तरह चतुराई से भागकर चली आई, इसका विस्तृत विवरण लिखने की आवश्यकता नहीं है। घृणा और क्रोध से मेरा शरीर जलने लगा। मैंने कहा, इस तरह धोखे के ब्याह को ब्याह नहीं कहा जा सकता। बिंदु, तू जैसे रहती थी वैसे ही मेरे पास रह। देखूं, मुझे कौन ले जाता है। तुम लोगों ने कहा, बिंदु झूठ बोलती है। मैंने कहा, वह कभी झूठ नहीं बोलती। तुम लोगों ने कहा, तुम्हें कैसे मालूम?

मैंने कहा, मैं अच्छी तरह जानती हूँ। तुम लोगों ने डर दिखाया, अगर बिंदु के ससुराल वालों ने पुलिस-केस कर दिया तो आफत में पड़ जाएँगे। मैंने कहा, क्या अदालत यह बात न सुनेगी कि उसका ब्याह धोखे से पागल वर के साथ कर दिया गया है।

तुमने कहा, तो क्या इसके लिए अदालत जाएँगे। हमें ऐसी क्या गर्ज है?

मैंने कहा, जो कुछ मुझसे बन पड़ेगा, अपने गहने बेचकर करूँगी। तुम लोगों ने कहा, क्या वकील के घर तक दौड़ोगी? इस बात का क्या जवाब होता? सिर ठोंकने के अलावा और कर भी क्या सकती थी।

उधर बिंदु की ससुराल से उसके जेठ ने आकर बाहर बड़ा हंगामा खड़ा कर दिया। कहने लगा, थाने में रिपोर्ट कर दूँगा। मैं नहीं जानती मुझमें क्या शक्ति थी -लेकिन जिस गाय ने अपने प्राणों के डर से कसाई के हाथों से छूटकर मेरा आश्रय लिया हो उसे पुलिस के डर से फिर उस कसाई को लौटाना पड़े यह बात मैं किसी भी प्रकार नहीं मान सकती थी। मैंने हिम्मत करके कहा, "करने दो थाने में रिपोर्ट।"

इतना कहकर मैंने सोचा कि अब बिंदु को अपने सोने के कमरे में ले जाकर कमरे में ताला लगाकर बैठ जाऊँ। लेकिन खोजा तो बिंदु का कहीं पता नहीं। जिस समय तुम लोगों से मेरी बहस चल रही थी उसी समय बिंदु ने स्वयं बाहर निकलकर अपने जेठ को आत्म-समर्पण कर दिया था। वह समझ गई थी कि अगर वह इस घर में रही तो मैं बड़ी आफत में पड़ जाऊँगी।

बीच में भाग आने से बिंदु ने अपना दुख और भी बढ़ा लिया। उसकी सास का तर्क था कि उनका लड़का उसको खाए तो नहीं जा रहा था न। संसार में बुरे पति के उदाहरण दुर्लभ भी नहीं हैं। उनकी तुलना में तो उनका लड़का सोने का चाँद था।

मेरी बड़ी जेठानी ने कहा - जिसका भाग्य ही खराब हो उसके लिए रोने से क्या फायदा? पागल-वागल जो भी हो, है तो स्वामी ही न। तुम लोगों के मन में लगातार उस सती-साध्वी का दृष्टांत याद आ रहा था जो अपने कोढ़ी पति को अपने

कंधों पर बिठाकर वेश्या के यहाँ ले गई थी। संसार-भर में कायरता के इस सबसे अधम आख्यान का प्रचार करते हुए तुम लोगों के पुरुष-मन को कभी तनिक भी संकोच न हुआ। इसलिए मानव-जन्म पाकर भी तुम लोग बिंदु के व्यवहार पर क्रोध कर सके, उससे तुम्हारा सिर नहीं झुका। बिंदु के लिए मेरी छाती फटी जा रही थी, लेकिन तुम लोगों का व्यवहार देखकर मेरी लज्जा का अंत न था। मैं तो गाँव की लड़की थी, जिस पर तुम लोगों के घर आ पड़ी, फिर भगवान ने न जाने किस तरह मुझे ऐसी बुद्धि दे दी। धर्म-संबंधी तुम लोगों की यह चर्चा मुझे किसी भी प्रकार सहन नहीं हुई।

मैं निश्चयपूर्वक जानती थी कि बिंदु मर भले ही जाए, वह अब हमारे घर लौटकर नहीं आएगी। लेकिन मैं तो उसे ब्याह के एक दिन पहले यह आशा दिला चुकी थी कि प्राण रहते उसे नहीं छोड़ूँगी। मेरा छोटा भाई शरद कलकत्ता में कॉलेज में पढ़ता था। तुम तो जानते ही हो, तरह-तरह से वालंटियरी करना, प्लेग वाले मोहल्लों में चूहे मारना, दामोदर में बाढ़ आ जाने की खबर सुनकर दौड़ पड़ना - इन सब बातों में उसका इतना उत्साह था कि एफ.ए. की परीक्षा में लगातार दो बार फेल होने पर भी उसके उत्साह में कोई कमी नहीं आई। मैंने उसे बुलाकर कहा, "शरद, जैसे भी हो, बिंदु की खबर पाने का इंतजाम तुझे करना ही पड़ेगा। बिंदु को मुझे चिट्ठी भेजने का साहस नहीं होगा, वह भेजे भी तो मुझे मिल नहीं सकेगी।"

इस काम के बजाय यदि मैं उससे डाका डालकर बिंदु को लाने की बात कहती या उसके पागल स्वामी का सिर फोड़ देने के लिए कहती तो उसे ज्यादा खुशी होती।

शरद के साथ बातचीत कर रही थी तभी तुमने कमरे में आकर कहा, तुम फिर यह क्या बखेड़ा कर रही हो? मैंने कहा, वही जो शुरू से करती आई हूँ। जब से तुम्हारे घर आई हूँ... लेकिन नहीं, वह तो तुम्हीं लोगों की कीर्ति है।

तुमने पूछा, बिंदु को लाकर फिर कहीं छिपा रखा है क्या?

मैंने कहा, बिंदु अगर आती तो मैं जरूर ही छिपाकर रख लेती, लेकिन वह अब नहीं आएगी। तुम्हें डरने की कोई जरूरत नहीं है। शरद को मेरे पास देखकर तुम्हारा संदेह और भी बढ़ गया। मैं जानती थी कि शरद का हमारे यहाँ आना-जाना तुम लोगों को पसंद नहीं है। तुम्हें डर था कि उस पर पुलिस की नजर है। अगर कभी किसी राजनीतिक मामले में फँस गया तो तुम्हें भी फँसा डालेगा। इसीलिए मैं भैया-दूज का तिलक भी आदमी के हाथों उसी के पास भिजवा देती थी, अपने घर नहीं बुलाती थी।

एक दिन तुमसे सुना कि बिंदु फिर भाग गई है, इसलिए उसका जेठ हमारे घर उसे खोजने आया है। सुनते ही मेरी छाती में शूल चुभ गए। अभागिनी का असह्य कष्ट तो मैं समझ गई, पर फिर भी कुछ करने का कोई रास्ता न था। शरद पता करने दौड़ा। शाम को लौटकर मुझसे बोला, बिंदु अपने चचेरे भाइयों के यहाँ गई थी, लेकिन उन्होंने अत्यंत क्रुद्ध होकर उसी वक्त उसे फिर ससुराल पहुँचा दिया। इसके लिए उन्हें हर्जाने का और गाड़ी के किराए का जो दंड भोगना पड़ा उसकी खार अब भी उनके मन से नहीं गई है।

श्रीक्षेत्र की तीर्थ-यात्रा करने के लिए तुम लोगों की काकी तुम्हारे यहाँ आकर ठहरीं। मैंने तुमसे कहा, मैं भी जाऊँगी। अचानक मेरे मन में धर्म के प्रति यह शृद्धा देखकर तुम इतने खुश हुए कि तुमने तनिक भी आपत्ति नहीं की। तुम्हें इस बात का भी ध्यान था कि अगर मैं कलकत्ता में रही तो फिर किसी-न-किसी दिन बिंदु को लेकर झगड़ा कर बैठूँगी। मेरे मारे तुम्हें बड़ी परेशानी थी। मुझे बुधवार को चलना था, रविवार को ही सब ठीक-ठाक हो गया। मैंने शरद को बुलाकर कहा, जैसे भी हो बुधवार को पुरी जाने वाली गाड़ी में तुझे बिंदु को चढ़ा ही देना पड़ेगा।

शरद का चेहरा खिल उठा। वह बोला, डर की कोई बात नहीं, जीजी, मैं उसे गाड़ी में बिठाकर पुरी तक चला चलूँगा। इसी बहाने जगन्नाथ जी के दर्शन भी हो जाएँगे।

उसी दिन शाम को शरद फिर आया। उसका मुंह देखते ही मेरा दिल बैठ गया। मैंने पूछा, क्या बात है शरद! शायद कोई रास्ता नहीं निकला। वह बोला, नहीं।

मैंने पूछा, क्या उसे राजी नहीं कर पाए? उसने कहा, “अब जरूरत भी नहीं है। कल रात अपने कपड़ों में आग लगाकर वह आत्म-हत्या करके मर गई। उस घर के जिस भतीजे से मैंने मेल बढ़ा लिया था उसी से खबर मिली कि तुम्हारे नाम वह एक चिट्ठी रख गई थी, लेकिन वह चिट्ठी उन लोगों ने नष्ट कर दी।”

“चलो, छुट्टी हुई।”

गाँव-भर के लोग चीख उठे। कहने लगे, “लड़कियों का कपड़ों में आग लगाकर मर जाना तो अब एक फैशन हो गया है।” तुम लोगों ने कहा, “अच्छा नाटक है।” हुआ करे, लेकिन नाटक का तमाशा सिर्फ बंगाली लड़कियों की साड़ी पर ही क्यों होता है, बंगाली वीर पुरुषों की धोती की चुन्नटों पर क्यों नहीं होता, यह भी तो सोचकर देखना चाहिए।

ऐसा ही था बिंदु का दुर्भाग्य। जितने दिन जीवित रही, तनिक भी यश नहीं मिल सका। न रूप का, न गुण का - मरते वक्त भी यह नहीं हुआ कि

सोच-समझकर कुछ ऐसे नए ढंग से मरती कि दुनिया-भर के लोग खुशी से ताली बजा उठते। मरकर भी उसने लोगों को नाराज ही किया। जीजी कमरे में जाकर चुपचाप रोने लगीं, लेकिन उस रोने में जैसे एक सांत्वना थी। कुछ भी सही, जान तो बची, मर गई, यही क्या कम है। अगर बची रहती तो न जाने क्या हो जाता।

मैं तीर्थ में आ पहुँची हूँ। बिंदु के आने की तो जरूरत ही न रही। लेकिन मुझे जरूरत थी। लोग जिसे दुःख मानते हैं वह तुम्हारी गृहस्थी में मुझे कभी नहीं मिला। तुम्हारे यहाँ खाने-पहनने की कोई कमी नहीं। तुम्हारे बड़े भाई का चरित्र चाहे जैसा हो, तुम्हारे चरित्र में ऐसा कोई दोष नहीं जिसके लिए विधाता को बुरा कह सकूँ। वैसे अगर तुम्हारा स्वभाव तुम्हारे बड़े भाई की तरह भी होता तो भी शायद मेरे दिन करीब-करीब ऐसे ही कट जाते और मैं अपनी सती-साध्वी बड़ी जेठानी की तरह पति देवता को दोष देने के बजाय विश्व-देवता को ही दोष देने की चेष्टा करती। अतएव, मैं तुमसे कोई शिकायत नहीं करना चाहती - मेरी चिट्ठी का कारण यह नहीं है।

लेकिन मैं अब माखन बड़ाल की गली के तुम्हारे उस सत्ताईस नंबर वाले घर में लौटकर नहीं आऊँगी। मैं बिंदु को देख चुकी हूँ। इस संसार में नारी का सच्चा परिचय क्या है, यह मैं पा चुकी हूँ। अब तुम्हारी कोई जरूरत नहीं। और फिर मैंने यह भी देखा है कि वह लड़की ही क्यों न हो, भगवान ने उसका त्याग नहीं किया। उस पर तुम लोगों का चाहे कितना ही जोर क्यों न रहा हो, वह उसका अंत नहीं था। वह अपने अभागे मानव जीवन से बड़ी थी। तुम लोगों के पैर इतने लंबे नहीं थे कि तुम मनमाने ढंग से अपने हिसाब से उसके जीवन को सदा के लिए उनसे दबाकर रख सकते, मृत्यु तुम लोगों से भी बड़ी है। अपनी मृत्यु में वह महान है - वहाँ बिंदु केवल बंगाली परिवार की लड़की नहीं है, केवल चचेरे भाइयों की बहन नहीं है, केवल किसी अपरिचित पागल पति की प्रवंचिता पत्नी नहीं है। वहाँ वह अनंत है। मृत्यु की उस वंशी का स्वर उस बालिका के भग्न हृदय से निकलकर जब मेरे जीवन की यमुना के पास बजने लगा तो पहले-पहल मानो मेरी छाती में कोई बाण बिंध गया हो। मैंने विधाता से प्रश्न किया, 'इस संसार में जो सबसे अधिक तुच्छ है वही सबसे अधिक कठिन क्यों है?' इस गली में चारदीवारी से घिरे इस निरानंद स्थान में यह जो तुच्छतम बुदबुद है, वह इतनी भयंकर बाधा कैसे बन गया? तुम्हारा संसार अपनी शठ-नीतियों से क्षुधा-पात्र को सँभाले कितना ही क्यों न पुकारे, मैं उस अंतःपुर की जरा-सी चौखट को क्षण-भर के लिए भी पार क्यों न कर सकी?

ऐसे संसार में ऐसा जीवन लेकर मुझे इस अत्यंत तुच्छ काठ पत्थर की आड़ में ही तिल-तिलकर क्यों मरना होगा? कितनी तुच्छ है यह मेरी प्रतिदिन की जीवन-यात्रा। इसके बंधे नियम, बँधे अभ्यास, बंधी हुई बोली, बँधी हुई मार सब कितनी तुच्छ है - फिर भी क्या अंत में दीनता के उस नाग-पाश बंधन की ही जीत होगी, और तुम्हारे अपने इस आनंद-लोक की, इस सृष्टि की हार?

लेकिन, मृत्यु की वंशी बजने लगी- कहाँ गई राज-मिस्त्रियों की बनाई हुई वह दीवार, कहाँ गया तुम्हारे घोर नियमों से बँधा वह काँटों का घेरा। कौन-सा है वह दुःख, कौन-सा है वह अपमान जो मनुष्य को बंदी बनाकर रख सकता है। यह लो, मृत्यु के हाथ में जीवन की जय-पताका उड़ रही है। अरी मझली बहू, तुझे डरने की अब कोई जरूरत नहीं। मझली बहू के इस तेरे खोल को छिन्न होते एक निमेष भी न लगा।

तुम्हारी गली का मुझे कोई डर नहीं। आज मेरे सामने नीला समुद्र है, मेरे सिर पर आषाढ़ के बादल।

तुम लोगों की रीति-नीति के अँधेरे ने मुझे अब तक ढक रखा था। बिंदु ने आकर क्षण-भर के लिए उस आवरण के छेद में से मुझे देख लिया। वही लड़की अपनी मृत्यु द्वारा सिर से पैर तक मेरा वह आवरण उघाड़ गई है। आज बाहर आकर देखती हूँ, अपना गौरव रखने के लिए कहीं जगह ही नहीं है। मेरा यह अनादृत रूप जिनकी आँखों को भाया है वे सुंदर आज संपूर्ण आकाश से मुझे निहार रहे हैं। अब मझली बहू की खैर नहीं।

तुम सोच रहे होगे, मैं मरने जा रही हूँ - डरने की कोई बात नहीं। तुम लोगों के साथ मैं ऐसा पुराना मजाक नहीं करूँगी। मीराबाई भी तो मेरी ही तरह नारी थी। उनकी जंजीरें भी तो कम भारी नहीं थीं, बचने के लिए उनको तो मरना नहीं पड़ा। मीराबाई ने अपने गीत में कहा था, 'बाप छोड़े, माँ छोड़े, जहाँ कहीं जो भी हैं, सब छोड़ दें, लेकिन मीरा की लगन वहीं रहेगी प्रभु, अब जो होना है सो हो।' यह लगन ही तो जीवन है। मैं अभी जीवित रहूँगी। मैं बच गई।

तुम लोगों के चरणों के आश्रय से छूटी हुई,

मृणाल

15

प्रेम का मूल्य

बृहस्पति छोटे देवतओं का गुरु था। उसने अपने बेटे कच को संसार में भेजा कि शंकराचार्य से अमर-जीवन का रहस्य मालूम करे। कच शिक्षा प्राप्त करके स्वर्ग-लोक को जाने के लिए तैयार था। उस समय वह अपने गुरु की पुत्री देवयानी से विदा लेने के लिए आया।

कच- "देवयानी, मैं विदा लेने के लिए आया हूं। तुम्हारे पिता के चरण-कमलों में मेरी शिक्षा पूरी हो चुकी है कृपा कर मुझे स्वर्ग-लोक जाने की आज्ञा दो।"

देवयानी- "तुम्हारी कामना पूर्ण हुई। जीवन के अमरत्व का वह रहस्य तुम्हें ज्ञात हो चुका है, जिसकी देवताओं को सर्वदा इच्छा रही है, किन्तु तनिक विचार तो करो, क्या कोई और ऐसी वस्तु शेष नहीं जिसकी तुम इच्छा कर सको?"

कच- "कोई नहीं।"

देवयानी- "बिल्कुल नहीं? तनिक अपने हृदय को टटोलो और देखो सम्भवतः कोई छोटी-बड़ी इच्छा कहीं दबी पड़ी हो?"

कच- "मेरे ऊषाकालीन जीवन का सूर्य अब ठीक प्रकाश पर आ गया है। उसके प्रकाश से तारों का प्रकाश मद्धिम पड़ चुका है। मुझे अब वह रहस्य ज्ञात हो गया है जो जीवन का अमरत्व है।"

देवयानी- "तब तो सम्पूर्ण संसार में तुमसे अधिक कोई भी व्यक्ति प्रसन्न न होगा। खेद है कि आज पहली बार मैं यह अनुभव कर रही हूं कि एक अपरिचित

देश में विश्राम करना तुम्हारे लिए कितना कष्टप्रद था। यद्यपि यह सत्य है कि उत्तम-से-उत्तम वस्तु जो हमारे मस्तिष्क में थी, तुमको भेंट कर दी गई है।"

कच- "इसका तनिक भी विचार मत करो और हर्ष-सहित मुझे जाने की आज्ञा दो।"

देवयानी- "सुखी रहो मेरे अच्छे सखा! तुम्हें प्रसन्न होना चाहिए कि यह तुम्हारा स्वर्ग नहीं है। इस मृत्यु-लोक में जहां तृषा से कंठ में कांटे पड़ जाते हैं, हंसना और मुस्कराना कोई ठिठोली नहीं है। यह ही संसार है जहां अधूरी इच्छाएं चहुं ओर घिरी हुई हैं, जहां खोई हुई प्रसन्नता की स्मृति में बार-बार कलेजे में हूक उठती है। जहां ठंडी सांसों से पाला पड़ा है। तुम्हीं कहो, इस दुनिया में कोई क्या हंसेगा?"

कच- "देवयानी बता, जल्दी बता, मुझसे क्या अपराध हुआ?"

देवयानी- "तुम्हारे लिए इस वन को छोड़ना बहुत सरल है। यह वही वन है जिसने इतने वर्षों तक तुम्हें अपनी छाया में रखा और तुम्हें लोरियां दे-देकर थपकाता रहा। तुम्हें अनुभव नहीं होता कि आज वायु किस प्रकार क्रन्दन कर रही है? देखो, वृक्षों की हिलती हुई छाया को देखो, उनके कोमल पल्लवों को निहारो। वे वायु में घूम नहीं रहे बल्कि किसी खोई हुई आशा की भांति भटके-भटके फिर रहे हैं। एक तुम हो कि तुम्हारे ओष्ठों पर हंसी खेल रही है। प्रसन्नता के साथ तुम विदा हो रहे हो।"

कच- "मैं इस वन को किसी प्रकार मातृ-भूमि से कम नहीं समझता, क्योंकि यहां ही मैं वास्तव में आरम्भ से जन्मा हूं। इसके प्रति मेरा स्नेह कभी कम न होगा।"

देवयानी- "वह देखो सामने बड़ का वृक्ष है। जिसने दिन के घोर ताप में जबकि तुमने पशुओं को हरियाली में चरने के लिए छोड़ दिया था, तुम पर प्रेम से छाया की थी।"

कच- "ऐ वन के स्वामी! मैं तुम्हें प्रणाम करता हूं। जब और विद्यार्थी यहां शिक्षा-प्राप्ति हेतु आए और शहद की मक्खियों की भनभनाहट और पत्तों की सरसराहट के साथ-साथ तेरी छाया में बैठकर अपना पाठ दोहराएं तो मुझे भी स्मरण रखना।"

देवयानी- "और तनिक वनमती का भी तो ध्यान करो जिसके निर्मल और तीव्र प्रवाह का जल प्रेम-संगीत की एक लहर के समान है।"

कच- "आह! उसको बिल्कुल नहीं भूल सकता। उसकी स्मृति सदा बनी रहेगी। वनमती मेरी गरीबी की साथी है। वह एक तल्लीन युवती की भांति होंठों पर मुस्कान लिये अपने सीधे-सीधे गीत गुनगुनाते हुए निःस्वार्थ सेवा करती है।"

देवयानी- "किन्तु प्रिय सखा, तुम्हें स्मरण कराना चाहती हूं कि तुम्हारा और भी कोई साथी था, जिसने बेहद प्रयत्न किया कि तुम इस निर्धनता के दुःख से भरे जीवन के प्रभाव से प्रभावित न हो। यह दूसरी बात है कि यह प्रयत्न व्यर्थ हुआ।"

कच- "उसकी स्मृति तो जीवन का एक अंग बन चुकी है।"

देवयानी- "मुझे वे दिन स्मरण हैं जब तुम पहली बार यहां आये थे। उस समय तुम्हारी आयु किशोर अवस्था से कुछ ही अधिक थी। तुम्हारे नेत्र मुस्करा रहे थे, तुम उस समय उधर वाटिका की बाढ़ के समीप खड़े थे।"

कच- "हां! हां! उस समय तुम फूल चुन रही थीं। तुम्हारे शरीर पर श्वेत वस्त्र थे। ऐसा दिखाई देता था जैसे ऊषा ने अपने प्रकाश में स्नान किया है। तुम्हें सम्भवतः स्मरण होगा, मैंने कहा था यदि मैं तुम्हारी कुछ सहायता कर सकूं तो मेरा सौभाग्य होगा।"

देवयानी- "स्मरण क्यों नहीं है। मैंने आश्चर्य से तुमसे पूछा था कि तुम कौन हो? और तुमने अत्यन्त नम्रता से उत्तर दिया था कि मैं इन्द्र की सभा के प्रसिद्ध गुरु 'बृहस्पति' का सुपुत्र हूं। फिर तुमने बताया कि तुम मेरे पिता से वह रहस्य मालूम करना चाहते हो, जिससे मुर्दे जीवित हो सकते हैं।"

कच- "मुझे सन्देह था कि सम्भव है, तुम्हारे पिता मुझे अपने शिष्य रूप में स्वीकार न करें।"

देवयानी- "किन्तु जब मैंने तुम्हारी स्वीकृति के लिए समर्थन किया तो वह इस विनती को अस्वीकार न कर सके। उनको अपनी पुत्री से इतना अधिक स्नेह है कि वह उसकी बात टाल नहीं सकते।"

कच- "और जब मैं तीन बार विपक्षियों के हाथों मारा गया तो तुम्हीं ने अपने पिता को बाध्य किया था कि मुझे दोबारा जीवित करें। मैं इस उपकार को बिल्कुल नहीं विस्मृत कर सकता।"

देवयानी- "उपकार? यदि तुम उसको विस्मृत कर दोगे तो मुझे बिल्कुल दुःख न होगा। क्या तुम्हारी स्मृति केवल लाभ पर ही दृष्टि रखती है? यदि यही बात है तो उसका विस्मृत हो जाना ही अच्छा है। प्रतिदिन पाठ के पश्चात् संध्या के अंधेरे और शून्यता में यदि असाधारण हर्ष और प्रसन्नता की लहरें तुम्हारे सिर पर बीती हों तो उनको स्मरण रखो, उपकार को स्मरण रखने से क्या लाभ? यदि कभी तुम्हारे पास से कोई गुजरा हो, जिसके गीत का चुभता हुआ टुकड़ा तुम्हारे पाठ में उलझ गया हो या जिसके वायु में लहराते हुए आंचल ने तुम्हारे ध्यान को पाठ से हटाकर अपनी ओर आकर्षित कर लिया हो, अपने अवकाश के समय में कभी उसको अवश्य

स्मरण कर लेना, परन्तु केवल यही, कुछ और नहीं! सौन्दर्य और प्रेम का याद न आना ही अच्छा है।"

कच- "बहुत-सी वस्तुएं हैं जो शब्दों द्वारा प्रकट नहीं हो सकतीं।"

देवयानी- "हां, हां, मैं जानती हूं। मेरे प्रेम से तुम्हारे हृदय का एक-एक अणु छिद चुका है और यही कारण है कि मैं बिना संकोच के इस सत्य को प्रकट कर रही हूं कि तुम्हारी सुरक्षा और कम बोलना मुझे पसन्द नहीं। तुम्हें मुझसे अलग होना अच्छा नहीं यहीं विश्राम करो, कोई ख्याति ही हर्ष का साधन नहीं है। अब तुम मुझको छोड़कर नहीं जा सकते, तुम्हारा रहस्य मुझ पर खुल चुका है।"

कच- "नहीं देवयानी, नहीं, ऐसा न कहो।"

देवयानी- "क्या कहा, नहीं? मुझसे क्यों झूठ बोलते हो? प्रेम की दृष्टि छिपी नहीं रहती। प्रतिदिन तुम्हारे सिर के तनिक से हिलने से तुम्हारे हाथों के कम्पन से तुम्हारा हृदय, तुम्हारी इच्छा मुझ पर प्रकट करता है। जिस प्रकार सागर अपनी तरंगों द्वारा काम करता है, उसी प्रकार तुम्हारे हृदय ने तुम्हारी भाव-भंगिमा द्वारा मुझ तक संदेश पहुंचाया। सहसा मेरी आवाज सुनकर तुम तिलमिला उठते थे। क्या तुम समझते हो कि मुझे तुम्हारी उस दशा का अनुभव नहीं हुआ? मैं तुमको भलीभांति जानती हूं और इसलिए अब तुम सर्वदा मेरे हो। तुम्हारे देवताओं का राजा भी इस सम्बन्ध को नहीं तोड़ सकता!"

कच- "किन्तु देवयानी, तुम्हीं हो, क्या इतने वर्ष अपने घर और घर वालों से अलग रहकर मैंने इसीलिए परिश्रम किया था?"

देवयानी- "क्यों नहीं, क्या तुम समझते हो कि संसार में शिक्षा का मूल्य है और प्रेम का मूल्य ही नहीं? समय नष्ट मत करो, साहस से काम लो और यह प्रतिज्ञा करो। शक्ति, शिक्षा और ख्याति की प्राप्ति के लिए मनुष्य तपस्या और इन्द्रियों का दमन करता है। एक स्त्री के सामने इन सबका कोई मूल्य नहीं।"

कच- "तुम जानती हो कि मैंने सच्चे हृदय से देवताओं से प्रतिज्ञा की थी कि मैं जीवन के अमरत्व का रहस्य प्राप्त करके आपकी सेवा में आ उपस्थित होऊंगा?"

देवयानी- "परंतु क्या तुम कह सकते हो कि तुम्हारे नेत्रों ने पुस्तकों के अतिरिक्त और किसी वस्तु पर दृष्टि नहीं डाली? क्या तुम यह कह सकते हो कि मुझे पुष्प भेंट करने के लिए तुमने कभी अपनी पुस्तक को नहीं छोड़ा? क्या तुम्हें कभी ऐसे अवसर की खोज नहीं रही कि संध्याकाल मेरी पुष्प-वाटिका के पुष्पों पर जल छिड़क सको? संध्या समय जब नदी पर अन्धकार का वितान तन जाता तो मानो प्रेम अपने दुखित मौन पर छा जाता। तुम घास पर मेरे बराबर बैठकर मुझे अपने

स्वर्गिक गीत गाकर क्यों सुनाते थे? क्या यह सब काम उन षडयंत्रों से भरी हुई चालाकियों का एक भाग नहीं, जो तुम्हारे स्वर्ग में क्षम्य है? क्या इन कृत्रिम युक्तियों से तुमने मेरे पिता को अपना न बनाना चाहा था और अब विदाई के समय धन्यवाद के कुछ मूल्यहीन सिक्के उस सेविका की ओर फेंकते हो, जो तुम्हारे छल से छली जा चुकी है?"

कच- "अभिमानी स्त्री! वास्तविकता को मालूम करने से क्या लाभ? यह मेरा भ्रम था कि मैंने एक विशेष भावना के वश तेरी सेवा की और मुझे उसका दण्ड मिल गया, किन्तु अभी वह समय नहीं आया कि मैं इस प्रश्न का उत्तर दे सकूं कि मेरा प्रेम सत्य था या नहीं, क्योंकि मुझे अपने जीवन का उद्देश्य दिखाई दे रहा है। अब चाहे तो तेरे हृदय से अग्नि की चिनगारियां निकल-निकलकर सम्पूर्ण वायुमण्डल को आच्छादित कर लें, मैं भलीभांति जानता हूं कि स्वर्ग अब मेरे लिए स्वर्ग नहीं रहा, देवताओं की सेवा में यह रहस्य तुरन्त ही पहुंचाना मेरा कर्तव्य है। जिसको मैंने कठिन परिश्रम के पश्चात् प्राप्त किया है। इससे पहले मुझे व्यक्तिगत प्रसन्नता की प्राप्ति का ध्यान तनिक भी नहीं था। क्षमा कर देवयानी, मुझे क्षमा कर? सच्चे हृदय से क्षमा का इच्छुक हूं। इस बात को सत्य जाना कि तुझे आघात पहुंचाकर मैंने अपनी कठिनाइयों को दुगुना कर लिया है।"

देवयानी- "क्षमा? तुमने मेरे नारी-हृदय को पाषाण की भांति कठोर कर दिया है, वह ज्वालामुखी की भांति क्रोध में भभक रहा है। तुम अपने काम पर वापस जा सकते हो किन्तु मेरे लिए शेष क्या रहा, केवल स्मृति का एक कंटीला बिछौना और छिपी हुई लज्जा, जो सर्वदा मेरे प्रेम का उपहास करेगी। तुम एक पथिक के रूप में यहां आये धूप से बचने के लिए। मेरे वृक्षों की छाया में आश्रय लिया और अपना समय बिताया। तुमने मेरे उद्यान के सम्पूर्ण पुष्प तोड़कर एक माला गूंथी और जब चलने का समय आया तो तुमने धागा तोड़ दिया, पुष्पों को धूल में मिला दिया। मैं अपने दुखित हृदय से शाप देती हूं कि जो शिक्षा तुमने प्राप्त की है वह सब तुमसे विस्मृत हो जाये, दूसरे व्यक्ति तुम्हारे से यह शिक्षा प्राप्त करेंगे, किन्तु जिस प्रकार तारे रात में अंधियारी से सम्बन्ध स्थापित नहीं कर पाते, बल्कि अलग रहते हैं, उसी प्रकार तुम्हारी यह विद्या भी तुम्हारे जीवन से अलग रहेगी। व्यक्तिगत रूप में तुम्हें इससे कोई लाभ न होगा और यह केवल इसलिए कि तुमने प्रेम का अपमान किया, प्रेम का मूल्य नहीं समझा।"

16

पाषाणी

अपूर्वकुमार बी.ए. पास करके ग्रीष्मावकाश में विश्व की महान नगरी कलकत्ता से अपने गांव को लौट रहा था।

मार्ग में छोटी-सी नदी पड़ती है। वह बहुधा बरसात के अन्त में सूख जाया करती है, परन्तु अभी तो सावन मास है। नदी अपने यौवन पर है, गांव की हद और बांस की जड़ों का आलिंगन करती हुई तीव्रता से बहती चली जा रही है।

लगातार कई दिनों की घनघोर बरसात के बाद आज तनिक मेघ छटे हैं और नभ पटल पर सूर्य देव के दर्शन हो रहे हैं।

नौका पर बैठे हुए अपूर्वकुमार के हृदय में बसी हुई प्रतिमा यदि दिखाई देती तो देखते कि वहां भी इस नवयुवक की हृदय-सरिता नव वर्षा से बिल्कुल तट तक भर गई है और सरिता का जल ज्योति से झिल-मिल झिल-मिल और वायु से छप्-छप् कर रहा है।

नौका यथास्थान घाट पर लगी है। नदी के उस तट पर से वृक्षों की आड़ में से अपूर्व के घर की छत स्पष्ट दिखाई दे रही है। घर पर किसी को खबर तक नहीं कि अपूर्व शहर से लौट रहा है, अतः घर पर से लिवाने के लिए कोई नहीं आया? नाविक सूटकेस उठाने के लिए तैयार हुआ तो अपूर्व ने उसे इन्कार कर दिया। वह स्वयं ही सूटकेस हाथ में उठाकर आनन्द की लहर से झटपट नौका से उतर पड़ा।

उतरते ही, घाट पर थी फिसलन, सूटकेस सहित वह दल-दल में गिर पड़ा, और ज्योंही गिरा, त्योंही न जाने किधर से मोटी ऊंची हास लहरी ने आकर समीप के पीपल पर बैठी हुई चिड़ियों को उड़ा दिया।

अपूर्व बहुत ही लज्जित हुआ और झटपट स्वयं को संभाल कर चहुंओर देखने लगा, देखा कि घाट के एक छोर पर जहां महाजन की नौका से नई ईंटें उतारकर इकट्ठी की गई हैं उन्हीं पर बैठी हुई एक नवयौवना हंसते-हंसते लोट-पोट हो रही है।

अपूर्व ने पहचान लिया कि वह उसी के पड़ोसी की लाड़ली बेटी मृगमयी है। पहले इनका घर यहां से बहुत दूरी पर बड़ी नदी के तट पर था। दो-तीन साल गुजरे, नदी की बाढ़ के कारण उन्हें वह स्थान छोड़कर वहां चला आना पड़ा।

मृगमयी के विषय में बहुत कुछ अपवाद सुनने के लिए मिलता है। ग्रामीणवासी पुरुष तो इसे स्नेह के स्वर में पगली कहकर पुकारते हैं, लेकिन उनकी घरवालियां इसके उद्दण्ड स्वभाव से सर्वदा त्रस्त, चिन्तित और शंकित रहा करती हैं। गांव के छोकरों के साथ ही उसका खेल होता है, क्योंकि समवयस्क लड़कियों के प्रति उसकी अवज्ञा की सीमा नहीं। बालकों के राज्य में यह लड़की एक प्रकार से शत्रु-पक्ष की सेना के उपद्रव के समान-सी प्रतीत होती है।

पिता की लाड़ली बिटिया ठहरी और इसीलिए वह इतनी निर्भय रहती है। वास्तव में इस विषय में मृगमयी की मां अपने सहेलियों के आगे हर समय अपने पति के विरुद्ध फरियाद किया ही करती, मगर फिर भी यह सोचकर कि पिता बेटी को लाड़ करते हैं और जब ये अवकाश के समय घर रहते हैं तो मृगमयी के नेत्रों के अश्रु उनके हृदय-पटल पर बहुत ही आघात पहुंचाते हैं, वे प्रवासी पति का स्मरण करके लड़की को किसी भी तरह पीड़ा नहीं पहुंचा सकती?

मृगमयी का रंग देखने में अधिक साफ नहीं है। छोटे-छोटे घुंघराले केश पीठ पर आच्छादित रहते हैं। चेहरे पर बिल्कुल बचपना छाया रहता है। बड़ी-बड़ी कजरारी आंखों में न तो लज्जा है, न भय और न हाव-भाव में किसी प्रकार का संशय? वह लम्बी, परिपुष्ट, स्वस्थ और सबल है। उसकी आयु अधिक है या कम, यह प्रश्न किसी के मन में उठता ही नहीं। यदि उठता तो ग्रामीण पड़ोसी इस बात पर मां-बाप की निन्दा करते कि अभी तक यह कुंवारी ही फिर रही है। जब कभी गांव के विदेशी जमींदार की नौका आकर घाट पर लगती है, तो उस दिन ग्रामीणवासी, उनकी आवभगत में घबरा से जाते हैं, गृहणियों की मुख-रंग-भूमि पर अकस्मात नाक के नीचे तक अवगुंठन खिंच जाता है, परन्तु मृगमयी न जाने कहां के किसी के वस्त्रों से हीन बच्चे को उठाये हुए घुंघराले केशों को पीठ पर बिखेरे जा खड़ी होती है। जिस

देश में कोई शिकारी नहीं, कोई मुसीबत नहीं, उस देश की मृगी शावक की तरह निडर खड़ी हुई आश्चर्यचकित-सी देखा करती और अन्त में बाल-संगियों के पास जाकर इस नए मानव के आचार-व्यवहार के विषय में विस्तार के साथ भूमिका बांधती।

हमारे अपूर्वकुमार ने अवकाश के दिनों में घर आकर इससे पहले और भी दो-चार बार इस सीमाहीन नवयौवना को देखा है और फालतू समय में, यहां तक कि काम के समय में भी, इसके विषय में विचार किया है। इस धरा पर बहुत से चेहरे देखने में आते हैं, पर कोई-कोई चेहरा ऐसा होता है कि न कुछ कहना न सुनना, चट से मन के भीतर जाकर ऐसा बस जाता है कि उसे निकालना मुश्किल हो जाता है। केवल सौन्दर्य के कारण ही ऐसा होता है सो बात नहीं, वह तो कुछ और ही है, सम्भवतः वह है स्वच्छता। अधिकांश चेहरों पर मानव प्रकृति पूरी तौर से अपनी ज्योति से नहीं जगमगा पाती, जिस चेहरे पर हृदय के कोने में छिपा हुआ वह रहस्यमय व्यक्ति बिना रुकावट के बाहर निकलकर दिखाई देता है, वह चेहरा सैकड़ों-हजारों में छिपता नहीं, पल-भर में हृदय-पटल पर अंकित हो जाता है। इस लड़की के चेहरे पर, आंखों पर एक चंचल और उद्दण्ड नारी प्रकृति सदैव स्वच्छन्द और वन के दौड़ते हुए हिरन की तरह दिखाई देती रहती है, भागती-फिरती रहती है और इसलिए ऐसे सलोने चंचल मुख को एक बार देख लेने पर फिर सहज में वह भुलाये नहीं भूला।

पाठकगण को यह बताने की आवश्यकता नहीं कि मृगमयी की कौतुहलता से भरी हास्य-ध्वनि चाहे कितनी ही मृदु क्यों न हो, लेकिन अभागे अपूर्व के लिए वह तनिक कुछ दुखदायी ही साबित हुई? मारे लज्जा के उसका चेहरा सुर्ख हो उठा और हाथ का सूटकेस झट-पट नाविक के हाथ में सौंपकर वह शीघ्रता से अपने घर की ओर चल दिया।

नदी का किनारा, वृक्षों की छाया, पक्षियों का मृदु कलरव, प्रभात की मीठी-मीठी धूप और बीस वर्ष की अवस्था। कतिपय ईंटों का ढेर ऐसा कुछ खास उल्लेख योग्य नहीं, पर उस पर जो मानवी बैठी थी, उसने उस शुष्क और नीरस आसन पर भी एक प्रकार का मूक सौन्दर्य का भाव फैला रखा था। छिः! छिः! ऐसे दृश्य के मध्य में प्रथम पग उठाते ही, जिसका सारा का सारा व्यक्तित्व प्रहसर में परिवर्तित हो जाये तो उसके भाग्य की इससे बढ़कर निष्ठुरता और क्या हो सकती है?

ईंटों के ढेर से बहती हुई हंसी की तरंग सुनते-सुनते वृक्षों की छाया के नीचे दलदल में सनी निम्न दुकुल सूटकेस लिये हुए श्रीयुत अपूर्वजी किसी तरह अपने घर पहुँचे?

अकस्मात ही बेटे के पहुंच जाने से विधवा मां मारे उल्लास के फूली न समाई। उसी समय खोया, दही, दूध और बढ़िया मछली की तलाश में दूर-पास सब स्थानों पर आदमी दौड़ाये गये और पास-पड़ोस में भी एक प्रकार की हलचल-सी पैदा हो गई।

भोजन की समाप्ति पर मां ने बेटे के आगे ब्याह का प्रस्ताव छेड़ा। अपूर्व इसके लिए तैयार था ही। कारण यह प्रस्ताव बहुत पहले से ही पेश था, केवल अपूर्व तनिक कुछ नई रोशनी के चक्कर में आकर हठ कर बैठा था कि बी.ए. पास किए बिना विवाह हर्गिज नहीं कर सकता इत्यादि। अब तक उसकी मां उसके पास होने की ही राह देख रही थी, सो अब किसी प्रकार की आपत्ति उठाने के मायने हैं कि झूठी बहानेबाजी। अपूर्व ने कहा- पहले लड़की तो देखो, फिर देखा जायेगा।

मां ने उत्तर दिया- लड़की-वड़की सब देखी जा चुकी है, उसके लिए तुझे फिक्र करने की जरूरत नहीं। किन्तु अपूर्व उसके लिए स्वयं ही फिक्र करने के लिए उद्यत हो गया, बोला- लड़की बिना देखे मैं विवाह नहीं कर सकता। मां सोच में पड़ गई। ऐसी अनोखी बात तो आज तक नहीं सुनी थी। फिर भी वह राजी हो गई।

रात को अपूर्व दीपक बुझाकर बिस्तर पर जा पड़ा। पड़ते ही बरसात यामिनी की सारी-की-सारी स्वर लहरी और पूर्व निस्तब्धता के उस पार से उसकी सेज पर एक उच्छ्वासित उच्च मृदु कंठ की हास-ध्वनि आ-आकर उसके कानों में झंकरित होने लगी। उसका अशांत मन स्वयं को बार-बार निरन्तर यह कह-कहकर व्यथित करने लगा कि सवेरे वह जो पैर फिसलकर गिर पड़ा था उसका किसी-न-किसी युक्ति से सुधार कर लेना ही चाहिए? उस नवयौवना को यह मालूम ही नहीं कि मैं अपूर्वकुमार हूं, अचानक फिसलन पर पांव पड़ जाने से दलदल में गिर जाने पर भी मैं कोई उपेक्षणीय गांव का वासी नहीं।

अगले दिन अपूर्व को लड़की देखने जाना था। अधिक दूर नहीं, पड़ोस में ही लड़की वालों का घर है। तनिक कुछ कोशिश करने के बाद ही कपड़े बदन पर डाले। निम्न दुकुल (धोती) और दुपट्टा जोड़कर रेशमी अचकन, सिर पर अमीरी रंग की गोल पगड़ी और पैरों में बढ़िया चमकते हुए जूते पहनकर, रेशमी कपड़े की बढ़िया छतरी हाथ में लटकाये वह सवेरे ही चल दिया।

भावी सुसराल में घुसते ही वहां कोलाहल-सा मच गया। अन्त में यथा समय कम्पित हृदय को झाड़-पोंछकर, रंग-वंग कर, जूड़े में गोटे आदि लगाकर, एक पतली रंगीन साड़ी में लपेटकर उसे भावी पति के सामने लाया गया। आगन्तुका एक कोने में लगभग घुटनों तक माथा झुकाये चुपचाप जड़-वस्तु-सी बैठी रही और उसके पीछे

धैर्य बंधाये रखने के लिए खड़ी एक अधेड़ अवस्था की दासी। उसका एक भाई, जोकि अभी बच्चा ही था, अपने परिवार में अनाधिकार प्रवेश करने वाले इस नए व्यक्ति की पगड़ी, घड़ी की चैन और उठती हुई मूंछों की ओर बड़े ध्यान से टकटकी लगाये देखने लगा। अपूर्व ने कुछ देर मूंछों पर हाथ फेरने के बाद अन्त में गम्भीरता के साथ पूछा- तुम क्या पढ़ती हो?

आभूषणों के भार से दबी हुई लज्जा की गठरी में से उसे अपने प्रश्न का कोई भी उत्तर नहीं मिला। दो-चार बार पूछे जाने और अधेड़ दासी द्वारा पीठ पर बारम्बार धैर्य की थपकियां पड़ने के बाद लड़की ने बहुत ही धीमे स्वर में शीघ्रता के साथ एक ही सांस में कहकर छुट्टी पा ली- कन्या बोधिनी दूसरा भाग, व्याकरण सार, भूगोल, अंकगणित और भारत का इतिहास।

इतने में बाहर किसी की तेज चलने की धम-धम की आवाज सुनाई दी और दूसरे ही क्षण दौड़ती-हांफती और पीठ पर केशों को हिलाती हुई मृगमयी वहां पर आ धमकी। उसने अपूर्व की ओर आंख उठाकर देखा तक नहीं, सीधी उस भावी वधू के भाई राखाल के पास पहुंची और उसके कोमल हाथ को पकड़कर खींचना शुरू कर दिया। राखाल उस समय भावी वधू को देखने में लीन था, वहां से वह किसी भी तरह टस से मस नहीं हुआ? दासी अपने संयत कण्ठ की मृदुता की भरसक रक्षा करती हुई यथासाध्य तीव्रता के साथ मृगमयी को धिक्कारने लगी। अपूर्व अपनी सारी-की-सारी मौनता और यश को एकत्रित करके पगड़ी बंधे माथे को ऊंचा करके बैठा रहा और उदर के पास लटकती हुई घड़ी की चैन को हिलाने लगा।

अन्त में मृगमयी ने जब देखा कि उसका साथी किसी भी तरह विचलित नहीं हो रहा, तब उसने उसकी कमर पर जोर का मुक्का जमा दिया और लगे हाथों भावी वधू के माथे का अवगुंठन उघाड़कर वह आंधी के वेग के समान जिस प्रकार आई थी, उसी प्रकार भाग गई। दासी मन मारकर रह गई और भीतर-ही-भीतर घुमड़कर गरजने लगी। राखाल अचानक अवगुंठन के हट जाने से एकाएक खिलखिला पड़ा। इस खुशी में कमर पर पड़े मुक्के की चोट को भी उसने महसूस नहीं किया कारण, ऐसा लेन-देन अक्सर हुआ ही करता था, इससे किसी प्रकार की आज नवीनता नहीं थी। इसके लिए एक दृष्टान्त ही बहुत है।

एक दिन की बात है, मृगमयी के केश तब पीठ तक बढ़े थे, राखाल ने अचानक पीछे से आकर कैंची से उसके बाल काट दिए, इस पर मृगमयी को बहुत क्रोध आया और उसने चट से राखाल के हाथ से कैंची छीनकर अपने शेष केश बड़ी निर्दयता से कतर-कतरकर उसके मुंह पर दे मारे। मृगमयी के घुंघराले केशों के गुच्छे

डाली से गिरे हुए काले अंगूरों के गुच्छों की तरह धरा पर गिर पड़े। इन दोनों में शुरू से ही इस प्रकार की प्रणाली प्रचलित थी।

इसके बाद वह शांत सभा अधिक देर तक न चल सकी। गठरी-सी बनी भावी वधू अपने को बड़ी कठिनता से लम्बी बनाकर दासी के साथ घर के भीतर चली गई। अपूर्व अपनी मूंछों पर हाथ फेरता हुआ उठ खड़ा हुआ। बाहर जाकर देखा कि उसका बढ़िया नया जूता वहां से गायब है। बहुत प्रयत्न करने पर भी इस बात का पता नहीं लगा कि जूते कौन ले गया और कहां गये?

घर वाले सभी बड़े परेशान से हुए और अपराधी के नाम पर अपशब्दों की बौछार होने लगी। जब किसी प्रकार भी जूतों का पता नहीं लगा, तो अन्त में विवश होकर घर के मालिक की फटी-पुरानी ढीली चट्टी पहनकर पतलून पगड़ी से सुसज्जित अपूर्व गांव के कीचड़ वाले रास्ते को बहुत सावधानी के साथ पार करता हुआ घर की ओर चल दिया।

तालाब के किनारे सुनसान पथ पर पहुंचते ही सहसा फिर उसे वही जोर का परिहासात्मक स्वर सुनाई दिया। मानो वृक्ष और पल्लवों की ओट में से कौतुकप्रिया बन देवी ही अपूर्व की उन पुरानी चट्टियों को देखकर एकाएक हंस पड़ी हो।

अपूर्व कुछ लज्जित-सा होकर ठिठक गया और इधर-उधर दृष्टि फेंककर देखने लगा। इतने में सघन झाड़ियों में से निकलकर किसी निर्लज्ज अपराधिनी ने उसके सामने नए जूते रख दिए और चट से बाहर जाने के लिए उद्यत हुई कि अपूर्व ने उसके दोनों हाथ पकड़कर अपनी कैद में ले लिया?

मृगमयी ने यथा-शक्ति टेढ़ी-तिरछी होकर पूरी शक्ति का प्रयोग करके भागने का बहुत प्रयत्न किया, लेकिन सब व्यर्थ। घुंघराले केशों से घिरे हुए उसके गोल-मटोल चेहरे पर सूर्य की किरणें, वृक्षों की डालियों और पल्लवों में छन-छनकर पड़ने लगीं। कौतूहलता से वशीभूत होकर कोई पथिक, जिस प्रकार दिवाकर की किरणों से चमकती हुई स्वच्छ चंचल निर्झरणी की ओर झुककर टकटकी लगाये उसकी तली को देखता रहता है, ठीक उसी तरह अपूर्व ने मृगमयी के ऊपर उठे चेहरे पर तनिक झुककर उसकी खंजन-सी चंचल आंखों के भीतर गहरी दृष्टि फेंककर देखा और फिर बहुत धीमे से उसे अपनी मुट्ठियों के बन्धन से मुक्त कर दिया। अपूर्व क्रोधित मुद्रा में मृगमयी को पकड़कर मारता तो उसे तनिक भी अचम्भा न होता, किन्तु इस प्रकार सुनसान पथ में इस अनोखी सजा का वह कुछ अर्थ ही न समझ सकी।

नर्तन करती हुई प्रकृति नटी के नूपुरों की झंकार की भांति फिर वही हास्य-ध्वनि उस नीरव पथ में गूंज उठी और चिन्तातुर अपूर्व धीरे-धीरे पग उठाता हुआ घर की ओर चल दिया।

अपूर्व उस दिन अनेक प्रकार के बहाने बना-बनाकर न तो घर के अन्दर गया और न मां से भेंट की। किसी के यहां भोज का निमंत्रण था, वहीं खा आया। अपूर्व जैसा पढ़ा-लिखा और भावुक नवयुवक एक मामूली पढ़ी-लिखी लड़की के मुकाबले अपने छिपे हुए गौरव का बखान करने और उसे आन्तरिक महत्ता का पूर्ण परिचय देने के लिए क्यों इतना आतुर हो उठा, यह समझना बहुत कठिन है? एक निरी गांव की चंचल बाला ने उसे मामूली नवयुवक समझ ही लिया, तो क्या हो गया? और उसने पल भर के लिए अपूर्व का परिहास करके और फिर उसके अस्तित्व को किसी ताक पर रखकर, राखाल नाम के अबोध बच्चे के साथ खेलने के लिए इच्छा प्रकट की, तो उसमें अपूर्व का बिगड़ ही क्या गया? इन बच्चों के सामने उसे प्रमाणित करने की आवश्यकता ही क्या है कि वह विश्वदीप मासिक पत्र में पुस्तकों की समालोचना लिखा करता है और उसने सूटकेस में एसन्स, जूते, रूबिनी के कैम्फर, पत्र लिखने के रंगीन कागज और हारमोनियम शिक्षा, पुस्तक के साथ एक पूरी लिखी हुई प्रेस कॉपी, यामिनी के गर्भ में भावी उषा की तरह, प्रज्वलित होने की राह देख रही है, पर मन को समझना कठिन है, कम-से-कम इस देहाती चंचल लड़की के सामने श्री अपूर्वकुमार बी.ए. हार मानने के लिए किसी प्रकार भी तैयार नहीं।

संध्या को अपूर्व जब घर के भीतर पहुंचा, तो उसकी मां ने पूछा- क्यों रे, लड़की देख आया? कैसी है, पसंद है न?

अपूर्व ने कुछ लजाते हुए उत्तर दिया- हां, देख तो आया मां, उनमें से मुझे एक ही लड़की पसन्द है।

मां ने तनिक कुछ आश्चर्यचकित स्वर में पूछा- तूने कितनी लड़कियाँ देखी थीं वहां?

अन्त में दो-चार प्रश्नोत्तर के बाद मां को मालूम हुआ कि उसके लड़के ने पड़ोसिन शारदा की लड़की मृगमयी पसंद की है। इतना पढ़-लिखकर भी यह पसंद।

परिणाम यह निकला कि कमबख्त अड़ियल टट्टू की तरह गर्दन टेढ़ी करके, कुछ पीछे को उठकर कह बैठी- मैं ब्याह नहीं करूंगी, जाओ।

इस पर भी उसे ब्याह करना ही पड़ा।

उसके बाद अध्ययन शुरू हुआ। अपूर्व की मां के घर जाकर एक ही रात में मृगमयी की अपनी सारी दुनिया ने बेड़ियां पहन लीं।

सास ने वधू का सुधर करना आरम्भ कर दिया। बहुत ही कठोर मुद्रा बनाकर उससे बोली- देखो बेटी, अब तुम नन्हीं बच्ची नहीं रहीं... हमारे घर में ऐसी बेहाई नहीं चल सकेगी।

सास ने यह बात जिस भाव से कही, मृगमयी ठीक उसे उसी रूप में न समझ सकी। उसने विचारा कि इस घर में यदि न चले, तो शायद कहीं दूसरी जगह जाना पड़ेगा। मध्यान्ह के बाद वह घर में नहीं दिखाई दी। "कहां गई? कहां गई?" शोर मच गया। ढूंढ़ शुरू हुई। अन्त में विश्वासघातक राखाल ने उसके गुप्त स्थान का पता बताकर, उसे कैद करवा ही दिया। वह बड़-वृक्ष के नीचे श्री राधाकान्तजी के टूटे रथ में जाकर छिप गई थी।

सब ही के सामने मां ने और पास-पड़ोस की गृह-स्त्रियों ने उसे कितना डांटा-फटकारा और लज्जित किया, इसकी कल्पना स्वयं आप ही बना लें तो अच्छा हो?

रात्रि को खूब घनघोर घटाएं छा गईं और रिमझिम-रिमझिम मेघ बरसने लगा। अपूर्व ने धीरे से मृगमयी के पास शैया पर जाकर उसके कान में धीमे स्वर में कहा- मृगमयी, क्या तुम मुझे प्यार नहीं करतीं?

मृगमयी ने तत्काल ही कड़क उत्तर दिया- नहीं, मैं तुम्हारे से हर्गिज प्यार नहीं कर सकती। मानो उसने सारी गुस्से की पोटली अपूर्व के माथे पर दे मारी।

अपूर्व ने खिन्न स्वर में पूछा- क्यों, मैंने तुम्हारा क्या बिगाड़ा है? इस दोष की सन्तोषजनक कैफियत देना तो कठिन है। अपूर्व ने मन-ही-मन कहा, इस विद्रोह-मन को जैसे भी बने वश में करना ही होगा।

अगले रोज सास ने मृगमयी में विद्रोह भाव के सब लक्षण देखकर उसे अन्दर के कोठे में बन्द कर दिया। पिंजड़े में फंसी नई चिड़िया की तरह पहले तो वह कोठे के अन्दर फड़फड़ाती रही अन्त में जब कहीं से भी भागने का कोई मार्ग दिखाई न दिया तो हताश, क्रोध से उन्मत्त हो बिछौने की चादर की दांत से धज्जियां उड़ा दीं और धरा पर औंधी गिर पड़ी और मन-ही-मन पिता की याद करके रोने-चिल्लाने लगी।

ठीक इस समय धीरे-से कोई उसके समीप जाकर बैठ गया। बड़े स्नेह से उसके धूल-धूसरित केशों को कपोलों पर से एक ओर हटा देने का प्रयत्न करने लगा। मृगमयी ने बड़े जोर से अपना सिर हिलाकर उसका हाथ हटा दिया। अपूर्व ने उसके कानों के पास अपना मुंह ले जाकर बहुत ही कोमल स्वर में कहा- मैंने चुपके से द्वार खोल दिया है, चलो, अपने पीछे के बगीचे में आ जायें।

मृगमयी ने जोर से सिर हिलाते हुए कहा- नहीं।

अपूर्व ने उसकी ठोड़ी पकड़कर उसका मुंह ऊपर को उठाना चाहा और बोला- एक बार देखो तो सही कौन आया है? राखाल धरा पर औंधी लेटी हुई मृगमयी को

सुनाई दिया? थोड़ी देर में कन्धे पर चिट्ठियों का थैला लटकाए हांफता हुआ पत्रवाहक "खट" आ पहुंचा। मृगमयी जल्दी से उसके पास जाकर करुण स्वर में बोली-

"कुशीगंज" में पिताजी के पास जाऊंगी, तुम मुझे साथ ले चलो न।

उसने उत्तर दिया- कुशीगंज कहां है, इसका मुझे नहीं मालूम। छोटा-सा उत्तर देकर वह घाट पर जा पहुंचा और घाट पर बंधी हुई डाक की नौका में बैठकर नाविक को जगाकर नौका खुलवा दी। उस समय उसे किसी पर दया करने या पूछ-ताछ करने की फुर्सत नहीं थी।

देखते-देखते बाजार और घाट सजग हो गये। मृगमयी ने घाट पर पहुंचकर एक नाविक से कहा- मुझे कुशीगंज पहुंचा सकोगे।

उस नाविक ने उत्तर देने से पहले ही, बगल की नौका पर से कोई बोल उठा- अरे कौन है? मृगी बिटिया, तू यहां कैसे आई?

मृगमयी ने व्यग्रता से उत्तर दिया-बनमाली! मैं पिताजी के पास कुशीगंज जाऊंगी, तू अपनी नौका पर मुझे ले चल।

बनमाली उसके गांव का ही नाविक था। वह उस उच्छश्रृंखल मानवी को भली-भांति पहचानता था। उसने पूछा- बाबूजी के पास जायेगी बिटिया। बड़ी अच्छी बात है। चल, मैं तुझे पहुंचा दूं।

मृगमयी नौका पर जा बैठी

नाविक ने नौका छोड़ दी। मेघों ने अश्रु बहाना शुरू कर दिया। सावन-भादों के समान पूरी चढ़ी हुई नदी के थपेड़े नौका को जोर से हिलाने लगे। मृगमयी का सारा शरीर थकावट और नींद के मारे टूटने-सा लगा, आंखें नींद से बोझिल हो गईं और वह आंचल बिछाकर लेटी रही और लेटते ही वह चंचल नवयौवना नदी के हिंडोले में प्रकृति के स्नेह छाया में पालित शिशु की तरह बेधड़क सो गई।

आंख खुली, तो देखा कि वह अपनी ससुराल में पड़ी सो रही है। उसे जगते देख, महरी बड़बड़ाने लगी। उसका बड़बड़ाना सुनकर सास मां भी आ पहुंची और जो मन में आया वह कहा। मृगमयी आंखें फाड़-फाड़कर शांत हो उनके मुख की ओर देखती रही। अन्त में सास मां ने भी जब उसके पिता की शिक्षा पर व्यंग करना शुरू कर दिया तब मृगमयी ने जल्दी से उठ, बगल की कोठरी में घुसकर अन्दर से द्वार बन्द कर लिया।

अपूर्व ने लाज को बिल्कुल ही ताक पर रखकर मां से कहा, मां! वधू को दो-चार दिन के लिए उसके घर ही भेज देने में कोई हर्ज की बात नहीं?

मां ने अपूर्व को बुरी तरह आड़े हाथों लिया, बोली- नपूते! दुनिया में इतनी लड़कियां होते हुए भी न जाने, कहां से छांट-छांट के ऐसी हड़जाल को मेरी छाती पर डाल दिया।

इस प्रकार के कटु शब्द अपूर्व को निर्दोष होते हुए भी सुनने पड़े।

उस रोज सारे दिन घर के बाहर बूंदा-बांदी और अन्दर अश्रु की वर्षा होती रही।

अगले रोज अर्धरात्रि को अपूर्व ने मृगमयी को धीरे-से जाकर पूछा- मृगमयी, क्या तुम अपने पिताजी के पास जाना चाहती हो?

मृगमयी ने चौंककर जल्दी से अपूर्व का हाथ पकड़कर कृतज्ञ कंठ से उत्तर दिया-हां।

तब अपूर्व ने चुपके से कहा- तो चलो, हम दोनों चोरी-चोरी भाग चलें। मैंने घाट पर नौका प्रबन्ध कर रखा है।

मृगमयी ने इस बार कृतज्ञ दृष्टि से अपूर्व की ओर देखा और उसके बाद तत्काल ही उठ, कपड़े बदल, चलने के लिए उद्यत हो गई। अपूर्व ने मां को किसी प्रकार की फिक्र न हो, इसलिए एक पत्र लिखकर रख दिया और रात्रि के नीरव पहर में घर से निकल पड़े।

मृगमयी ने उस नीरव और शान्त अंधेरी में पहली ही बार अपने मन से पूर्ण अवस्था एवं विश्वास के साथ पति का हाथ पकड़ा, उसके अपने ही हृदय का उद्वेग उस स्पर्श मात्र से अपूर्व की नसों में भी संचारित होने लगा।

नौका उसी रात्रि के नीरव पहर में वहां से चल दी। अकस्मात् खुशी के होते हुए भी मृगमयी को बहुत जल्दी ही नींद ने आ दबाया। अगले रोज आनन्द-ही-आनन्द था। दोनों ओर कितने ही बाजार, खेत और जंगल दिखाई दे रहे थे। इधर-उधर कितनी ही नौकाएं आ-जा रही थीं। मृगमयी उन्हें देखकर पूछने लगी- उस नौका पर क्या है? ये लोग कहां से आ रहे हैं, इस स्थान को क्या कहते हैं? ये सवाल ऐसे पेचीदा थे जो अपूर्व ने कभी कॉलिज की किताबों में कहीं नहीं पढ़े थे और उसके कलकत्ता जैसी महानगरी के तजुर्बे के बाहर थे। फिर भी उसके मन को संतुष्ट करने के लिए जो भी उत्तर दिये थे, वे सब मृगमयी को बहुत अच्छे लगे थे।

दूसरी संध्या को नौका, कुशीगंज के घाट पर जा लगी। पास में ही टीन के एक छोटे से झोंपड़े में, मैली-सी धोती बांधे, कांच की भद्दी लालटेन जला, छोटे से डेक्स पर एक चमड़े की जिल्द वाला बड़ा-सा रजिस्टर रखकर, नंगे बदन, स्टूल पर बैठे, ईशानचन्द्र कुछ लिख-पढ़ रहे थे। इसी समय इस नव दम्पति ने झोंपड़े में प्रवेश

किया। मृगमयी ने पुकारा- पिताजी। उस झोंपड़ी में आज तक ऐसी मृदु ध्वनि इस प्रकार से पहले और कभी नहीं सुनाई दी थी।

ईशान के नेत्रों से टप-टप आंसू गिरने लगे। उस समय वे निश्चय न कर सके कि उन्हें क्या करना चाहिए। उनकी बिटिया और दामाद मानो साम्राज्य के युवराज और युवराज्ञी हैं। यहां पटसन के ढेर के बीच में उनके बैठने लायक स्थान कैसे बनाया जा सकता है? इसी के निर्णय हेतु उनकी भटकती हुई बुद्धि और भी भटक गई और खाने-पीने का प्रबन्ध? यह भी दूसरी चिन्ता की बात थी। निर्धन बाबू अपने हाथ से दालभात पकाकर किसी प्रकार पेट भर लेता है, पर आज इस खुशी के अवसर पर क्या खिलाए और क्या करे?

मृगमयी पिता को असमंजस में देखकर फौरन बोली- पिताजी, आज हम सब मिलकर रसोई तैयार करेंगे।

अपूर्व ने इस नवीन प्रस्ताव पर उत्साह प्रगट किया। उस छोटी-सी झोंपड़ी में स्थान की कमी, आदमी की कमी और अन्न की बहुत कमी थी। लेकिन छोटे से छिद्र में से जिस प्रकार फौव्वारा चौगुने वेग से छूटता है, उसी प्रकार निर्धनता के सूक्ष्म सुराख से खुशी का फौव्वारा तीव्रता से छूटने लगा।

इसी प्रकार तीन दिन बीत गये। दोनों समय नियमित रूप से स्टीमर आता, यात्रियों का आना-जाना और शोरगुल सुनाई देता था, लेकिन संध्या के समय नदी का तट बिल्कुल सुनसान हो जाता था तब अपूर्व एक अनोखी स्वतन्त्रता का अनुभव किया करता था। तीनों मिलकर कहीं-कहीं रसोई तैयार किया करते थे। उसके बाद नई-नई चूड़ियों से भरे हाथों से उसका परोसा जाना, श्वसुर और जमाता का सम्मिलित रूप से भोजन करना और नई गृहिणी के भोजन की त्रुटियों पर परिहास किया जाना, इस पर मृगमयी का अभिमान करना, इन सब बातों से सबका मन पुलकित हो उठता था।

अन्त में अपूर्व ने कहा कि अब अधिक दिन ठहरना उचित नहीं। मृगमयी ने कुछ और दिन ठहरने की प्रार्थना की। लेकिन ईशान बाबू ने कहा- नहीं, अब नहीं।

विदा बेला पर बिटिया को छाती से लगा, उसके माथे पर स्नेहसिंचित हाथ को रखकर अश्रुमिश्रित स्वर में ईशानचन्द्र ने कहा-बिटिया, तू अपनी ससुराल में ज्योति जगाना, लक्ष्मी बनकर रहना...जिससे मेरे में कोई दोष न निकाल सके।

मृगमयी अश्रु बहाती हुई अपने पति के साथ विदा हो गई और ईशान बाबू अपनी उसी झोंपड़ी में लौटकर उसी पुराने नियम के अनुसार माल तोलकर दिन पर दिन और मास पर मास बिताने लगे।

दोनों अपराधियों की युगल जोड़ी अब घर पहुंची तो मां गम्भीर बनी रही, किसी से कुछ बात नहीं की? मां की ओर से किसी के व्यवहार में कोई दोष ही प्रदर्शित नहीं किया गया कि जिसकी सफाई के लिए दोनों में से कोई कुछ प्रयत्न करता? इस शान्त अभियोग ने, इस मूक अभियान ने, पर्वत की तरह सारी घर-गृहस्थी को अटल होकर दबा रखा।

जब यह सहन शक्ति से बाहर की बात हो गई तो अपूर्व ने कहा- मां, कॉलेज खुल गया है, अब मुझे कानून पढ़ने जाना है। मां ने कुछ उदासीनता प्रकट करते हुए कहा-बहू का क्या करोगे? अपूर्व ने कहा- यहीं रहेगी।

मां ने उत्तर दिया- ना बेटा, यहां पर उसकी जरूरत नहीं। उसे तुम अपने साथ ही लेते जाओ।

अपूर्व ने अभिमान पीड़ित स्वर में कहा-जैसी इच्छा।

कलकत्ता लौटने की तैयारी मां करने लगी। लौटने के एक दिन पहले, रात को अपूर्व जब अपने कमरे में विश्राम के लिए गया, तो देखा कि मृगमयी शैया पर पड़ी रो रही है।

अनायास ही उसके हृदय को चोट पहुंची। व्यक्त स्वर में बोला- मृगमयी! मेरे साथ महानगरी चलने को मन नहीं चाहता क्या?

मृगमयी ने उत्तर दिया- नहीं।

अपूर्व ने पुनः पूछा- क्या तुम मुझसे प्रेम नहीं करतीं?

इस प्रश्न का कुछ भी उत्तर न मिला। विशेषतया इस प्रकार के प्रश्न का उत्तर बहुत ही सरल हुआ करता है। किन्तु कभी-कभी इसके अन्दर मनःस्तर की इतनी जटिलता होती है कि कन्या से ठीक वैसे उत्तर की आशा नहीं की जा सकती।

अपूर्व ने प्रश्न किया- राखाल को छोड़कर यहां से चलने की इच्छा नहीं होती है क्या?

मृगमयी ने बड़ी सुगमता से उत्तर दिया-हां।

इसे सुनकर बी. ए. पास अपूर्व के हृदय में सुई के बराबर बालक राखाल की ओर से ईर्ष्या का अंकुर उठ खड़ा हुआ। बोला- बहुत दिनों तक गांव नहीं लौट सकूंगा। शायद दो-ढाई साल या इससे भी अधिक समय लग जाये।

इसके विषय में कुछ न कहकर मृगमयी बोली- वापस आते समय राखाल के लिए एक बढ़िया-सा राजस का चाकू लेते आना।

अपूर्व लेटे हुए था, तनिक उठकर बोला-तो तुम यहीं रहोगी।

मृगमयी ने उत्तर दिया- हां, अपनी मां के पास जाकर रहूंगी।

अपूर्व ने ठंडी-सी उच्छ्वास छोड़ी, बोला-अच्छा, वहीं रहना। अब जब तक बुलाने की चिट्ठी नहीं लिखोगी, मैं नहीं आऊंगा। अब तो खुश हो न।

मृगमयी ने इस प्रश्न का उत्तर देना व्यर्थ समझा और सोने लगी, किन्तु अपूर्व को नींद नहीं आई, तकिया ऊंचा किये उसके सहारे बैठा रहा।

रात्रि के अन्तिम पहर में सहसा चन्द्रमा दिखाई दिया और उसकी चांदनी बिस्तर पर आकर फैल गई। अपूर्व ने उस रोशनी में मृगमयी के चेहरे की ओर देखा। देखते-देखते उसे ऐसा महसूस हुआ कि रूप कथा की शहजादी को किसी ने चांदी की छड़ी छुआकर अचेत कर दिया हो। एक बार फिर सोने की छड़ी छुआते ही इस सोती हुई आत्मा को जगाकर उससे बदली की जा सकती है। चांदी की छड़ी परिहास है और सोने की छड़ी कुन्दन।

भोर से पहले ही अपूर्व ने मृगमयी को जगा दिया, बोला, मृगमयी, मेरे चलने का समय आ गया है। चलो, मैं तुम्हारी मां के पास छोड़ आऊं।

मृगमयी बिस्तर से उठकर चलने के लिए तैयार हो गई। अपूर्व ने उसके दोनों हाथों को हाथों में लेकर कहा- अब एक विनती और है, मैंने कितने ही अवसरों पर तुम्हारी सहायता की है, आज परदेश जाते समय तुम मुझे उसका इनाम दे सकोगी।

मृगमयी ने आश्चर्य के साथ पूछा- क्या?

अपूर्व ने कहा- स्वेच्छा से केवल एक चुंबन दे दो।

अपूर्व की इस अनोखी विनती और शान्त चेहरे को देखकर मृगमयी हंसने लग गई, और फिर बड़ी कठिनाई से हंसी को रोककर वह चुंबन देने के लिए आगे बढ़ी। अपूर्व के मुंह के पास मुंह ले जाकर उससे न रहा गया, खिलखिलाकर हंस पड़ी। इस प्रकार दो बार किया और अन्त में शांत होकर आंचल से मुंह ढंककर हंसने लगी। जब कुछ न बन पड़ा तब अपूर्व ने डांटने के बहाने उसके कान खींच लिये।

अपूर्व ने भी बड़ी भारी प्रतिज्ञा कर रखी थी कि वह जबर्दस्ती से कभी भी मृगमयी से कुछ नहीं लेगा, क्योंकि इसमें वह अपना अपमान समझता था। उसकी इच्छा थी कि देवताओं के समान सगौरव रहकर स्वेच्छा से भेंट किए हुए उपहार को पाये, और अपने हाथ से उठाकर कुछ भी न ले।

घूरता हुआ हत्बुद्धि ही द्वार पर खड़ा था। मृगमयी ने बिना मुंह उठाये ही अपूर्व का हाथ झटककर अलग कर दिया। अपूर्व ने कहा-देखो राखाल तुम्हारे साथ खेलने आया है, इसके साथ खेलने नहीं जाओगी।

उसने कुपित स्वर में कहा- नहीं।

राखाल ने भी देखा कि मामला कुछ संगीन है। वह किसी प्रकार वहां से निकल, जान बचाकर भाग गया? अपूर्व चुपचाप बैठा रहा। अब मृगमयी अश्रु बहाकर सो गईं तब वह चुपके से उठा और द्वार की सांकल चढ़ा दबे पांव वहां से चल दिया।

इसके अगले ही रोज मृगमयी को पिता की एक चिट्ठी मिली उसमें उन्होंने प्राणप्यारी बेटी मृगमयी के ब्याह में न आने के कारण विलाप करके अन्त में नव दम्पति को शुभ आशीष दिया था।

मृगमयी ने सास मां के पास जाकर कहा- मैं पिताजी के पास जाऊंगी। सास मां ने अनायास ही वधू की इस असम्भव प्रार्थना को सुनकर उसे फटकार दिया, बोली-पिता का कहीं ठौर-ठिकाना भी है कि ऐसे ही पिताजी के पास जायेगी। तेरा तो हर काम दुनिया से निराला ही है। लाड़ मुझे पसन्द नहीं।

वधू ने कोई उत्तर नहीं दिया? अपने कमरे में जाकर उसने भीतर से द्वार बन्द कर लिया और बिल्कुल निराश मानव, जिस प्रकार देवी-देवताओं से प्रार्थना करता है, उस तरह वह कहने लगी- पिताजी, तुम मुझे ले जाओ यहां से। यहां मेरा कोई नहीं है? मैं यहां जीवित न रह सकूंगी।

अधिक रात चले जाने पर, जब उसके पति निद्रा में खो गये तब वह चुपके से द्वार खोलकर बाहर चल दी। वास्तव में बीच-बीच में मेघों की गर्जन सुनाई देती थी, फिर भी बिजली की रोशनी में रास्ता दिखाई देने लायक काफी रोशनी थी। पिताजी के पास जाने के लिए कौन से रास्ते को पकड़ना चाहिए, मृगमयी को कुछ भी पता न था। उसे तो केवल इतना ही विश्वास था कि जिस रास्ते में पत्रवाहक डाक लेकर जाते हैं, उसी मार्ग से दुनिया के किसी भी ठिकाने पर पहुंचा जा सकता है? मृगमयी भी उसी रास्ते पर चलती रही। चलते-चलते उसके शरीर का चूरा हो गया, रात्रि का लगभग अन्तिम पहर भी खत्म हो चला। सुनसान वन में, जबकि दो-चार पक्षी पंख हिला-हिलाकर अनिश्चित स्वर में बोलना चाहते थे और समय का पूर्ण निर्णय न कर सकने के कारण दुविधा में फंस चुप रह जाते थे, उस समय मृगमयी सड़क के किनारे नदी के तट पर के बाजार में पहुंची। इसके बाद, वह विचार कर रही थी कि अब किस ओर चलना चाहिए, इतने में उसे परिचित "झमझम" शब्द

मृगमयी फिर न हंसी। अपूर्व उसे उषा की प्रथम किरणों में निर्जन पथ से उसकी मां के घर छोड़ आया फिर लौटकर मां से बोला- मां! बहुत सोच-विचार कर इस निर्णय पर पहुंचा कि वधू को कलकत्ता ले जाने से पढ़ाई में बहुत नुकसान होगा और फिर उसकी वहां कोई साथिन भी तो नहीं है... तुम तो उसको अपने पास रखना नहीं चाहतीं। इसलिए मैं उसे उसके घर छोड़ आया हूं।

इस प्रकार गर्व के चूर्ण में ही मां पुत्र का विच्छेद हुआ।

मां के घर पहुंचकर मृगमयी को पता लगा कि अब यहां उसका किसी प्रकार मन ही नहीं लगता है? उस घर में जाने कौन-सा परिवर्तन आ गया है कि समय काटे नहीं कटता। क्या करे, कहां जाये, किससे मिले, उसकी कुछ भी समझ में नहीं आया?

थोड़े ही दिनों में मृगमयी को कुछ ऐसा लगने लगा, कि घरबार और गांव भर में कोई आदमी ही नहीं है? अब कलकत्ता जाने को उसका मन इतना आतुर क्यों है, पहले ऐसा क्यों नहीं था? यह उलझन उसकी समझ में नहीं आई। उसने वृक्ष के शुष्क पत्ते के समान ही डंठल से गिरे हुए उस अतीत जीवन को आज अपनी इच्छा से अनायास ही दूर फेंक दिया।

प्राचीन कथाओं से सुना जाता है कि पहले निपुण अस्त्रकार ऐसी बारीक खड्ग बना सकते थे कि जिससे आदमी को काटकर दो टुकड़े कर देने पर भी उसे मालूम नहीं पड़ता और जब उसे हिलाया जाता था तो उसके दो टुकड़े हो जाते थे। विधाता की खड्ग ऐसी ही सूक्ष्म है, कि कब उन्होंने मृगमयी के बचपन और जवानी के बीच वार किया, वह जान ही न सकी। आज न जाने कैसे तनिक हिल जाने से उसका बचपना जवानी से अलग जा गिरा, और तब वह आश्चर्यचकित होकर देखती ही रह गई।

मायके में उसकी वह चिर-परिचित कोठरी उसे अपनी नहीं मालूम पड़ी। जो मृगमयी वहां काम करती थी, अब मालूम हुआ कि यहां रही ही नहीं। अब उसके हृदय की सारी स्मृति एक-दूसरे ही घर में, दूसरे ही कमरे में, दूसरी ही शैया के आस-पास गूंजती हुई उड़ने लगी। मृगमयी अब बाहर नहीं दिखाई पड़ती, उसकी हास्य-ध्वनि अन्दर ही घुटकर रह जाती। उसका बचपन का साथी राखाल तो उसे देखकर त्रस्त हो भाग जाता, खेलकूद की बात तो अब उनके मन में ही नहीं आती।

मृगमयी ने अपनी मां से कहा- मां, मुझे सास मां के घर ले चल।

उधर कलकत्ते जाते समय बेटे की उदासीनता को याद करके मां का हृदय विदीर्ण हो रहा था। क्रोध में आकर वधू को वह अपनी ससुराल छोड़ आया, यह बात उसके मन में सुई की तरह चुभने लगी थी।

इतने में एक दिन अवगुंठन डाले मृगमयी आ पहुंची। चेहरा उसका मुर्झा-सा गया था और उसने सास मां के चरणों का स्पर्श किया। आशीष देने के स्थान पर सास मां की आंखों में अश्रु भर आये और उसी क्षण मृगमयी को उठाकर जलते हुए कलेजे से लगा लिया। उसी क्षण दोनों का मिलाप हो गया। मृगमयी के चेहरे की ओर निहारकर सास मां को बड़ा आश्चर्य हुआ। अब वह पहली मृगमयी नहीं रही थी, ऐसा परिवर्तन तो कतिपय सबके लिए सम्भव नहीं। ऐसे परिवर्तनों के लिए बड़ी ताकत की आवश्यकता होती है। सास मां ने बहुत सोच-समझकर निश्चय किया था कि वधू के सारे दोषों को धीरे-धीरे से सुधारेगी, किन्तु यहां तो पहले से ही किसी विशेष सुधारक ने उसे नव-जीवन दे डाला था।

अब वधू ने सास मां को अच्छी तरह पहचान लिया था, और सास मां ने उसको। मृगमयी के हृदय में आषाढ़ माह के सजल मेघों के समान अश्रुओं से पूर्ण गर्व उमड़ने लगा। उस गर्व से उसकी बड़ी-बड़ी आंखों की छायादार घनी पलकों पर और भी गहरा आवरण डाल दिया। वह मन-ही-मन अपूर्व से कहने लगी, मैं अब तक अपने को न समझ सकी तो न सही पर तुमने मुझे क्यों नहीं समझने का प्रयत्न किया? तुमने मुझे दण्ड क्यों नहीं दिया? तुमने अपनी इच्छा के वशीभूत ही क्यों नहीं चलाया? मुझ डाइन ने जब तुम्हारे साथ महानगरी चलने को इन्कार किया, तो तुम मुझे जबर्दस्ती पकड़कर क्यों नहीं ले गये? तुमने मेरा कहना क्यों पूरा किया? मेरे हठ के आगे क्यों झुके? मेरी अवज्ञा को क्यों सहन किया?

इसके उपरान्त, फिर उसे उस दिन की याद आई, पहले पहल जिस दिन अपूर्व सवेरे तालाब के किनारे सुनसान रास्ते में उसे बन्दी बना कर मुंह से कुछ न कहकर केवल उसके मुख की ओर निहारता रहा था। उस दिन के उस तालाब की, उस पथ की, वृक्ष की नीचे उस छाया की, भोर की उस सुनहली धूप की, हृदय भार से झुकी हुई उस गहरी चितवन की उसे स्मृति छा गई और सहसा उसका पूरा-पूरा अर्थ अब उसकी समझ में आ गया था। इसके उपरान्त विदा की बेला पर जिस चुंबन को वह अपूर्व के होंठों तक ले जाकर लौटा आई थी वह अधूरा चुंबन अब मरु-मरीचिका की ओर तृषित मृग की तरह उत्तरोत्तर तीव्रता के साथ उन बीते हुए दिनों की ओर उड़ान भरने लगा किन्तु तृष्णा उसकी किसी प्रकार भी न मिट सकी। अब रह-रहकर उसके मन में यही बातें उठा करतीं, यदि, उस समय तू ऐसा करती, उनकी बात का यदि ऐसा उत्तर देती, तब ऐसा करती।

अपूर्व के मस्तिष्क में इस बात का बड़ा दुःख रहा कि मृगमयी ने उसे अच्छी तरह पहचाना नहीं और मृगमयी ने भी आज बैठे-बैठे यही सोचा कि उन्होंने उसे क्या

समझा होगा, क्या सोचते होंगे? अपूर्व ने उसे पाषाणी चंचल, उद्दण्ड, नादान लड़की समझ लिया होगा। लबालब भरे हुए तरलामृत की धारा से अपनी प्रेम तृष्णा मिटाने में उसे समर्थ नवयौवना नहीं जाना। इस वेदना से धिक्कार के मारे लज्जा से वह धारा में धंसी जा रही थी और प्रियतम के चुंबन और सुहाग के उस ऋण को वह अपूर्व के तकिए को दे-देकर उऋण होने का प्रयत्न करने लगी।

इसी प्रकार काफी दिन बीत गए।

चलते समय अपूर्व कह गया था, जब तक तुम्हारा पत्र नहीं आयेगा, तब तक मैं नहीं आऊंगा। मृगमयी इसी बात को याद कर, कमरे का द्वार बन्द कर, एक दिन पत्र लिखने के लिए बैठी अपूर्व ने जो सुनहरी किरणों के कागज दिये थे उन्हें निकालकर बैठी-बैठी विचारने लगी, क्या लिखे? बड़े यत्न के बाद हाथ जमा कर टेढ़ी-मेढ़ी रेखायें अंकित कर उंगलियों में स्याही पोत कर छोटे-बड़े अक्षरों में ऊपर सम्बोधन बिना किए ही एकदम लिख दिया- तुम मुझे चिट्ठी क्यों नहीं भेजते? तुम कौन हो? घर चले आओ और क्या होना चाहिए? वह सोचकर भी किसी निर्णय पर न पहुंच सकी? अन्त में उसने कुछ विचार कर लिया- अब मुझे चिट्ठी लिखना और कैसे रहते हो सो लिखना, जल्दी आना सब अच्छी तरह हैं और कल हमारी काली गाय के बछड़ा हुआ है। इतना लिखकर चिट्ठी लिफाफे में बन्द कर दी और फिर हृदय के प्यार से सिंचित शब्दों में लिख दिया श्रीयुत अपूर्वकुमार राय। प्यार चाहे कितना ही उड़ेला गया हो, किन्तु तो भी रेखा सीधी, अक्षर सुन्दर और लिखावट सही नहीं हुई।

लिफाफे पर नाम के सिवा और कुछ लिखना भी आवश्यक है, मृगमयी इस बात से परिचित न थी।

कहीं सास मां या कोई और न देख ले, इस भय से लिफाफे को विश्वस्त दासी के हाथ डाक में डलवा दिया।

कहने की आवश्यकता नहीं कि उस पत्र का कुछ फल नहीं निकला और अपूर्व घर नहीं लौटा।

मां ने देखा कि कॉलेज बन्द हो गया, फिर भी अपूर्व घर नहीं आया। सोचा, अब भी वह उनसे गुस्से है। मृगमयी ने भी समझ लिया कि अपूर्व उससे गुस्सा कर रहा है और तब वह अपने पत्र की याद करके, मारे लज्जा के गड़ जाने लगी। वह पत्र उसका कितना तुच्छ और छोटा था। उसमें तो कोई बात ही नहीं लिखी गई, उसने अपने मन के भाव तो उसमें लिखे ही नहीं...फिर उनका ही क्या दोष? यह सोच-सोचकर वह तीर बिंधे शिकार की तरह भीतर-ही-भीतर तड़पने लगी। दासी से

उसने बार-बार पूछा- उस पत्र को तू डाक में डाल आई थी। दासी ने उसे कितनी ही बार समझाया- हां, बहूजी, मैं खुद चिट्ठी को डिब्बे में डाल आई हूं। बाबूजी को वह मिल भी गई होगी।

अन्त में अपूर्व की मां ने मृगमयी को पास बुलाकर पूछा- बहू, वह बहुत दिनों से घर नहीं आया, मन चाहता है कि कलकत्ता जाकर उसे देख आऊं, क्या तुम साथ चलोगी?

मृगमयी जबान से कुछ न कह सकी, परन्तु स्वीकृति रूप में सिर हिला दिया और अपने कमरे में जाकर, तकिए को छाती से लगाकर, इधर से उधर करवटें बदलकर, हृदय के आवेश को दबाकर हल्की होने का प्रयत्न करने लगी और इसके बाद भावी आशंका के विषय में सोचकर रोने लगी।

अपूर्व को सूचित किए बिना ही दोनों उसकी शुभकामना चाहती हुई कलकत्ता को चल दी।

अपूर्व की मां कलकत्ते में अपने दामाद के यहां ठहरी। उसी दिन संध्या को अपूर्व मृगमयी के पत्र की आस छोड़कर और वचन को भंग करके स्वयं ही पत्र लिखने के लिए बैठा था तभी उसे जीजाजी का पत्र मिला कि तुम्हारी मां आई हैं। जल्दी आकर मिलो और रात को भोजन यहीं करना, समाचार सब ठीक है। इतना पढ़ने पर भी उसका मन किसी अमंगल सूचना की आशंका कर घबरा उठा। वह तुरन्त ही कपड़े बदल, जीजाजी के घर की ओर चल दिया। मिलते ही उसने मां से पूछा- मां, सब मंगल तो है।

मां ने कहा- सब देवी की कृपा है। छुट्टियों में तू घर क्यों नहीं आया, इसीलिए मैं तुझे लेने आई हूं?

अपूर्व ने कहा- मेरे लिए इतनी तकलीफ उठाने की क्या जरूरत थी मां! मैं तो कानून की परीक्षा के कारण...

ब्यालू करते समय दीदी ने पूछा- भइया! उस समय भाभी को तुम साथ ही क्यों नहीं लेते आये।

भइया ने गम्भीरता के साथ कहा- कानून की पढ़ाई थी दीदी।

जीजा ने हंसकर कहा- यह सब तो बहाना है, असल में हमारे डर से लाने की हिम्मत नहीं पड़ी।

दीदी बोली- बड़े डरपोक निकले भइया। कहीं इस डर से बुखार तो नहीं चढ़ा।

इस तरह हंसी-मजाक चलने लगा, परन्तु अपूर्व वैसे ही उदासीन बना रहा। मां जब कलकत्ते आई, तब मृगमयी भी चाहती तो वह भी कलकत्ते आ सकती थी,

पाषाणी कहीं की। इस प्रकार सोचते-सोचते उसे सारा मानव-जीवन व्यर्थ-सा प्रतीत होने लगा।

ब्यालू के बाद बड़ी जोर की आंधी आई और बहुत तेज वर्षा होने लगी। दीदी ने कहा- भइया, आज यहीं रह जाओ।

अपूर्व ने कहा- नहीं दीदी, मुझे जाना ही होगा, बहुत-सा काम पड़ा है।

जीजा ने कहा- ऐसी रात में तुम्हें क्या काम है? एक रात को ठहर ही जाओगे तो कौन-सा काम बिगड़ जायेगा?

बहुत कहने-सुनने के उपरान्त अनिच्छा से अपूर्व को उस रात दीदी के पास ठहरना पड़ा।

राजी हो जाने पर दीदी ने कहा- भइया, तुम थके हुए दिखाई देते हो, अब चलकर आराम कर लो।

अपूर्व की यही इच्छा थी कि शैया पर अंधेरे में अकेले जाकर सो रहे तो उसकी जान बचे। बातें करना भी तो उसे बुरा लगता था।

सोने के लिए जिस कमरे के द्वार तक उसे पहुंचाया गया, वहां जाकर देखा कि भीतर अन्धकार छाया था। दीदी ने कहा-डरो मत भइया, हवा से बत्ती बुझ गई मालूम होती है, दूसरी बत्ती लिये आती हूं।

अपूर्व ने कहा- नहीं दीदी, अब उसकी आवश्यकता नहीं है। मुझे अंधेरे में ही सोने की आदत है।

दीदी के चले जाने पर अपूर्व अंधकार से भरे कमरे में सावधानी के साथ शैया की ओर बढ़ा।

शैया पर बैठना चाहता था कि इतने में चूड़ियों के खनकने की आवाज सुनाई दी और कोमल बाहुपाश में वह बुरी तरह जकड़ गया। उन्हीं क्षणों पुष्प से कोमल व्याकुल ओष्ठों ने डाकू के समान आकर अविरल अश्रु धारा के भीगे हुए चुम्बनों के मारे उसे आश्चर्य प्रकट करने तक का अवसर न दिया।

अपूर्व पहले तो चौंक पड़ा। इसके बाद उसकी समझ में आया कि जो काम वह पाषाणी को मनाने के लिए अधूरा छोड़ आया था, उसे आज अश्रुओं के वेग ने पूर्ण कर दिया है।

17

पिंजर

जब मैं पढ़ाई की पुस्तकें समाप्त कर चुका तो मेरे पिता ने मुझे वैद्यक सिखानी चाही और इस काम के लिए एक जगत के अनुभवी गुरु को नियुक्त कर दिया। मेरा नवीन गुरु केवल देशी वैद्यक में ही चतुर न था, बल्कि डॉक्टरी भी जानता था। उसने मनुष्य के शरीर की बनावट समझाने के आशय से मेरे लिए एक मनुष्य का ढांचा अर्थात् हड्डियों का पिंजर मंगवा दिया था। जो उस कमरे में रखा गया, जहां मैं पढ़ता था। साधारण व्यक्ति जानते हैं कि मुर्दा विशेषतः हड्डियों के पिंजर से, कम आयु वाले बच्चों को, जब वे अकेले हों, कितना अधिक भय लगता है। स्वभावतः मुझको भी डर लगता था और आरम्भ में मैं कभी उस कमरे में अकेला न जाता था। यदि कभी किसी आवश्यकतावश जाना भी पड़ता तो उसकी ओर आंख उठाकर न देखता था। एक और विद्यार्थी भी मेरा सहपाठी था। जो बहुत निर्भय था। वह कभी उस पिंजर से भयभीत न होता था और कहा करता था कि इस पिंजर की सामर्थ्य ही क्या है? जिससे किसी जीवित व्यक्ति को हानि पहुंच सके। अभी हड्डियां हैं, कुछ दिनों पश्चात् मिट्टी हो जायेंगी। किन्तु मैं इस विषय में उससे कभी सहमत न हुआ और सर्वदा यही कहता रहा कि यह मैंने माना कि आत्मा इन हड्डियों से विलग हो गयी है, तब भी जब तक यह विद्यमान है वह समय-असमय पर आकर अपने पुराने मकान को देख जाया करती है। मेरा यह विचार प्रकट में अनोखा या असम्भव प्रतीत होता था और कभी किसी ने यह नहीं देखा होगा कि आत्मा फिर अपनी हड्डियों में

वापस आयी हो। किन्तु यह एक अमर घटना है कि मेरा विचार सत्य था और सत्य निकला।

कुछ दिनों पहले की घटना है कि एक रात को गार्हस्थ आवश्यकताओं के कारण मुझे उस कमरे में सोना पड़ा। मेरे लिए यह नई बात थी। अतः नींद न आई और मैं काफी समय तक करवटें बदलता रहा। यहां तक कि समीप के गिरजाघर ने बारह बजाये। जो लैम्प मेरे कमरे में प्रकाश दे रहा था, वह मद्धम होकर धीरे-धीरे बुझ गया। उस समय मुझे उस प्रकाश के सम्बन्ध में विचार आया कि क्षण-भर पहले वह विद्यमान था किन्तु अब सर्वदा के लिए अंधेरे में परिवर्तित हो गया। संसार में मनुष्य-जीवन की भी यही दशा है। जो कभी दिन और कभी रात के अनन्त में जा मिलता है।

धीरे-धीरे मेरे विचार पिंजर की ओर परिवर्तित होने आरम्भ हुए। मैं हृदय में सोच रहा था कि भगवान जाने ये हड्डियां अपने जीवन में क्या कुछ न होंगी। सहसा मुझे ऐसा ज्ञात हुआ जैसे कोई अनोखी वस्तु मेरे पलंग के चारों ओर अन्धेरे में फिर रही है। फिर लम्बी सांसों की ध्वनि, जैसे कोई दुखित व्यक्ति सांस लेता है, मेरे कानों में आई और पावों की आहट भी सुनाई दी। मैंने सोचा यह मेरा भ्रम है, और बुरे स्वप्नों के कारण काल्पनिक आवाजें आ रही हैं, किन्तु पांव की आहट फिर सुनाई दी। इस पर मैंने भ्रम-निवारण हेतु उच्च स्वर से पूछा-"कौन है?" यह सुनकर वह अपरिचित शक्ल मेरे समीप आई और बोली- "मैं हूं, मैं अपने पिंजर को दिखने आई हूं।"

मैंने विचार किया मेरा कोई परिचित मुझसे हंसी कर रहा है। इसलिए मैंने कहा-"यह कौन-सा समय पिंजर देखने का है। वास्तव में तुम्हारा अभिप्राय क्या है?"

ध्वनि आई- "मुझे असमय से क्या अभिप्राय? मेरी वस्तु है, मैं जिस समय चाहूं इसे देख सकती हूं। आह! क्या तुम नहीं देखते वे मेरी पसलियां हैं, जिनमें वर्षों मेरा हृदय रहा है। मैं पूरे छब्बीस वर्ष इस घोंसले में बन्द रही, जिसको अब तुम पिंजर कहते हो। यदि मैं अपने पुराने घर को देखने चली आई तो इसमें तुम्हें क्या बाधा हुई?"

मैं डर गया और आत्मा को टालने के लिए कहा- "अच्छा, तुम जाकर अपना पिंजर देख लो, मुझे नींद आती है। मैं सोता हूं।" मैंने हृदय में निश्चय कर लिया कि जिस समय वह यहां से हटे, मैं तुरन्त भागकर बाहर चला जाऊंगा। किन्तु वह टलने वाली आसामी न थी, कहने लगी- "क्या तुम यहां अकेले सोते हो? अच्छा आओ कुछ बातें करें।"

उसका आग्रह मेरे लिए व्यर्थ की विपत्ति से कम न था। मृत्यु की रूपरेखा मेरी आंखों के सामने फिरने लगी। किन्तु विवशता से उत्तर दिया- "अच्छा तो बैठ जाओ और कोई मनोरंजक बात सुनाओ।"

आवाज आई- "लो सुनो। पच्चीस वर्ष बीते मैं भी तुम्हारी तरह मनुष्य थी और मनुष्यों में बैठ कर बातचीत किया करती थी। किन्तु अब श्मशान के शून्य स्थान में फिरती रहती हूं। आज मेरी इच्छा है कि मैं फिर एक लम्बे समय के पश्चात् मनुष्यों से बातें करूं। मैं प्रसन्न हूं कि तुमने मेरी बातें सुनने पर सहमति प्रकट की है। क्यों? तुम बातें सुनना चाहते हो या नहीं।"

यह कहकर वह आगे की ओर आई और मुझे मालूम हुआ कि कोई व्यक्ति मेरे पांयती पर बैठ गया है। फिर इससे पूर्व कि मैं कोई शब्द मुख से निकालूं, उसने अपनी कथा सुनानी आरम्भ कर दी।

वह बोली-महाशय, जब मैं मनुष्य के रूप में थी तो केवल एक व्यक्ति से डरती थी और वह व्यक्ति मेरे लिए मानो मृत्यु का देवता था। वह था मेरा पति। जिस प्रकार कोई व्यक्ति मछली को कांटा लगाकर पानी से बाहर ले आया हो। वह व्यक्ति मुझको मेरे माता-पिता के घर से बाहर ले आया था और मुझको वहां जाने न देता था। अच्छा था उसका काम जल्दी ही समाप्त हो गया अर्थात् विवाह के दूसरे महीने ही वह संसार से चल बसा। मैंने लोगों की देखा-देखी वैष्णव रीति से क्रियाकर्म किया, किन्तु हृदय में बहुत प्रसन्न थी कि कांटा निकल गया। अब मुझको अपने माता-पिता से मिलने की आज्ञा मिल जाएगी और मैं अपनी पुरानी सहेलियों से, जिनके साथ खेला करती थी, मिलूंगी। किन्तु अभी मुझको मैके जाने की आज्ञा न मिली थी, कि मेरा ससुर घर आया और मेरा मुख ध्यान से देखकर अपने-आप कहने लगा- "मुझको इसके हाथ और पांव के चिन्ह देखने से मालूम होता है यह लड़की डायन है।" अपने ससुर के वे शब्द मुझको अब तक याद हैं। वे मेरे कानों में गूंज रहे हैं। उसके कुछ दिनों पश्चात् मुझे अपने पिता के यहां जाने की आज्ञा मिल गई। पिता के घर जाने पर मुझे जो खुशी प्राप्त हुई वह वर्णन नहीं की जा सकती। मैं वहां प्रसन्नता से अपने यौवन के दिन व्यतीत करने लगी। मैंने उन दिनों अनेकों बार अपने विषय में कहते सुना कि मैं सुन्दर युवती हूं, परन्तु तुम कहो तुम्हारी क्या सम्मति है?

मैंने उत्तर दिया- "मैंने तुम्हें जीवित देखा नहीं, मैं कैसे सम्मति दे सकता हूं, जो कुछ तुमने कहा ठीक होगा।"

वह बोली- "मैं कैसे विश्वास दिलाऊं कि इन दो गढ़ों में लज्जाशील दो नेत्र, देखने वालों पर बिजलियां गिराते थे। खेद है कि तुम मेरी वास्तविक मुस्कान का अनुमान इन हड्डियों के खुले मुखड़े से नहीं लगा सकते। इन हड्डियों के चहुंओर जो सौन्दर्य था अब उसका नाम तक बाकी नहीं है। मेरे जीवन के क्षणों में कोई योग्य-से-योग्य डॉक्टर भी कल्पना न कर सकता था कि मेरी हड्डियां मानव-शरीर की रूप-रेखा के वर्णन के काम आयेंगी। मुझे वह दिन याद है जब मैं चला करती थी तो प्रकाश की किरणें मेरे एक-एक बाल से निकलकर प्रत्येक दिशा को प्रकाशित करती थीं। मैं अपनी बांहों को घण्टों देखा करती थी। आह-ये वे बाहें थीं, जिसको मैंने दिखाईं अपनी ओर आसक्त कर लिया। सम्भवतः सुभद्रा को भी ऐसी बाहें नसीब न हुई होंगी। मेरी कोमल और पतली उंगलियां मृणाल को भी लजाती थीं। खेद है कि मेरे इस नग्न-ढांचे ने तुम्हें मेरे सौन्दर्य के विषय में सर्वथा झूठी सम्मति निर्धारित करने का अवसर दिया। तुम मुझे यौवन के क्षणों में देखते तो आंखों से नींद उड़ जाती और वैद्यक ज्ञान का सौदा मस्तिष्क से अशुद्ध शब्द की भांति समाप्त हो जाता।

उसने कहानी का तारतम्य प्रवाहित रखकर कहा- "मेरे भाई ने निश्चय कर लिया था कि वह विवाह न करेगा। और घर में मैं ही एक स्त्री थी। मैं संध्या-समय अपने उद्यान में छाया वाले वृक्षों के नीचे बैठती तो सितारे मुझे घूरा करते और शीतल वायु जब मेरे समीप से गुजरती तो मेरे साथ अठखेलियां करती थी। मैं अपने सौन्दर्य पर घमण्ड करती और अनेकों बार सोचा करती थी कि जिस धरती पर मेरा पांव पड़ता है यदि उसमें अनुभव करने की शक्ति होती तो प्रसन्नता से फूली न समाती। कभी कहती संसार के सम्पूर्ण प्रेमी युवक घास के रूप में मेरे पैरों पर पड़े हैं। अब ये सम्पूर्ण विचार मुझको अनेक बार विफल करते हैं कि आह! क्या था और क्या हो गया।

"मेरे भाई का एक मित्र सतीशकुमार था जिसने मेडिकल कॉलेज में डॉक्टरी का प्रमाण-पत्र प्राप्त किया था। वह हमारा भी घरेलू डॉक्टर था। वैसे उसने मुझको नहीं देखा था परन्तु मैंने उसको एक दिन देख ही लिया और मुझे यह कहने में भी संकोच नहीं कि उसकी सुन्दरता ने मुझ पर विशेष प्रभाव डाला। मेरा भाई अजीब ढंग का व्यक्ति था। संसार के शीत-ग्रीष्म से सर्वथा अपरिचित वह कभी गृहस्थ के कामों में हस्तक्षेप न करता। वह मौनप्रिय और एकान्त में रहा करता था जिसका परिणाम यह हुआ कि संसार से अलग होकर एकान्तप्रिय बन गया और साधु-महात्माओं का-सा जीवन बिताने लगा।

"हां, तो वह नवयुवक सतीशकुमार हमारे यहां प्रायः आता और यही एक नवयुवक था जिसको अपने घर के पुरुषों के अतिरिक्त मुझे देखने का संयोग प्राप्त हुआ था। जब मैं उद्यान में अकेली होती और पुष्पों से लदे हुए वृक्ष के नीचे महारानी की भांति बैठती, तो सतीशकुमार का ध्यान और भी मेरे हृदय में चुटकियां लेता-परन्तु तुम किस चिन्ता में हो। तुम्हारे हृदय में क्या बीत रही है?"

मैंने ठंडी सांस भरकर उत्तर दिया- "मैं यह विचार कर रहा हूं कि कितना अच्छा होता कि मैं ही सतीशकुमार होता।"

वह हंसकर बोली- "अच्छा, पहले मेरी कहानी सुन लो फिर प्रेमालाप कर लेना। एक दिन वर्षा हो रही थी, मुझे कुछ बुखार था उस समय डॉक्टर अर्थात् मेरा प्रिय सतीश मुझे देखने के लिए आया। यह प्रथम अवसर था कि हम दोनों ने एक-दूसरे को आमने-सामने देखा और देखते ही डॉक्टर मूर्ति-समान स्थिर-सा हो गया और मेरे भाई की मौजूदगी ने होश संभालने के लिए बाध्य कर दिया। वह मेरी ओर संकेत करके बोला-"मैं इनकी नब्ज देखना चाहता हूं।" मैंने धीरे-से अपना हाथ दुशाले से निकाला। डॉक्टर ने मेरी नब्ज पर हाथ रखा। मैंने कभी न देखा कि किसी डॉक्टर ने साधारण ज्वर के निरीक्षण में इतना विचार किया हो। उसके हाथ की उंगलियां कांप रही थीं। कठिन परिश्रम के पश्चात् उसने मेरे ज्वर को अनुभव किया। किन्तु वह मेरा ज्वर देखते-देखते स्वयं ही बीमार हो गये। क्यों, तुम इस बात को मानते हो या नहीं।

मैंने डरते-डरते कहा- "हां, बिल्कुल मानता हूं। मनुष्य की अवस्था में परिवर्तन उत्पन्न होना कठिन नहीं है।"

वह बोली- "कुछ दिनों परीक्षण करने से ज्ञात हुआ कि मेरे हृदय में डॉक्टर के अतिरिक्त और किसी नवयुवक का विचार तक नहीं। मेरा कार्यक्रम था सन्ध्या-समय वसन्ती रंग की साड़ी पहनकर बालों में कंघी, फूलों का हार गले में डालकर, दर्पण हाथ में लिये बाग में चले जाना और पहरों देखा करना। क्यों, क्या दर्पण देखना बुरा है?"

मैंन घबराकर उत्तर दिया- "नहीं तो।"

उसने कहानी का सिलसिला स्थापित रखते हुए कहा- "दर्पण देखकर मैं ऐसा अनुभव करती जैसे मेरे दो रूप हो गये हैं। अर्थात् मैं स्वयं ही सतीशकुमार बन जाती और स्वयं ही अपने प्रतिबिम्ब को प्रेमिका समझकर उस पर तन-मन न्यौछावर करती। यह मेरा बहुत ही प्रिय मनोरंजन था और मैं घण्टों व्यतीत कर देती। अनेकों बार ऐसा हुआ कि मध्यान्ह को पलंग पर बिस्तर बिछाकर लेटी और एक हाथ को

बिस्तर पर उपेक्षा से फेंक दिया। जरा आंख झपकी तो सपने में देखा कि सतीशकुमार आया और मेरे हाथ को चूमकर चला गया...बस, अब मैं कहानी समाप्त करती हूं, तुम्हें तो नींद आ रही है।"

मेरी उत्सुकता बहुत बढ़ चुकी थी। अतः मैंने नम्रता भरे स्वर में कहा- "नहीं, तुम कहे जाओ, मेरी जिज्ञासा बढ़ती जाती है।"

वह कहने लगी- "अच्छा सुनो! थोड़े दिनों में ही सतीशकुमार का कारोबार बहुत बढ़ गया और उसने हमारे मकान के नीचे के भाग में अपनी डिस्पेन्सरी खोल ली। जब उसे रोगियों से अवकाश मिलता तो मैं उसके पास जा बैठती और हंसी-ठट्ठों में विभिन्न दवाई का नाम पूछती रहती। इस प्रकार मुझे ऐसी दवाएं भी ज्ञात हो गईं, जो विषैली थीं। सतीशकुमार से जो कुछ मैं मालूम करती वह बड़े प्रेम और नम्रता से बताया करता। इस प्रकार एक लम्बा समय बीत गया और मैंने अनुभव करना आरम्भ किया कि डॉक्टर होश-हवाश खोये-से रहता है और जब कभी मैं उसके सम्मुख जाती हूं तो उसके मुख पर मुर्दनी-सी छा जाती है। परन्तु ऐसा क्यों होता है? इसका कोई कारण ज्ञात न हुआ। एक दिन डॉक्टर ने मेरे भाई से गाड़ी मांगी। मैं पास बैठी थी। मैंने भाई से पूछा- "डॉक्टर रात में इस समय कहां जायेगा?" मेरे भाई ने उत्तर दिया- "तबाह होने को।" मैंने अनुरोध किया कि मुझे अवश्य बताओ वह कहां जा रहा है? भाई ने कहा- "वह विवाह करने जा रहा है।" यह सुनकर मुझ पर मूर्छा-सी छा गई। किन्तु मैंने अपने-आपको संभाला और भाई से फिर पूछा- "क्या वह सचमुच विवाह करने जा रहा है या मजाक करते हो?" उसने उत्तर दिया- "सत्य ही आज डॉक्टर दुल्हन लायेगा!"

"मैं वर्णन नहीं कर सकती कि यह बात मुझे कितनी कष्टप्रद अनुभव हुई। मैंने अपने हृदय से बार-बार पूछा कि डॉक्टर ने मुझसे यह बात क्यों छिपाकर रखी। क्या मैं उसको रोकती कि विवाह मत करो? इन पुरुषों की बात का कोई विश्वास नहीं।

"मध्यान्ह डॉक्टर रोगियों को देखकर डिस्पेन्सरी में आया और मैंने पूछा, "डॉक्टर साहब! क्या यह सत्य है कि आज आपका विवाह है।" यह कहकर मैं बहुत हंसी और डॉक्टर यह देखकर कि मैं इस बात को हंसी में उड़ा रही हूं, न केवल लज्जित हुआ। बल्कि कुछ चिन्तित-सा हो गया। फिर मैंने सहसा पूछा- "डॉक्टर साहब, जब आपका विवाह हो जायेगा तो क्या आप फिर भी लोगों की नब्ज देखा करेंगे। आप तो डॉक्टर हैं और अन्य डॉक्टरों की अपेक्षा प्रसिद्ध भी हैं कि आप शरीर के सम्पूर्ण अंगों की दशा भी जानते हैं, किन्तु खेद है कि आप डॉक्टर होकर किसी

के हृदय का पता नहीं लगा सकते कि वह किस दशा में है। वस्तुतः हृदय भी शरीर का भाग है।"

मेरे शब्द डॉक्टर के हृदय में तीर की भांति लगे, परंतु वह मौन रहा।

"लगन का मुहूर्त बहुत रात गए निश्चित हुआ था और बारात देर से जानी थी। अतः डॉक्टर और मेरा भाई प्रतिदिन की भांति शराब पीने बैठ गये। इस मनोविनोद में उनको बहुत देर हो गई।"

ग्यारह बजने को थे कि मैं उनके पास गई और कहा- "डॉक्टर साहब, ग्यारह बजने वाले हैं आपको विवाह के लिए तैयार होना चाहिए।" वह किसी सीमा तक चेतन हो गया था, बोला- "अभी जाता हूं।" फिर वह मेरे भाई के साथ बातों में तल्लीन हो गया और मैंने अवसर पाकर विष की पुड़िया, जो मैंने दोपहर को डॉक्टर की अनुपस्थिति में उसकी अलमारी से निकाली थी शराब के गिलास में, जो डॉक्टर के सामने रखा हुआ था डाल दी। कुछ क्षणों के पश्चात् डॉक्टर ने अपना गिलास खाली किया और दूल्हा बनने को चला गया। मेरा भाई भी उसके साथ चला गया।"

"मैं अपने दो मंजिले कमरे में गई और अपना नया बनारसी दुपट्टा ओढ़ा, मांग में सिंदूर भर पूरी सुहागन बनकर उद्यान में निकली जहां प्रतिदिन संध्या-समय बैठा करती थी। उस समय चांदनी छिटकी हुई थी, वायु में कुछ सिहरन उत्पन्न हो गई थी और चमेली की सुगन्ध ने उद्यान को महका दिया था। मैंने पुड़िया की शेष दवा निकाली और मुंह में डालकर एक चुल्लू पानी पी लिया। थोड़ी देर में मेरे सिर में चक्कर आने लगे, आंखों में धुंधलापन छा गया। चांद का प्रकाश मद्धिम होने लगा और पृथ्वी तथा आकाश, बेल-बूटे, अब मेरा घर जहां मैंने आयु बिताई थी, धीरे-धीरे लुप्त होते हुए ज्ञात हुए और मैं मीठी नींद सो गई।"

"डेढ़ साल के पश्चात् सुख-स्वप्न से चौंकी तो मैंने क्या देखा कि तीन विद्यार्थी मेरी हड्डियों से डॉक्टरी शिक्षा प्राप्त कर रहे हैं और एक अध्यापक मेरी छाती की ओर बेंत से संकेत करके लड़कों को विभिन्न हड्डियों के नाम बता रहा है और कहता है- "यहां हृदय रहता है, जो विवाह और दुःख के समय धड़का करता है और यह वह स्थान है जहां उठती जवानी के समय फूल निकलते हैं।" अच्छा अब मेरी कहानी समाप्त होती है। मैं विदा होती हूं, तुम सो जाओ।"

18

भिखारिन

अन्धी प्रतिदिन मन्दिर के दरवाजे पर जाकर खड़ी होती, दर्शन करने वाले बाहर निकलते तो वह अपना हाथ फैला देती और नम्रता से कहती- बाबूजी, अन्धी पर दया हो जाए।

वह जानती थी कि मन्दिर में आने वाले सहृदय और श्रद्धालु हुआ करते हैं। उसका यह अनुमान असत्य न था। आने-जाने वाले दो-चार पैसे उसके हाथ पर रख ही देते। अन्धी उनको दुआएं देती और उनको सहृदयता को सराहती। स्त्रियां भी उसके पल्ले में थोड़ा-बहुत अनाज डाल जाया करती थीं।

प्रातः से संध्या तक वह इसी प्रकार हाथ फैलाए खड़ी रहती। उसके पश्चात् मन-ही-मन भगवान को प्रणाम करती और अपनी लाठी के सहारे झोंपड़ी का पथ ग्रहण करती। उसकी झोंपड़ी नगर से बाहर थी। रास्ते में भी याचना करती जाती किन्तु राहगीरों में अधिक संख्या श्वेत वस्त्रों वालों की होती, जो पैसे देने की अपेक्षा झिड़कियां दिया करते हैं। तब भी अन्धी निराश न होती और उसकी याचना बराबर जारी रहती। झोंपड़ी तक पहुंचते-पहुंचते उसे दो-चार पैसे और मिल जाते।

झोंपड़ी के समीप पहुंचते ही एक दस वर्ष का लड़का उछलता-कूदता आता और उससे चिपट जाता। अन्धी टटोलकर उसके मस्तक को चूमती।

बच्चा कौन है? किसका है? कहां से आया? इस बात से कोई परिचय नहीं था। पांच वर्ष हुए पास-पड़ोस वालों ने उसे अकेला देखा था। इन्हीं दिनों एक दिन

संध्या-समय लोगों ने उसकी गोद में एक बच्चा देखा, वह रो रहा था, अन्धी उसका मुख चूम-चूमकर उसे चुप कराने का प्रयत्न कर रही थी। वह कोई असाधारण घटना न थी, अतः किसी ने भी न पूछा कि बच्चा किसका है। उसी दिन से यह बच्चा अन्धी के पास था और प्रसन्न था। उसको वह अपने से अच्छा खिलाती और पहनाती।

अन्धी ने अपनी झोंपड़ी में एक हांडी गाड़ रखी थी। संध्या-समय जो कुछ मांगकर लाती उसमें डाल देती और उसे किसी वस्तु से ढांप देती। इसलिए कि दूसरे व्यक्तियों की दृष्टि उस पर न पड़े। खाने के लिए अन्न काफी मिल जाता था। उससे काम चलाती। पहले बच्चे को पेट भरकर खिलाती फिर स्वयं खाती। रात को बच्चे को अपने वक्ष से लगाकर वहीं पड़ रहती। प्रातःकाल होते ही उसको खिला-पिलाकर फिर मन्दिर के द्वार पर जा खड़ी होती।

काशी में सेठ बनारसीदास बहुत प्रसिद्ध व्यक्ति हैं। बच्चा-बच्चा उनकी कोठी से परिचित है। बहुत बड़े देशभक्त और धर्मात्मा हैं। धर्म में उनकी बड़ी रुचि है। दिन के बारह बजे तक सेठ स्नान-ध्यान में संलग्न रहते। कोठी पर हर समय भीड़ लगी रहती। कर्ज के इच्छुक तो आते ही थे, परन्तु ऐसे व्यक्तियों का भी तांता बंधा रहता जो अपनी पूंजी सेठजी के पास धरोहर रूप में रखने आते थे। सैकड़ों भिखारी अपनी जमा-पूंजी इन्हीं सेठजी के पास जमा कर जाते। अन्धी को भी यह बात ज्ञात थी, किन्तु पता नहीं अब तक वह अपनी कमाई यहां जमा कराने में क्यों हिचकिचाती रही।

उसके पास काफी रुपये हो गए थे, हांडी लगभग पूरी भर गई थी। उसको शंका थी कि कोई चुरा न ले। एक दिन संध्या-समय अन्धी ने वह हांडी उखाड़ी और अपने फटे हुए आंचल में छिपाकर सेठजी की कोठी पर पहुंची।

सेठजी बही-खाते के पृष्ठ उलट रहे थे, उन्होंने पूछा- क्या है बुढ़िया?

अंधी ने हांडी उनके आगे सरका दी और डरते-डरते कहा- सेठजी, इसे अपने पास जमा कर लो, मैं अंधी, अपाहिज कहां रखती फिरूंगी?

सेठजी ने हांडी की ओर देखकर कहा-इसमें क्या है?

अन्धी ने उत्तर दिया- भीख मांग-मांगकर अपने बच्चे के लिए दो-चार पैसे संग्रह किये हैं, अपने पास रखते डरती हूं, कृपया इन्हें आप अपनी कोठी में रख लें।

सेठजी ने मुनीम की ओर संकेत करते हुए कहा- बही में जमा कर लो। फिर बुढ़िया से पूछा-तेरा नाम क्या है?

अंधी ने अपना नाम बताया, मुनीमजी ने नकदी गिनकर उसके नाम से जमा कर ली और वह सेठजी को आशीर्वाद देती हुई अपनी झोंपड़ी में चली गई।

दो वर्ष बहुत सुख के साथ बीते। इसके पश्चात् एक दिन लड़के को ज्वर ने आ दबाया। अंधी ने दवा-दारू की, झाड़-फूंक से भी काम लिया, टोने-टोटके की परीक्षा की, परन्तु सम्पूर्ण प्रयत्न व्यर्थ सिद्ध हुए। लड़के की दशा दिन-प्रतिदिन बुरी होती गई, अंधी का हृदय टूट गया, साहस ने जवाब दे दिया, निराश हो गई। परन्तु फिर ध्यान आया कि संभवतः डॉक्टर के इलाज से फायदा हो जाए। इस विचार के आते ही वह गिरती-पड़ती सेठजी की कोठी पर आ पहुंची। सेठजी उपस्थित थे।

अंधी ने कहा- सेठजी मेरी जमा-पूंजी में से दस-पांच रुपये मुझे मिल जायें तो बड़ी कृपा हो। मेरा बच्चा मर रहा है, डॉक्टर को दिखाऊंगी।

सेठजी ने कठोर स्वर में कहा- कैसी जमा पूंजी? कैसे रुपये? मेरे पास किसी के रुपये जमा नहीं हैं।

अंधी ने रोते हुए उत्तर दिया- दो वर्ष हुए मैं आपके पास धरोहर रख गई थी। दे दीजिए बड़ी दया होगी।

सेठजी ने मुनीम की ओर रहस्यमयी दृष्टि से देखते हुए कहा- मुनीमजी, जरा देखना तो, इसके नाम की कोई पूंजी जमा है क्या? तेरा नाम क्या है री?

अंधी की जान-में-जान आई, आशा बंधी। पहला उत्तर सुनकर उसने सोचा कि सेठ बेईमान है, किन्तु अब सोचने लगी सम्भवतः उसे ध्यान न रहा होगा। ऐसा धर्मी व्यक्ति भी भला कहीं झूठ बोल सकता है। उसने अपना नाम बता दिया। उलट-पलटकर देखा। फिर कहा- नहीं तो, इस नाम पर एक पाई भी जमा नहीं है।

अंधी वहीं जमी बैठी रही। उसने रो-रोकर कहा- सेठजी, परमात्मा के नाम पर, धर्म के नाम पर, कुछ दे दीजिए। मेरा बच्चा जी जाएगा। मैं जीवन-भर आपके गुण गाऊंगी।

परन्तु पत्थर में जोंक न लगी। सेठजी ने क्रुद्ध होकर उत्तर दिया- जाती है या नौकर को बुलाऊं।

अंधी लाठी टेककर खड़ी हो गई और सेठजी की ओर मुंह करके बोली- अच्छा भगवान तुम्हें बहुत दे। और अपनी झोंपड़ी की ओर चल दी।

यह अशीष न था बल्कि एक दुखी का शाप था। बच्चे की दशा बिगड़ती गई, दवा-दारू हुई ही नहीं, फायदा क्यों कर होता। एक दिन उसकी अवस्था चिन्ताजनक हो गई, प्राणों के लाले पड़ गये, उसके जीवन से अंधी भी निराश हो गई। सेठजी पर रह-रहकर उसे क्रोध आता था। इतना धनी व्यक्ति है, दो-चार रुपये दे देता तो

क्या चला जाता और फिर मैं उससे कुछ दान नहीं मांग रही थी, अपने ही रुपये मांगने गई थी। सेठजी से घृणा हो गई।

बैठे-बैठे उसको कुछ ध्यान आया। उसने बच्चे को अपनी गोद में उठा लिया और ठोकरें खाती, गिरती-पड़ती, सेठजी के पास पहुंची और उनके द्वार पर धरना देकर बैठ गई। बच्चे का शरीर ज्वर से भभक रहा था और अंधी का कलेजा भी।

एक नौकर किसी काम से बाहर आया। अंधी को बैठा देखकर उसने सेठजी को सूचना दी, सेठजी ने आज्ञा दी कि उसे भगा दो।

नौकर ने अंधी से चले जाने को कहा, किन्तु वह उस स्थान से न हिली। मारने का भय दिखाया, पर वह टस-से-मस न हुई। उसने फिर अन्दर जाकर कहा कि वह नहीं टलती।

सेठजी स्वयं बाहर पधारे। देखते ही पहचान गये। बच्चे को देखकर उन्हें बहुत आश्चर्य हुआ कि उसकी शक्ल-सूरत उनके मोहन से बहुत मिलती-जुलती है। सात वर्ष हुए तब मोहन किसी मेले में खो गया था। उसकी बहुत खोज की, पर उसका कोई पता न मिला। उन्हें स्मरण हो आया कि मोहन की जांघ पर एक लाल रंग का चिन्ह था। इस विचार के आते ही उन्होंने अंधी की गोद के बच्चे की जांघ देखी। चिन्ह अवश्य था परन्तु पहले से कुछ बड़ा। उनको विश्वास हो गया कि बच्चा उन्हीं का है। परन्तु तुरन्त उसको छीनकर अपने कलेजे से चिपटा लिया। शरीर ज्वर से तप रहा था। नौकर को डॉक्टर लाने के लिए भेजा और स्वयं मकान के अन्दर चल दिये।

अंधी खड़ी हो गई और चिल्लाने लगी-मेरे बच्चे को न ले जाओ, मेरे रुपये तो हजम कर गये अब क्या मेरा बच्चा भी मुझसे छीनोगे?

सेठजी बहुत चिन्तित हुए और कहा-बच्चा मेरा है, यही एक बच्चा है, सात वर्ष पूर्व कहीं खो गया था अब मिला है, सो इसे कहीं नहीं जाने दूंगा और लाख यत्न करके भी इसके प्राण बचाऊंगा।

अंधी ने एक जोर का ठहाका लगाया-तुम्हारा बच्चा है, इसलिए लाख यत्न करके भी उसे बचाओगे। मेरा बच्चा होता तो उसे मर जाने देते, क्यों? यह भी कोई न्याय है? इतने दिनों तक खून-पसीना एक करके उसको पाला है। मैं उसको अपने हाथ से नहीं जाने दूंगी।

सेठजी की अजीब दशा थी। कुछ करते-धरते बन नहीं पड़ता था। कुछ देर वहीं मौन खड़े रहे फिर मकान के अन्दर चले गये। अन्धी कुछ समय तक खड़ी रोती रही फिर वह भी अपनी झोंपड़ी की ओर चल दी।

दूसरे दिन प्रातःकाल प्रभु की कृपा हुई या दवा ने जादू का-सा प्रभाव दिखाया। मोहन का ज्वर उतर गया। होश आने पर उसने आंख खोली तो सर्वप्रथम शब्द उसकी जबान से निकला, मां।

चहुंओर अपरिचित शक्लें देखकर उसने अपने नेत्र फिर बन्द कर लिये। उस समय से उसका ज्वर फिर अधिक होना आरम्भ हो गया। मां-मां की रट लगी हुई थी, डॉक्टरों ने जवाब दे दिया, सेठजी के हाथ-पांव फूल गये, चहुंओर अंधेरा दिखाई पड़ने लगा।

क्या करूं एक ही बच्चा है, इतने दिनों बाद मिला भी तो मृत्यु उसको अपने चंगुल में दबा रही है, इसे कैसे बचाऊं?

सहसा उनको अन्धी का ध्यान आया। पत्नी को बाहर भेजा कि देखो कहीं वह अब तक द्वार पर न बैठी हो। परन्तु वह वहां कहां? सेठजी ने फिटन तैयार कराई और बस्ती से बाहर उसकी झोंपड़ी पर पहुँचे। झोंपड़ी बिना द्वार के थी, अन्दर गए। देखा अन्धी एक फटे-पुराने टाट पर पड़ी है और उसके नेत्रों से अश्रुधार बह रही है। सेठजी ने धीरे से उसको हिलाया। उसका शरीर भी अग्नि की भांति तप रहा था।

सेठजी ने कहा- बुढ़िया! तेरा बच्च मर रहा है, डॉक्टर निराश हो गए, रह-रहकर वह तुझे पुकारता है। अब तू ही उसके प्राण बचा सकती है। चल और मेरे...नहीं-नहीं अपने बच्चे की जान बचा ले।

अन्धी ने उत्तर दिया- मरता है तो मरने दो, मैं भी मर रही हूं। हम दोनों स्वर्ग-लोक में फिर मां-बेटे की तरह मिल जाएंगे। इस लोक में सुख नहीं है, वहां मेरा बच्चा सुख में रहेगा। मैं वहां उसकी सुचारू रूप से सेवा-सुश्रूषा करूंगी।

सेठजी रो दिये। आज तक उन्होंने किसी के सामने सिर न झुकाया था। किन्तु इस समय अन्धी के पांवों पर गिर पड़े और रो-रोकर कहा- ममता की लाज रख लो, आखिर तुम भी उसकी मां हो। चलो, तुम्हारे जाने से वह बच जायेगा।

ममता शब्द ने अन्धी को विकल कर दिया। उसने तुरन्त कहा- अच्छा चलो।

सेठजी सहारा देकर उसे बाहर लाये और फिटन पर बिठा दिया। फिटन घर की ओर दौड़ने लगी। उस समय सेठजी और अन्धी भिखारिन दोनों की एक ही दशा थी। दोनों की यही इच्छा थी कि शीघ्र-से-शीघ्र अपने बच्चे के पास पहुंच जायें।

कोठी आ गई, सेठजी ने सहारा देकर अन्धी को उतारा और अन्दर ले गए। भीतर जाकर अन्धी ने मोहन के माथे पर हाथ फेरा। मोहन पहचान गया कि यह उसकी मां का हाथ है। उसने तुरन्त नेत्र खोल दिये और उसे अपने समीप खड़े हुए देखकर कहा- मां, तुम आ गईं।

अन्धी भिखारिन मोहन के सिरहाने बैठ गई और उसने मोहन का सिर अपने गोद में रख लिया। उसको बहुत सुख अनुभव हुआ और वह उसकी गोद में तुरन्त सो गया।

दूसरे दिन से मोहन की दशा अच्छी होने लगी और दस-पन्द्रह दिन में वह बिल्कुल स्वस्थ हो गया। जो काम हकीमों के जोशान्दे, वैद्यों की पुड़िया और डॉक्टरों के मिक्सचर न कर सके वह अन्धी की स्नेहमयी सेवा ने पूरा कर दिया।

मोहन के पूरी तरह स्वस्थ हो जाने पर अन्धी ने विदा मांगी। सेठजी ने बहुत-कुछ कहा-सुना कि वह उन्हीं के पास रह जाए परन्तु वह सहमत न हुई, विवश होकर विदा करना पड़ा। जब वह चलने लगी तो सेठजी ने रुपयों की एक थैली उसके हाथ में दे दी। अन्धी ने मालूम किया, इसमें क्या है।

सेठजी ने कहा-इसमें तुम्हारे धरोहर है, तुम्हारे रुपये। मेरा वह अपराध

अन्धी ने बात काट कर कहा-यह रुपये तो मैंने तुम्हारे मोहन के लिए संग्रह किये थे, उसी को दे देना।

अन्धी ने थैली वहीं छोड़ दी। और लाठी टेकती हुई चल दी। बाहर निकलकर फिर उसने उस घर की ओर नेत्र उठाये उसके नेत्रों से अश्रु बह रहे थे किन्तु वह एक भिखारिन होते हुए भी सेठ से महान थी। इस समय सेठ याचक था और वह दाता थी।

19

यह स्वतन्त्रता

पाठक चक्रवर्ती अपने मुहल्ले के लड़कों का नेता था। सब उसकी आज्ञा मानते थे। यदि कोई उसके विरुद्ध जाता तो उस पर आफत आ जाती, सब मुहल्ले के लड़के उसको मारते थे। आखिरकार बेचारे को विवश होकर पाठक से क्षमा मांगनी पड़ती। एक बार पाठक ने एक नया खेल सोचा। नदी के किनारे एक लकड़ी का बड़ा लट्ठा पड़ा था, जिसकी नौका बनाई जाने वाली थी। पाठक ने कहा- "हम सब मिलकर उस लट्ठे को लुढ़काएं, लट्ठे का स्वामी हम पर क्रुद्ध होगा और हम सब उसका मजाक उड़ाकर खूब हंसेंगे।" सब लड़कों ने उसका अनुमोदन किया।

जब खेल आरम्भ होने वाला था तो पाठक का छोटा भाई मक्खन बिना किसी से एक भी शब्द कहे उस लट्ठे पर बैठ गया। लड़के रुके और एक क्षण तक मौन रहे। फिर एक लड़के ने उसको धक्का दिया, परन्तु वह न उठा। यह देखकर पाठक को क्रोध आया। उसने कहा- "मक्खन, यदि तू न उठेगा तो इसका बुरा परिणाम होगा।" किन्तु मक्खन यह सुनकर और आराम से बैठ गया। अब यदि पाठक कुछ हल्का पड़ता, तो उसकी बात जाती रहती। बस, उसने आज्ञा दी कि लट्ठा लुढ़का दिया जाये।

लड़के की आज्ञा पाते ही एक-दो-तीन कहकर लट्ठे की ओर दौड़े और सबने जोर लगाकर लट्ठे को धकेल दिया। लट्ठे को फिसलता और मक्खन को गिरता देखकर लड़के बहुत प्रसन्न हुए किन्तु पाठक कुछ भयभीत हुआ। क्योंकि वह जानता था कि इसका परिणाम क्या होगा।

मक्खन पृथ्वी पर से उठा और पाठक को लातें और घूंसे मारकर घर की ओर रोता हुआ चल दिया।

पाठक को लड़कों के सामने इस अपमान से बहुत खेद हुआ। वह नदी-किनारे मुंह-हाथ धोकर बैठ गया और घास तोड़-तोड़कर चबाने लगा। इतने में एक नौका वहां पर आई जिसमें एक अधेड़ आयु वाला व्यक्ति बैठा था। उस व्यक्ति ने पाठक के समीप आकर मालूम किया- "पाठक चक्रवर्ती कहां रहता है?"

पाठक ने उपेक्षा भाव से बिना किसी ओर संकेत किए हुए कहा- "वहां," और फिर घास चबाने लगा।

उस व्यक्ति ने पूछा- "कहां?"

पाठक ने अपने पांव फैलाते हुए उपेक्षा से उत्तर दिया- "मुझे नहीं मालूम।"

इतने में उसके घर का नौकर आया और उसने उससे कहा- "पाठक, तुम्हारी मां तुम्हें बुला रही है।"

पाठक ने जाने से इन्कार किया, किन्तु नौकर चूंकि मालकिन की ओर से आया था, इस वजह से वह उसको जबर्दस्ती मारता हुआ ले गया?

पाठक जब घर आया तो उसकी मां ने क्रोध में आकर पूछा- "तूने मक्खन को फिर मारा?"

पाठक ने उत्तर दिया- "नहीं तो, तुमसे किसने कहा?"

मां ने कहा- "झूठ मत बोल, तूने मारा है।"

पाठक ने फिर उत्तर दिया- "नहीं यह बिल्कुल असत्य है, तुम मक्खन से पूछो।"

मक्खन चूंकि कह चुका था कि मुझे मारा है इसलिए उसने अपने शब्द कायम रखे और दोबारा फिर कहा- "हां-हां तुमने मारा है।"

यह सुनकर पाठक को क्रोध आया और मक्खन के समीप आकर उसे मारना आरम्भ कर दिया। उसकी मां ने उसे तुरन्त बचाया और पाठक को मारने लगी। उसने अपनी मां को धक्का दे दिया। धक्के से फिसलते हुए उसकी मां ने कहा- "अच्छा, तू अपनी मां को भी मारना चाहता है।"

ठीक उसी समय वह अधेड़ आयु का व्यक्ति घर में आया और कहने लगा- "क्या किस्सा है?"

पाठक की मां ने पीछे हटकर आने वाले को देखा और तुरन्त ही उसका क्रोध आश्चर्य में परिवर्तित हो गया। क्योंकि उसने अपने भाई को पहचाना और कहा-

"क्यों दादा, तुम यहां? कैसे आये?" फिर उसने नीचे को झुकते हुए उसके चरण छुए।

उसका भाई विशम्भर उसके विवाह के पश्चात् बम्बई चला गया था, वह व्यापार करता था। अब कलकत्ता अपनी बहन से मिलने आया, क्योंकि बहन के पति की मृत्यु हो गई थी।

कुछ दिन तो बड़ी प्रसन्नता के साथ बीते। एक दिन विशम्भर ने दोनों लड़कों की पढ़ाई के विषय में पूछा।

उसकी बहन ने कहा- "पाठक हमेशा दुःख देता रहता है और बहुत चंचल है, किन्तु मक्खन पढ़ने का बहुत इच्छुक है।"

यह सुनकर उसने कहा- "मैं पाठक को बम्बई ले जाकर पढ़ाऊंगा।"

पाठक भी चलने के लिए सहमत हो गया। मां के लिए यह बहुत हर्ष की बात थी, क्योंकि वह सर्वदा डरा करती थी कि कहीं किसी दिन पाठक मक्खन को नदी में न डूबो दे या उसे जान से न मार डाले।

पाठक प्रतिदिन मामा से पूछता था कि तुम किस दिन चलोगे। आखिर को चलने का दिन आ गया। उस रात पाठक से सोया भी न गया, सारा दिन जाने की खुशी में इधर-उधर फिरता रहा। उसने अपनी मछली पकड़ने की हत्थी, पत्थर के छोटे-छोटे टुकड़े और बड़ी पतंग भी मक्खन को दे दी, क्योंकि उसे जाते समय मक्खन से सहानुभूति-सी हो गई थी।

बम्बई पहुंचकर पाठक अपनी मामी से पहली बार मिला। वह उसके आने से कुछ प्रसन्न न हुई, क्योंकि उसके तीन बच्चे ही काफी थे एक और चंचल लड़के का आ जाना उसके लिए आपत्ति थी।

ऐसे लड़के के लिए उसका अपना घर ही स्वर्ग होता है, उसके लिए एक नए घर में नए लोगों के साथ रहना बहुत कठिन हो गया।

पाठक को यहां पर सांस लेना कठिन हो गया। वह रात को प्रतिदिन अपने नगर के स्वप्न देखा करता और वहां जाने की इच्छा करता रहता। उसको वह स्थान याद आता जहां वह पतंग उड़ाता था और जहां वह जब कभी चाहता जाकर स्नान करता था। मां का ध्यान उसे दिन-रात विकल करता रहता। उसकी सारी शक्ति समाप्त हो गई...अब स्कूल में उससे अधिक कमजोर कोई विद्यार्थी न था। जब कभी उसका अध्यापक उससे कोई प्रश्न करता, तो वह मौन खड़ा हो जाता और चुपचाप अध्यापक की मार सहन करता। जब दूसरे लड़के खेलते तो वह अलग खड़ा होकर घरों की छतों को देखा करता।

एक दिन उसने बहुत साहस करके अपने मामा से मालूम किया- "मामाजी, मैं कब तक घर जाऊंगा?"

मामा ने उत्तर दिया- "ठहरो, जब तक कि छुट्टियां न हो जाएं।"

किन्तु छुट्टियों में अभी बहुत दिन शेष थे, इसलिए उसको काफी प्रतीक्षा करनी पड़ी। इस बीच में एक दिन उसने अपनी किताब खो दी। अब उसको अपना पाठ याद करना बहुत कठिन हो गया। प्रतिदिन उसका अध्यापक उसे बड़ी निर्दयता के साथ मारता था। उसकी दशा इतनी खराब हो गई कि उसके मामा के बेटे उसे अपना कहते हुए शरमाते थे। पाठक मामी के पास गया और कहने लगा- "मैं स्कूल न जाऊंगा, मेरी पुस्तक खो गई है।"

मामी ने क्रोध से अपने होंठों को चबाते हुए कहा- "दुष्ट! मैं तुझको कहां से महीने में पांच बार पुस्तक खरीद कर दूं?"

इस समय पाठक के सिर में दर्द उठा, वह सोचता था कि मलेरिया हो जाएगा। किन्तु सबसे बड़ा सोच-विचार यह था कि बीमार होने के पश्चात् वह घर वालों के लिए एक आपत्ति बन जायेगा।

दूसरे दिन प्रातः पाठक कहीं भी दिखाई न दिया। उसको चारों तरफ खोजा गया किन्तु वह न मिला। वर्षा बहुत अधिक हो रही थी और वे व्यक्ति जो उसे खोजने गये, बिल्कुल भीग गये। आखिरकार विशम्भर ने पुलिस को सूचना दे दी।

मध्यान्ह पुलिस का सिपाही विशम्भर के द्वार पर आया। वर्षा अब भी हो रही थी और सड़कों पर पानी खड़ा था। दो सिपाही पाठक को हाथों पर उठाए हुए लाए और विशम्भर के सामने रख दिया। पाठक के सिर से पांव तक कीचड़ लगी हुई और उसकी आंखें ज्वर से लाल थीं। विशम्भर उसको घर के अन्दर ले गया, जब उसकी पत्नी ने पाठक को देखा तो कहा- "यह तुम क्या आपत्ति ले आये हो, अच्छा होता जो तुम इसको घर भिजवा देते।"

पाठक ने यह शब्द सुने और सिसकियां लेकर कहने लगा- "मैं घर जा तो रहा था परन्तु वे दोनों मुझे जबर्दस्ती ले आए।"

ज्वर बहुत तीव्र हो गया था। सारी रात वह अचेत पड़ा रहा, विशम्भर एक डॉक्टर को लाया। पाठक ने आंखें खोलीं और छत की ओर देखते हुए कहा- "छुट्टियां आ गई हैं क्या?"

विशम्भर ने उसके आंसू पोंछे और उसका हाथ अपने हाथ में लेकर उसके सिरहाने बैठ गया। पाठक ने फिर बड़बड़ाना शुरू किया- "मां, मां मुझे इस प्रकार न मारो, मैं सच-सच बताता हूं।"

दूसरे दिन पाठक को कुछ चेत हुआ। उसने कमरे के चहुंओर देखा और एक ठण्डी सांस लेते हुए अपना सिर तकिए पर डाल दिया।

विशम्भर समझ गया और अपना मुख उसके समीप लाते हुए कहने लगा- "पाठक, मैंने तुम्हारी मां को बुलाया है।"

पाठक फिर उसी प्रकार चिल्लाने लगा। कुछ घंटों के पश्चात् उसकी मां रोती हुई कमरे में आई। विशम्भर ने उसको मौन रहने के लिए कहा, किन्तु वह न मानी और अपने-आपको पाठक की चारपाई पर डाल दिया और चिल्लाते हुए कहने लगी- "पाठक, मेरे प्यारे बेटे पाठक!"

पाठक की सांस कुछ समय के लिए रुकी, उसकी नाड़ी हल्की पड़ी और उसने एक सिसकी ली।

उसकी मां फिर चिल्लाई- "पाठक, मेरे आंख के तारे, मेरे हृदय की कोयल!"

पाठक ने बहुत धीरे से अपना सिर दूसरी ओर कर लिया।

20

विदा

कन्या के पिता के लिए धैर्य धरना थोड़ा-बहुत संभव भी था, परन्तु वर के पिता पल भर के लिए भी सब्र करने को तैयार न थे। उन्होंने समझ लिया था कि कन्या के विवाह की आयु पार हो चुकी है, परन्तु किसी प्रकार कुछ दिन और भी पार हो गये तो इस चर्चा को भद्र या अभद्र किसी भी उपाय से दबा रखने की क्षमता भी समाप्त हो जायेगी? कन्या की आयु अवैध गति से बढ़ रही थी, इसमें किसी को शंका करने की आवश्यकता बड़ी नहीं, किन्तु इससे भी बड़ी शंका इस बात की थी कि कन्या की तुलना में दहेज की रकम अब भी काफी अधिक थी। वर के पिता इसी हेतु इस प्रकार से जल्दी मचा रहे थे।

मैं ठहरा वर अपितु विवाह के विषय में मेरी राय से अवगत होना नितान्त व्यर्थ समझा गया। अपनी कर्तव्यपरायणता में मैंने भी क़िसी प्रकार की न्यूनता नहीं आने दी, यानी एफ.ए. पास करके छात्रवृति का अधिकारी बन बैठा। परिणाम यह निकला कि मेरे सम्बन्ध में श्री प्रजापति के दोनों ही पक्ष, कन्या पक्ष और वर पक्ष बार-बार बेचैन होने लगे।

हमारी जन्म-भूमि में जो पुरुष एक बार विवाह कर लेता है, उसके मन में दूसरी बार विवाह करके रचनात्मक कार्यों में कोई जिज्ञासा या उद्वेग नहीं होता एक बार नर-मांस का स्वाद लेने पर उसके प्रति बाघ की जो मन की दशा होती है, नारी के

विषय में बहुत कुछ वैसी ही हालत एक बार विवाह कर लेने वाले पुरुष के मन की भी होती है।

एक बार नारी का अभाव घटित हुआ, कि फ़िर सबसे पहला प्रयत्न उस अभाव को पूर्ण करने के लिए किया जाता है। ऐसा करते हुए इस बार उसका मन दुविधा में नहीं रहता, कि भावी पत्नी की आयु क्या है और कैसी है उसकी अवस्था?

मैं देखता हूं कि सारी दुविधा और दुश्चिंता का ठेका आजकल के लड़कों के ही नाम छूटा है। लड़कों की ओर से बारम्बार विवाह का प्रस्ताव होने पर उनके पिता पक्ष के चांदी के समान श्वेत केश खिजाब की महिमा से बारम्बार श्याम-वर्ण को अपना लेते हैं और उधर बातचीत की तप्ताग्नि से ही लड़कों के श्याम केश, मारे चिन्ता, परेशानी के रात के कुछ घंटों में ही उठने का उपक्रम करते हैं।

आप विश्वास कीजिए, मेरे मन में ऐसा कोई विषय या उद्वेग का श्रीगणेश नहीं हुआ, अपितु विवाह के प्रस्ताव से मन मयूर बसन्त की दक्षिण पवन की शीतलता में नृत्य कर उठा। कौतूहल से उलझी हुई कल्पना की नई आई हुई कोंपलों के बीच मानो गुपचुप कानाफूसी होने लगी। जिस विद्यार्थी को एडमण्ड वर्क की फ्रांसीसी क्रान्ति की घोर टीकाओं के पांच-सात पोथे जबानी घोटने हों, उसके मन में इस जाति के भावों का उठना निरर्थक ही समझा जाएगा। यदि टेक्सट बुक कमेटी के द्वारा मेरे इस लेख के पास होने की लेशमात्र भी शंका होती, तो सम्भवतः ऐसा कहने से पूर्व ही सचेत हो जाता।

परन्तु मैं यह क्या ले बैठा? क्या यह भी ऐसी कोई घटना है? जिसे लेकर उपन्यास लिखने की योजना बना रहा हूं। मेरी योजना इतनी शीघ्र आरम्भ हो जाएगी, इसकी मैंने कल्पना भी नहीं की थी। प्रबल आकांक्षा थी कि वेदना के जो कजरारे मेघ गत कई वर्षों से मन में छा रहे हैं उन्हें किसी बैशाखी संध्या की तूफानी वर्षा के वेग द्वारा बिल्कुल ही निष्प्राण कर दूंगा। पर न तो बच्चों की पाठ्य-पुस्तक ही लिखी गई, क्योंकि संस्कृत का व्याकरण मेरे मस्तिष्क से अछूता रह गया था और न काव्य ही रचा जा सका, क्योंकि मातृभाषा मेरे जीवन युग में ऐसी फली-फूली नहीं थी जिसके द्वारा मैं अपने हृदय के राज को बाहर प्रकट कर पाता। अतः देख रहा हूं कि मेरे अन्तर का संन्यासी आज अपने अट्टहास से अपना ही परिहास करने के लिए बैठा है। इसके अतिरिक्त वह करे भी तो क्या? उसके अश्रु शुष्क जो हो गये हैं। जेठ की कड़कड़ाती धूप वस्तुतः जेठ का अश्रु शून्य क्रन्दन ही तो है।

जिसके साथ विवाह हुआ था, उसका वास्तविक नाम नहीं बताऊंगा, क्योंकि आज ब्रह्मांड के पुरातत्व-वेत्ताओं में उसके ऐतिहासिक नाम के विषय में विशेष विवाद होने की शंका नहीं है। जिस ताम्र-पत्र पर उसका नाम अंकित है, वह मेरा ही हृदय है। वह पट और पत्नी का नाम किसी युग में भी विलुप्त होगा, यह सोचना मेरी कल्पना से बाहर है। परन्तु जिस सुनहरी दुनिया में वह अक्षय बना रहा, वहां इतिहास के विद्वानों का आना-जाना नहीं होता है। इस पर भी मेरे इस लेख में उसका कुछ-न-कुछ नाम तो चाहिए ही, अच्छा तो समझ लीजिए शबनम उसका नाम था, क्योंकि शबनम में मुस्कान और रुदन दोनों घुल-मिलकर एकाकार हो जाती है और भोर का संदेश प्रभाव बेला तक आते ही चुक जाता है।

शबनम मुझसे केवल दो ही वर्ष छोटी थी। मेरे पिता गौरी दान से विमुख हों, सो यह बात नहीं थी। उनके पिताजी कट्टर समाज-विद्राही थे? देश में प्रचलित किसी भी धर्म के प्रति उनमें श्रद्धा न थी। उन्होंने खूब कसकर बांग्ला भाषा का अध्ययन किया था। मेरे पिता उग्र भाव से समाज के अनुयायी थे। जिसे अंगीकार करते हुए किंचित-मात्र भी अड़चन हो, ऐसी किसी भी वस्तु की हमारे समाज की विशाल डयोढ़ी या अन्तःपुर में या पिछली राह पर झलक देख पाना सम्भव न था। इसका भी कारण यही कि उन्होंने भी कसकर बांग्ला भाषा का अध्ययन किया था। पितामह और पिताजी के विभिन्न रूप क्रान्ति की दो विभिन्न मूर्तियां थीं। कोई भी सरल स्वभाव का नहीं। फिर भी बड़ी आयु वाली कन्या के साथ मेरा विवाह करना पिता ने इसलिए स्वीकार कर लिया कि उसकी इस बड़ी-सी आयु की दोनों मुट्ठियों में दहेज की रकम भी बहुत बड़ी थी। शबनम मेरे श्वसुर की एकमात्र कन्या थी। पिताजी को पूर्ण विश्वास था कि कन्या के पिता का सारा धन भावी दामाद भविष्य के उदर की परिपूर्ण करने वाली है। मेरे श्वसुर को किसी मत-मतान्तर का झमेला नहीं था? पश्चिम की किसी पहाड़ी रियासत के नरेश के यहां किसी उच्च पद पर थे? शबनम जब गोद में ही थी, तभी उसकी मां के प्यार का आंचल उस पर से उठ गया था। इस बात की ओर उसके पिता का ध्यान भी नहीं गया कि पुत्री प्रति वर्ष एक-एक वर्ष करके बड़ी होती जा रही है। वहां उनके समाज का कोई ऐसा ठेकेदार नहीं था, जो उनके नेत्रों में अंगुली डालकर इस सच्चाई को उनके हृदय में बिठा देता।

शबनम ने यथा समय उम्र के 16 वर्ष पार किए, किन्तु वे स्वाभाविक 16 वर्ष के थे, सामाजिक नहीं। किसी ने उसे यौवन के प्रति सचेत होने का परामर्श नहीं दिया और न ही उसने स्वयं उस ओर देखा? मैंने उन्नीसवें वर्ष में कॉलिज के तृतीय वर्ष में पग रखा। ठीक तभी मेरा विवाह हो गया। समाज या समाज के

ठेकेदार के मत से वह आयु विवाह के उपयुक्त है या नहीं, इस विषय में दोनों पक्ष लड़-भिड़कर चाहे खून खराबा कर बैठे, किन्तु मैं तो निवेदन के साथ यही कहना चाहता हूं कि परीक्षा पास करने के हेतु यह आयु जिस प्रकार ठीक है, विवाह करने के लिए भी उससे किसी प्रकार कम नहीं। विवाह का सूत्रपात एक चित्र के द्वारा हुआ था। उस दिन मैं पढ़ाई-लिखाई में सिर गढ़ाये बैठा था कि मेरे साथ परिहास का सम्बन्ध रखने वाली किसी आत्मीय ने मेरे सम्मुख टेबुल पर शबनम का चित्र लाकर रख दिया और कुछ पल शान्ति के साथ बिताकर कहा, "लो, अब झूठ-मूठ की पढ़ाई को बन्द करके सचमुच की पढ़ाई करो। एकदम जी तोड़कर परिश्रम में लगाने वाली पढ़ाई।" चित्र किसी अनाड़ी चित्रकार द्वारा खींचा गया था। कन्या के मां नहीं थी, अतः उस दीर्घ श्याम केशों को बांध-संवार कर जूड़े में जरी गूंथकर कलकत्ते की प्रसिद्ध शाह या मालिक कम्पनी की भद्दी, तंग जैकेट पहनाकर दूसरे पक्ष के नेत्रों में धूल झोंकने का बरबस प्रयत्न नहीं किया गया था। केवल एक सरल भरा हुआ चेहरा था, मृगी-सी दो आंखें ओर सीधी-सादी एक साड़ी। तब भी पता नहीं क्यों कोई अपूर्व महिमा, सौन्दर्य उसे घेरे हुए था। किसी भी एक चौकोर चौकी पर वह बैठी हुई थी। पीछे आवरण के स्थान पर एक धारीदार शतरंजी झूल रही थी। पास में तनिक-सी ऊंची तिपाई पर ही फूलदानी में फूलों के सुन्दर गुलदस्ते दीख रहे थे। ईरानी कालीन पर साड़ी की तिरछी किनार के किंचित अनाबद्ध दो कोमल खाली पैर। चित्र की उस रूप-सुधा को जैसे ही मेरे मन के जादू का स्पर्श मिला कि वह मेरे अन्तरतम में जाग उठी। वे दोनों कजरारी आंखें मेरे सारे चिन्तन को चीरकर मुझ पर जाने कैसे अनोखे भाव से आकर स्थिर हो गईं और उस तिरछी किनार के निम्न भाग के दोनों अनावृत्त पगों ने मेरे अन्तर परयांसन पर बरबस अपना घर बना लिया।

पत्रे की तिथियां आई-गई हो गईं। विवाह के दो-तीन लग्न भी बीत गये। किन्तु मेरे श्वसुर को छुट्टी मिलने का नाम भी नहीं। इधर कुछ मास से मेरे देखते-देखते एक अकाल मेरी इतनी बड़ी अविवाहित उम्र को फिजूल ही उन्नीसवें वर्ष की ओर धकेलने का प्रयास कर रहा था। श्वसुर और उनके अधिकारियों पर मुझे खीझ होने लगी।

विवाह का दिन ठीक अकाल की पूर्व लग्न पर ही आकर पड़ा। उस दिन की शहनाई की हर तान आज मुझे स्मरण हो रही है। उस दिन के प्रति मुहूर्त को मैंने चेतनता के साथ स्पर्श किया था। मेरी यह उन्नीस वर्ष की आयु मेरे जीवन में सदैव रहे, मैं उसे कदापि नहीं भुला सकूंगा।

विवाह-मंडप में चहुंओर कोलाहाल-सा फैला हुआ था। उसी के बीच कन्या का कोमल हाथ मैंने अपने हाथों में पाया। मुझे स्पष्ट तरीके से याद है कि यही मेरे जीवन की एक परम आश्चर्यजनक घटना है। मेरे मन ने बारम्बार यही कहा- "इसे मैंने पाया है, हासिल किया है, किन्तु किसे? यह तो दुर्लभ है। यह नारी है, इसके रहस्य का क्या कभी ओर-छोर पाया जा सकता है?"

मेरे श्वसुर का नाम गौरीशंकर था। जिस हिमाचल पर वे उच्च पदाधिकारी थे, उसी हिमाचल के मानो मोती थे। उनके गम्भीरता के शिखर पर क्षेत्र में कोई प्रशान्त स्वच्छ हंसी उज्ज्वल होकर छाई हुई थी। उनके हृदय के स्नेह-स्रोत का संधान जिसने भी एक बार लिया, उसने फिर कभी उनसे सम्बन्ध-विच्छेद करने की चेष्टा नहीं की।

काम पर लौटने से पूर्व उन्होंने मुझे बुलाकर कहा- "बेटा, अपनी बच्ची को 17 वर्ष से जानता हूं और तुम्हें अभी कुछ दिनों से, इस पर भी सौंपा तुम्हारे ही हाथों में है। जो निधि आज तुम्हें मिली है, किसी दिन उसका मूल्य भी परख सको, इससे बढ़कर आशीर्वाद मेरे पास नहीं।"

मेरे माता-पिता ने उन्हें बारम्बार आशा भरे शब्दों में कहा- "समधीजी! कुछ चिन्ता न करना। तुम्हारी पुत्री जैसे पिता को छोड़कर आई है। वैसे ही यहां माता-पिता दोनों पाये ऐसा ही समझिये।"

शबनम से विदा होते समय वे हंसकर बोले- "बिटिया चल दिया। इस बूढ़े पिता को छोड़ तेरा कौन अपना रहा है? आज से यदि इसका कुछ भी गुम हो जाये, तो इसके लिए मुझे जिम्मेवार न ठहराना।" शबनम ने उत्तर दिया- "क्यों नहीं, यदि कभी इतनी-सी चीज भी गुम हो गई तो आपको सारी हानि भरनी पड़ेगी।"

अन्त में घर रहते हुए जिन विषयों पर बहुधा ही झंझट खड़े हो जाते थे, उनसे उसने पिता को बार-बार सचेत कर दिया। भोजन के विषय में अनियम का उन्हें खासा अभ्यास था। कुछ विशेष प्रकार के अपथ्य भोजन पर उनकी विशेष रुचि थी। पिता को उन सारे प्रलोभनों से यथासम्भव दूर रखना बेटी का विशेष कर्तृतव्य था। इसी से वह पिता का हाथ पकड़कर बोली- "बाबूजी! क्या मेरी एक बात रखेंगे?" पिता ने प्रफुल्लित मन से कहा- "मानव इसलिए वचन देता है, कि एक दिन उसे भंग कर चौन की सांस ले सके। इससे वचन न देना ही श्रेयस्कर है।"

फिर वह कुछ न बोली और पिता के चले जाने पर उसने कमरे के द्वार बन्द कर लिये इसके बाद की घटना का बखान अन्तर्यामी ही कर सकते हैं। पिता-पुत्री की अश्रुहीन विदाई का दृश्य पार्श्व के कक्ष की चिर-कौतूहली अंतःपुरिकाओं ने देखा, सुना और आलोचना की- "कैसी अजीब बात है भला? रूखी-सूखी जमीन पर

रहते-रहते इन लोगों का हृदय भी सूखकर कांटा हो गया है। माया-ममता का चिन्ह लेशमात्र भी नहीं रहा। राम! राम! राम!"

मेरे श्वसुर के मित्र बनमाली बाबू ने ही हमारी बातचीत पक्की की थी। वे हम लोगों के परिवार से भलीभांती परिचित थे। वे मेरे श्वसुर से बोले- "बेटी को छोड़कर तो तुम्हारा दुनिया में कोई नहीं है। यहीं इनके पास ही कोई मकान लेकर जिन्दगी के शेष दिन काट डालो।"

उत्तर मिला- "जब दान दिया है, तो निःशेष करके ही दे डाला है। फिर लौट-लौटकर निहारने से उसकी पीड़ा बढ़ेगी। जिस अधिकार को एक बार त्याग चुका, उसे बार-बार बनाये रखने के प्रयत्न से बढ़कर विडम्बना और क्या होगी?"

अन्त में मुझे एकान्त में ले जाकर किसी अपराधी की तरह सकुचाते हुए बोले- "बिटिया को पुस्तकें पढ़ने का बड़ा चाव है और लोगों को खिलाना-पिलाना उसे बहुत अच्छा लगता है। यदि बीच-बीच में तुम्हें रुपये-पैसे भेज दिया करूं, इससे वे नाराज तो नहीं होंगे?"

सुनकर मुझे तनिक आश्चर्य हुआ। कारण जीवन में कभी किसी भी ओर से धनराशि मिलने पर पिताजी नाराज हुए हों, उनका ऐसा बिगड़ा मिजाज तो मैंने कभी नहीं देखा? जो हो, मेरे श्वसुर मानो मुझे घूस दे रहे हों कुछ ऐसे ही भाव से मेरे हाथों में सौ रुपये का एक नोट थमा कर, वे वहां से चटपट चल दिए। मैंने देखा, इस बार जेब से रूमाल निकलाने की बारी आ ही गई। स्तब्ध होकर मैं विचारों में खो गया। मैंने अनुभव किया कि ये लोग बिल्कुल ही अन्य जाति के मानव हैं।

अपने सहपाठियों में कितनों ही को तो विवाह करते हुए देखा है। विवाह मंत्रों के उच्चारण के साथ-ही-साथ स्त्री को एकबारगी कंठ के निम्न भागों में उतार लेते हैं। हजम करने के यंत्र तक पहुंचने पर थोड़ी देर के बाद वह पदार्थ अपने गुणों एवं अवगुणों का हल कर सकता है और इसके फलस्वरूप हृदय के भीतर चिन्ता बनकर हचचल भी आरम्भ हो सकती है। सो होती रहे, परन्तु निगलने के रास्ते में इससे कोई रुकावट नहीं पड़ती।

किन्तु मैंने विवाह-मंडप में ही समझ लिया था कि पाणिग्रहण के मंत्र द्वारा जिसे प्राप्त किया जाता है, उससे घर-गृहस्थी तो भली-भांति चल जाती है,। परन्तु उसके हृदय को पूर्णरूपेण पाना पन्द्रह आना बाकी रह जाता है। मुझे सन्देह है कि विश्व के अधिकांश पुरुष पत्नी को ठीक-ठाक पाते हैं या उनको समझते हैं। वे स्त्री को ब्याह कर ले आते हैं, किन्तु उपलब्ध नहीं कर पाते और न कभी उन्हें इस बात

का एहसास हो पाता है कि उन्होंने पाया कुछ भी नहीं। उनकी पत्नियां भी मृत्यु काल तक इस कटु सत्य से अवगत नहीं हो पातीं। लेकिन मैंने ऐसा अनुभव किया कि वह मेरी साधना की निधि है। वह अचल संपत्ति नहीं, सम्पदा है, अगाध रत्नराशि है।

शबनम, नहीं इस नाम से काम नहीं चलेगा। एक तो यह कि वह उसका वास्तविक नाम नहीं और न यह उसका यथार्थ परिचय है। वह तो दिवाकर की तप्त रश्मि है, क्षयकालीन उषा की विदा बेला के अश्रुओं का बिन्दु नहीं। नाम को गोपनीय रखकर ही आखिर क्या होगा? उसका वास्तविक नाम था...हेमन्ती।

मैंने देखा, सत्रह वर्ष की इस सुन्दरी पर यौवन का पूरा आलोक बिखरा हुआ है। तब भी इस अवस्था की गोद में भी उसे चेतनता नहीं मिली है। हिमाच्छादित शिखर पर भोर का उजाला तो झलक उठा है, किन्तु हिम अभी तक गल नहीं पाया है। कैसी निष्कलंक शुभ्र है वह, कैसी पवित्र की प्रतिमा, यह मैं ही जानता हूं, मेरे मन में बराबर यह शंका बनी रहती थी इतनी पढ़ी शिक्षित लड़की का मन पता नहीं, क्योंकर पा सकूंगा? किन्तु कुछ ही दिवसों के उपरान्त मैंने जान लिया कि उसके मन की राह और शिक्षा की राह आपस में कहीं कटी ही नहीं है। कब उसके सरल-शुभ्र मन पर हल्की-सी रंगीनी छा गई नेत्र अलस तन्द्रा में झूम उठे और देहमन मानो उत्सुक हो उठे, सो निश्चिन्तता के साथ कह देना मेरे लिए कठिन ही नहीं, अपितु असम्भव है?

यह तो हुई एक पक्ष की बात, लेकिन अब दूसरा पक्ष भी है। वह और उसके विषय में पूर्णरूप से कहने का समय अब आ पहुंचा है?

मेरे श्वसुर राज दरबार में उच्च पदाधिकारी थे। इसलिए उनकी कितनी धनराशि बैंक के खातों में है, इस सम्बन्ध में जनश्रुति ने बहुत तरह के अनुमान बिठाये थे। इनमें से किसी भी अनुमान की संख्या लाख के आंकड़ों से नीचे नहीं पड़ती थी। फलस्वरूप एक ओर पिता के प्रति सम्मान बढ़ता गया, तो दूसरी ओर इकलौती बेटी की ओर स्नेह। हमारी घर-गृहस्थी का काम-धंधा और तौर-तरीका जानने के लिए हेम खूब उत्सुकता दिखला रही थी। किन्तु मां ने उसे अगाध स्नेह दिखाने के अभिप्रायः से किसी काम में हाथ नहीं लगाने दिया? यहां तक कि मायके से हेम के साथ जो पहाड़िन मेहरी आई थी, उसे उन्होंने वास्तव में अपने कक्ष में नहीं घुसने दिया, फिर भी उसकी जाति-पांति के बारे में किसी प्रकार का अपवाद नहीं किया? वे डरती थीं कि विशेष छान-बीन करने पर कहीं कोई अरुचिकर सत्य न सुनना पड़े।

दिन इसी तरह कट जाते, लेकिन एक दिन पिताजी का मुंह घोर गंभीर दिखाई दिया। बात यह थी कि मेरे श्वसुर ने मेरे विवाह में 15 सहस्र रुपये नकद और पांच सहस्र के आभूषण दिए थे। इधर पिताजी को किसी कृपापात्र दलाल से पता चला कि यह धनराशि कर्ज लेकर जुटायी गई थी, जिसका ब्याज भी कुछ मामूली न था और लाख रुपये की अफवाह तो बिल्कुल उड़ाई हुई थी।

वास्तव में मेरे विवाह के पूर्व श्वसुर की संपत्ति के परिणाम के विषय में पिताजी ने भी उनकी कोई आलोचना नहीं की थी। तब भी न जाने किसी तर्क-पद्धति से आज उन्होंने यह बिल्कुल पक्का निश्चय कर लिया था कि उनके समधी ने जान-बूझकर यह धोखा उनके साथ किया है। इसके अलावा पिताजी की यह धरणा थी कि मेरे श्वसुर राजा के मुख्यमंत्री या उसी समान किसी उच्च पद के अधिकारी हैं। पीछे पता चला कि वे वहां के शिक्षा विभाग के अध्यक्ष हैं। पिताजी ने टीका की- अर्थात् विद्यालय के मुख्याध्यापक, विश्व में जितने भी भद्र पद हैं, उनमें सबसे ऊंचा है। पिताजी ने बड़ी-बड़ी आशाएं कर रखी थीं कि आज नहीं तो कल, श्वसुर के अवकाश प्राप्त करने पर राज मंत्री के पद पर वे स्वयं ही प्रतिष्ठित होंगे।

इन्हीं दिनों के कार्तिक मास में रामलीला के उपलक्ष्य में हमारा जन्मभूमि का सारा परिवार कलकत्ते वाली हवेली में आ जुटा है। वधू को देखते ही उनमें एक छोर से दूसरे छोर तक कानाफूसी की लहर दौड़ गई। क्रमशः अस्फुट हुई। दूर के नाते से सम्बन्धित नानी ने कहा- "आग लगे मेरे भाग्य को, नई बहू ने तो उम्र में मुझे भी हरा दिया।"

सुनकर नानी की समवयस्का बोल उठी-"अरे हमें न हरायेगी, तो हमारा बच्चा विदेश से बहू लाने ही क्यों जाएगा?"

मां ने उग्रता के साथ उत्तर दिया- "भैया रे! यह क्या बात हो रही है? बहू ने अभी ग्यारह पार नहीं किए, यही अगले फाल्गुन में बारह में पांव धरेगी। पछहुआ देस में दाल-भात खा-खाकर बड़ी हुई है बेचारी, सो देह तनिक अधिक सम्भल गई है।"

वृद्धाओं ने शान्त अविश्वास के साथ उत्तर दिया- "सो बिटिया रानी, इतनी कमजोर तो हमारी निगाह अभी नहीं हुई है। हमारे ख्याल में तो लड़की वालों ने जरूर उमर कुछ दबाकर बताई है।"

मां ने कहा- "हम लोगों ने तो जन्म-पत्री देखी है।"

"बात सच है, किन्तु जन्म-पत्री से ही तो प्रमाणित होता है कि बहू की उम्र सत्रह है।"

वृद्धाओं ने कहा- "सो जन्म-पत्री में क्या धोखा-धड़ी नहीं चलती?" इस बात पर घोर वाद-विवाद छिड़ गया। यहां तक कि संघर्ष की नौबत आ गई। उसी क्षण वहां हेम आ पहुंची। उन दोनों वृद्धाओं में से एक ने उसी से पूछा- "बहू रानी! तुम्हारी उमर क्या है, बताओ तो भला?" मां ने आंखों से संकेत किया, परन्तु हेम उनका मतलब नहीं समझी, बोली- "सत्रह।" मां तिलमिला उठी। उसने उसी अवस्था में कहा- "तुम्हें मालूम नहीं है। "हेम विरोध का प्रदर्शन करती हुई बोली- "मुझे ठीक मालूम है। मेरी उम्र सत्रह है।"

वृद्धाओं ने गुपचुप एक-दूसरे के हाथ दबाये। बहू की मूर्खता पर खीझ कर मां बोली- "तुम्हें तो सब मालूम है। लेकिन तुम्हारे बाबूजी ने हम से खुद कहा है कि तुम्हारी उमर ग्यारह है।"

सुनकर हेम चौंक उठी, बोली- "बाबूजी ने! कभी नहीं।"

मां ने कहा- "तुमने तो चकित कर दिया है। समधीजी स्वयं मेरे सामने कह गये थे और बिटिया कहती है, कभी नहीं।" यह कहकर मां ने आंख से फिर संकेत किया। अब की बार हेम संकेत समझ गई, लेकिन उसने कंठ को और भी मजबूत करके कहा, "बाबूजी! ऐसी बात कभी नहीं कह सकते।"

मां ने स्वर को धीमा करके कहा- "तू क्या मुझे झूठा ठहराना चाहती है?" हेम ने फिर वही दुहराया- "बाबूजी कभी झूठ नहीं बोलते।"

इसके बाद मां जितना भी अपवाद फैलाने लगी, उतनी ही कालिमा फैलकर सबको एकाकार लीपने-पोतने लगी। इतना ही नहीं, मां ने नाराज होकर पिताजी के सम्मुख अपनी बहू की मूढ़ता और जिद्दीपन की शिकायत रखी। पिताजी ने उसी क्षण हेम को बुलाकर धमकाते हुए कहा, "इतनी बड़ी अविवाहित कन्या की अवस्था सत्रह वर्ष की थी, वह कन्या के लिए कोई बड़प्पन की बात है, जो उसका ढिंढोरा पीटती फिरोगी? हमारे घर में यह सब नहीं चलेगा, कहे देता हूं।"

हाय रे भाग्य, बहु रानी के प्रति पिताजी का यह मधु मिश्रित पंचम स्वर इस प्रकार उस्ताद बाजखां के घोर षडज तक कैसे उतर आया?

हेम ने व्यथित होकर पूछा- "यदि कोई उम्र जानना चाहे तो क्या उत्तर दूं?"

पिताजी बोले- "झूठ बोलने की आवश्यकता नहीं। कह दिया करो, मुझे नहीं पता, मेरी सास, मां जानती हैं। "इसके बाद झूठ किस तरह बताया जाता है, इसका सारा उपदेश सुनने के बाद, हेम कुछ इस तरह चुप हो गई कि पिता जी को यह समझना बाकी न रहा कि उसका सारा सदुपदेश बिल्कुल चिकने घड़े पर पानी की तरह पड़ा।

हेम की दुर्गति पर दुःख क्या प्रकट करूं, उसके समक्ष तो मेरा मस्तक ही नत हो गया। मैंने देखा शारदीया प्रभात के आकाश की तरह उसके नेत्रों की वह सरल उदार दृष्टि मानो किसी संशय की छाया से म्लान हो उठी? भीत मृगी की तरह मानो उसने मेरे मुख की ओर देखा और सोचा, मैं कदाचित इन्हें नहीं पहचानता।

उस दिन मैं एक सुन्दर जिल्द वाली अंग्रेजी कविताओं की एक पुस्तक क्रय करके उसके लिए ले आया था। उसने पुस्तक को अपने सुन्दर हाथों से थामा, फिर धीमे-से गोद में रखकर एक बार भी खोलकर नहीं देखा। मैंने उसके दायें हाथ को अपने हाथों में लेकर कहा- "हेम, मुझ पर नाराज न होना, मैं तो तुम्हारे सत्य के बन्धन में बंधा हुआ हूं।"

सुनकर वह कुछ न बोली, केवल तनिक मुस्करा दी। सृष्टिकर्ता ने वैसी ही मुस्कान जिसे दी है उसे और भी कुछ कहने की आवश्यकता ही कहां?

इधर पिताजी की आर्थिक तरक्की के कुछ दिनों बाद से सृष्टिकर्ता के उस अनुग्रह को चिर-स्थायी कर रखने के स्वार्थ से हमारे यहां नए उत्साह से पूजा-पाठ चल रहा था। आज तक कभी भी पूजा-अर्चना में बहू की कभी भी बुलाहट नहीं हुई। अचानक नई वधू को पूजा का थाल सजाने का आदेश मिला। वह बोली- "मां! मुझे समझा दो, कैसे क्या करना होगा?"

प्रश्न कुछ ऐसा न था, जिसे सुनकर किसी के सिर पर आसमान टूट पड़ता, यह तो सब लोग भली प्रकार जानते थे कि मातृहीना हेम प्रवास में ही इतनी बड़ी हुई है। तब भी इस उद्देश्य का आशय तो केवल हेम को लज्जित करना ही था। सो सभी ने अपने गाल पर हथेली रखकर कहा- "हाय मैया, यह भला कैसी बात है? आखिर किस नास्तिक के घर की बेटी है? बहू घर की लक्ष्मी अब इस गृहस्थी से विदा होने ही वाली है? देरी मत समझना" और इसी प्रसंग में हेम के पिता को लक्ष्य करके न जाने कितनी अकथनीय बातें की गईं?

कटु आलोचना की हवा जब से चलनी आरम्भ हुई थी, तब से हेम आज तक बराबर चुप रहकर सब सहन करती आ रही थी। कभी पल भर के लिए भी उसने किसी के सामने अश्रु न बहाये? परन्तु आज तो उसकी बड़ी-बड़ी आंखों को प्लावित करती हुई अश्रुओं की झड़ी लग गई। वह खड़ी होकर बोल उठी- "आपको मालूम है, वहां मेरे बाबूजी को सब लोग ऋषि कहते हैं।"

ऋषि मानते हैं, सुनकर उपस्थित लोगों ने पेट भरकर दिल के गुबार निकाले। इस घटना के उपरान्त जब कभी उसके पिता का उल्लेख करना होता, तो सब लोग यही कहते, "तुम्हारे ऋषि बाबूजी।" इस बहू का सबसे मर्म का स्थान कौन-सा है?

इसे हमारे यहां सबने अच्छी प्रकार समझ लिया था। वास्तव में मेरे श्वसुर ब्राह्मण थे और न ईसाई, और बहुत करके नास्तिक भी नहीं, पूजा-अर्चना की बात कभी उनके ध्यान में ही नहीं। बेटी को उन्होंने शिक्षित बनाने का प्रयत्न अवश्य किया था। कितने ही उपदेश भी दिये थे, किन्तु सृष्टिकर्ता के सम्बन्ध में कोई उपदेश नहीं दिया? इसी बारे में पूछने पर उन्होंने इतना ही कहा- "जिस विषय। को मैं स्वयं नहीं जानता उसे सिखलाना केवल कपट ही होगा।"

ससुराल में हेम की एक सचमुच की भक्तिन थी, मेरी छोटी भगिनी नारायणी, वह अपनी भाभी को बहुत स्नेह करती थी, उसके लिए उस बेचारी को काफी प्रताड़ना सहनी पड़ती थी। घर में हेम के अपमान की कहानी मुझे उसी से सुनने को मिलती थी। हेम के मुंह से कभी किसी दिन भी सुनने को नहीं मिला? लज्जा का आवरण उसके अपने लिए नहीं था, अपितु मेरे लिए ही था। बाबूजी के पास से वह जो पाती वह मुझे पढ़ने के लिए दे देती। ये पत्र छोटे होने पर भी रस से भरपूर होते थे। वह स्वयं भी उनको जब कभी पत्र लिखती तो मुझे अवश्य दिखा देती। बाबूजी के साथ उसका जो नाता था, उसमें अपने साथ मुझे भी बराबर का भागी बनाये बिना उसका दाम्पत्य पूर्ण जो नहीं हो पाता। उसके इन पन्नों में ससुराल के सम्बन्ध में किसी प्रकार की शिकायत का आभास मात्र भी नहीं? यदि होता, भावी आशंका की सम्भावना थी, कारण नारायणी से मैंने सुन लिया था कि जांच के लिए बीच में उसके पत्र गोपनीय रीति से खोल लिये जाते हैं। इन पत्रों में उसका कोई भी दोष सिद्ध न होने से ऊपर वालों का मन शान्त हो, सो बात नहीं, बल्कि आशा टूटने का दुःख ही सम्भवतः उन्हें ज्यादा टीसा करता था। इसलिए उन्होंने चिढ़कर कहना शुरू कर दिया कि आखिर इतनी जल्दी-जल्दी पत्र डालने की ही भला कौन-सी जरूरत है? मानो बाबा ही सब कुछ हैं। हम लोग क्या कोई नहीं?" और इसी प्रकार की अनेक अरुचिकर बातों का तांता शुरू हो गया। मैंने क्षुब्ध होकर हेम से कहा- "तुम बाबूजी को पत्र लिखती हो, वह किसी और को न देकर मुझे ही दे दिया करो, कॉलिज जाते समय राह में छोड़ दिया करूंगा।"

चकित होकर हेम ने कहा- "क्यों?"

मैंने संकोचवश कोई उत्तर नहीं दिया। किन्तु हवेली में सबने कहना आरम्भ कर दिया कि अब लड़के के सिर चढ़ना शुरू हुआ है। बी.ए. की उपाधि अब ताक पर धारी रहेगी। आखिर उस बेचारे का भला दोष ही क्या है?

सो तो है ही! दोष किसी का है तो वह बेचारी हेम का। उसकी उम्र सत्रह वर्ष की है। वह उसका पहला दोष है। सृष्टिकर्ता का विधान ही ऐसा है, यह भी

हेम का तीसरा दोष है। इसलिए तो मेरे हृदय के अणु-अणु में समस्त आकाश इस तरह की बांसुरी की तान साधे हुए है।

बी.ए. की उपाधि को निर्विकार भाव से मैं चूल्हे में फूंक सकता था, किन्तु हेम के कल्याण के लिए मैंने प्रण किया कि मैं अवश्य उत्तीर्ण होऊंगा और अच्छे अंकों से। दो कारणों से मुझे अपने प्रण को पूरा कर पाने का भरोसा था। एक तो हेम के अगाध स्नेह में ऐसा आकाशव्यापी विस्तार था कि वह मन को संकीर्ण, आसक्ति में फंसाकर नहीं रहती। उस स्नेह के आस-पास कोई खूब ही स्वास्थ्यवर्द्धक वायु बहा करती थी। दूसरे परीक्षा की पुस्तकें कुछ ऐसी थी। जिन्हें हेम के साथ-साथ पढ़ना असम्भव न था। सो मैं कमर कसकर परीक्षा पास करने के उद्योग में जुट गया।

एक दिन रविवार की दुपहरिया में बाहर के कमरे में बैठा हुआ मैं मार्टिन की आचारशास्त्रावली पुस्तक की खास-खास पंक्तियों के मध्य के पथ को चीरते हुए लाल पेन्सिल का हल चलाये जा रहा था कि अचानक सामने की ओर मेरी दृष्टि जा पहुंची कमरे के सामने आंगन के उत्तर की ओर अन्तःपुर को जाने के लिए एक जीना था इसी बंद जीने में बाहर की तरफ सींकचेदार खिड़कियां थीं। मैंने देखा कि हेम उन्हीं में किसी एक खिड़की के पास पश्चिम की ओर निहारती हुई चुपचाप बैठी है। उस ओर मल्लिक की बगिया है जिसमें कचनार का पेड़ गुलाबी पुष्पों के भार को सम्भाले खड़ा हुआ है। इस भाषाहीन गहरी वेदना के रूप को आज तक इतने सुस्पष्ट भाव से मैंने नहीं देखा था। खास कुछ भी नहीं, अपने कमरे में से मैं किंचित पीछे की ओर दीवार के सहारे टिके उसके सिर के भंगी भाव भली-भांति देख पा रहा था। मेरा अपना जीवन इस तरह लबालब भर गया था कि किसी प्रकार की भी कोई शून्यता मैंने आज तक देखी ही नहीं थी। आज अकस्मात अपने बिल्कुल ही पार्श्व में मैंने किसी बहुत निराशा का घना गढ़ा देखा था। इस तलहीन गर्त को मैं क्योंकर, कैसे पूरा कर सकूंगा? मुझे तो जीवन में कुछ भी छोड़ना नहीं पड़ा। न घर, न द्वार और न आज तक किसी प्रकार का अभ्यास ही। लेकिन हेम को तो सभी कुछ छोड़कर और दूर चल कर मेरे पास आना पड़ा। इसका परिणाम कितना अधिक है, सो मैंने भली-भांति सोचा भी नहीं? हमारे घर में अपमान के कांटों की सेज पर वह बैठी है। उसको हमने आपस में विभक्त कर लिया है। उस वेदना के आसव को हम दोनों ने एक साथ ही पिया था। इसलिए हम दोनों एक-दूसरे के निकट थे। परन्तु हिमाचल में पली हुई यह गिरि नन्दिनी सत्रह वर्ष की लम्बी अवधि तक अपने बाह्य और अन्तःजीवन में कैसी विशाल युक्ति के मध्य पली थी? कैसे कठोर सत्य और उदार आलोक में उसकी छवि एवं प्रकृति इस प्रकार स्वच्छ और सबल हो चुकी है?

उस सारे वैभव से आज हेम का नाता किस प्रकार निष्ठुरता के साथ तोड़ दिया गया है, इस बात का, आज से पूर्व मैंने कभी अनुभव ही नहीं किया था? कारण उस स्थान पर हेम के साथ मेरा आसन बराबरी का न था। वह तो अन्दर-ही-अन्दर पल-पल तिल-तिल करके मृतप्राय-सी होती जा रही थी। उसे मैं सब दे सकता था, किन्तु मुक्ति नहीं, मुक्ति मेरे अपने अन्तर में ही कहां है? इसी हेतु कलकत्ता की इस संकरी गली में खिड़की के सींकचों के भीतर से मूक आकाश के साथ उसके मूक मन की बातचीत हुआ करती।

किसी दिन रात को उठकर मैंने देखा, वह बिछौने पर नहीं है। हाथों पर सिर को थामकर तारों से भरपूर आकाश की ओर मुंह उठाये वह छत पर लेटी है।

मार्टिन का चरित्रता का बखान वहां पड़ा रह गया। मैं सोचने लगा कि मेरा कर्तव्य क्या है? बाल्यकाल से ही पिताजी के साथ मेरे सम्बन्ध में मेरे संकोच की सीमा न थी। समक्ष होकर कभी उनसे किसी वस्तु के लिए प्रार्थना करने की न तो मेरी आदत ही थी और न साहस ही, किन्तु आज मुझसे न रहा गया। लाज और संकोच को ताक पर धरकर मैं उनसे कह ही बैठा- "उसकी तबीयत आजकल कुछ अच्छी नहीं है, सो एक बार बाबूजी के यहां भेज देना ही अच्छा होगा।"

सुनकर पिताजी चकित रह गये। उनके मन में इस बात का तनिक भी संदेह न रहा कि हेम ने ही मुझ में इस अभूतपूर्व साहस का बीजारोपण किया है और अच्छी प्रकार से सिखा-पढ़ा कर यहां भेजा है। वे तत्काल ही उठकर अन्तरूपुर में गए और हेम से पूछा-"बहू! तुम्हें क्या नई बीमारी है, बताना तो भला?"

हेम ने सिर झुकाकर उत्तर दिया- "कहां, बीमारी तो कुछ भी नहीं है।"

पिता ने सोचा, उत्तर तेज दिखाने के लिए है। किन्तु हेम जो प्रतिदिन सूखती जा रही थी, सो नित्यप्रति देखते रहने के कारण हम लोग समझ नहीं पाते थे।

एक दिन बनमाली बाबू ने उसे देखा तो चौक पड़े। वे बोले- "ऐं, यह क्या? तेरा मुख ऐसा कैसा हो गया है हेम? बीमार तो नहीं हो?"

हेम ने कहा- "नहीं।"

परन्तु इस घटना के दस दिन बाद ही अकस्मात मेरे श्वसुर आ पहुँचे। अवश्य ही बनमाली बाबू ने हेम की तबीयत की बात लिखी होगी?"

विवाह के उपरान्त पिता से विदा लेते हुए हेम ने अपने अश्रु रोक लिये थे। किन्तु आज जैसे ही उन्होंने उसकी ठोड़ी छूकर मुंह ऊपर को उठाया तो अश्रुओं का बांध टूट गया। उसकी भीगी पलकों ने सब-कुछ बता दिया। वह बाबूजी को मुख

से आधी बात भी न कह सकी। वे इतना भी न पूछ पाये कि तू कैसी है? बेटी की क्षीण गति, म्लान मुख और पलकों को देखते ही उनकी छाती टूक-टूक हो गई।

हेम बाबूजी का हाथ पकड़कर उन्हें शयन-कक्ष में ले गई। कितनी बातें तो पूछने की हैं, बाबूजी की तबीयत भी तो ठीक नहीं दिखाई देती।

हेम बाबूजी के साथ मायके जाने के लिए उद्यत हो गई। बनमाली बाबू ने भी समधीजी से इस बात का संकेत किया। लेकिन अन्ततः बात पिताजी की हो रही और उसके आगे हेम की आकांक्षा कुचल दी गई।

बाप-बेटी को विदा करने की बेला फिर एक बार आ पहुंची। बेटी ने नीरव और शुष्क मुस्कान को पीले मुख पर डालते हुए कहा-"बाबूजी! यदि फिर कभी आपने मेरे लिए पागलों की भांति बेतहाशा दौड़ते हुए इस हवेली में कदम रखा तो मैं दरवाजा बन्द कर लूंगी।"

बाबूजी ने उसी मुद्रा में उत्तर दिया- "बेटी! भाग्य में फिर आना लिखा तो साथ में सेंध लगाने के औजार भी लेता आऊंगा।"

इसके बाद हेम के मुख की वह मुस्कान फिर कभी देखने को नहीं मिली।

फिर क्या हुआ सो मुझसे कहा नहीं जायेगा।

सुनता हूं, मां फिर उपयुक्त वधू की खोज में है। सम्भव है किसी दिन मां के अनुरोध की अवहेलना मुझसे न हो सके। यही मुमकिन है, क्योंकि खैर छोड़िये इन भेद भरी बातों की।

21

समाज का शिकार

मैं जिस युग का वर्णन कर रहा हूं उसका न आदि है न अंत!

वह एक बादशाह का बेटा था और उसका महलों में लालन-पालन हुआ था, किन्तु उसे किसी के शासन में रहना स्वीकार न था। इसलिए उसने राजमहलों को तिलांजलि देकर जंगलों की राह ली। उस समय देशभर में सात शासक थे। वह सातों शासकों के शासन से बाहर निकल गया और ऐसे स्थान पर पहुंचा जहां किसी का राज्य न था।

आखिर शाहजादे ने देश को क्यों छोड़ा?

इसका कारण स्पष्ट है कि कुएं का पानी अपनी गहराई पर सन्तुष्ट है। नदी का जल तटों की जंजीरों में जकड़ा हुआ है, किन्तु जो पानी पहाड़ की चोटी पर है उसे हमारे सिरों पर मंडराने वाले बादलों में बन्दी नहीं बनाया जा सकता।

शाहजादा भी ऊंचाई पर था और यह कल्पना भी न की जा सकती थी कि वह इतना विलासी जीवन छोड़कर जंगलों, पहाड़ों और मैदानों में दृढ़ता से सामना करेगा। इस पर भी बहादुर शाहजादा भयावने जंगल को देखकर भयभीत न हुआ। उसकी राह में सात समुद्र थे और न जाने कितनी नदियां? किन्तु उसने सबको अपने साहस से पार कर लिया।

मनुष्य शिशु से युवा होता है और युवा से वृद्ध होकर मर जाता है, और फिर शिशु बनकर संसार में आता है। वह इस कहानी को अपने माता-पिता से अनेक बार सुनता है कि भयानक समुद्र के किनारे एक किला है। उसमें एक शहजादी बन्दी है, जिसे मुक्त कराने के लिए एक शाहजादा जाता है।

कहानी सुनने के पश्चात् वह चिंतन की मुद्रा में कपोलों पर हाथ रखकर सोचता कि कहीं मैं ही तो वह शाहजादा नहीं हूं।

जिन्नों के द्वीप की दशा सुनकर उसके हृदय में विचार उत्पन्न हुआ कि मुझे एक दिन शहजादी को बन्दीगृह से मुक्ति दिलाने के लिए उस द्वीप को प्रस्थान करना पड़ेगा। संसार वाले मान-सम्मान चाहते हैं, धन-ऐश्वर्य के इच्छुक रहते हैं, प्रसिद्धि के लिए मरते हैं, भोग-विलास की खोज में लगे रहते हैं, किन्तु स्वाभिमानी शाहजादा सुख-चैन का जीवन छोड़कर अभागी शहजादी को जिन्नों के भयानक बन्दीगृह से मुक्ति दिलाने के लिए भयानक द्वीप का पर्यटन करता है।

भयानक तूफानी सागर के सम्मुख शाहजादे ने अपने थके हुए घोड़े को रोका, किन्तु पृथ्वी पर उतरना था कि सहसा दृश्य बदल गया और शाहजादे ने आश्चर्यचकित दृष्टि से देखा कि समाने एक बहुत बड़ा नगर बसा हुआ है। ट्राम चल रही है, मोटरें दौड़ रही हैं, दुकानों के सामने खरीददारों की और दफ्तरों के सामने क्लर्कों की भीड़ है। फैशन के मतवाले चमकीले वस्त्रों से सुसज्जित चहुंओर घूम-फिर रहे हैं। शाहजादे की यह दशा कि पुराने कुर्ते में बटन भी लगे हुए नहीं। वस्त्र मैले, जूता फट गया, हरेक व्यक्ति उसे घृणा की दृष्टि से देखता है किन्तु उसे चिन्ता नहीं। उसके सामने एक ही उद्देश्य है और वह अपनी धुन में मग्न है।

अब वह नहीं जानता कि शहजादी कहां है?

वह एक अभागे पिता की अभागी बेटी है। धर्म के ठेकेदारों ने उसे समाज की मोटी जंजीरों में जकड़कर छोटी अंधेरी कोठरी के द्वीप में बन्दी बना दिया है। चहुंओर पुराने रीति-रिवाज और रूढ़ियों के समुद्र घेरा डाले हुए हैं।

क्योंकि उसका पिता निर्धन था और वह अपने होने वाले दामाद को लड़की के साथ अमूल्य धन-संपत्ति न दे सकता था। इसलिए किसी सज्जन खानदान का कोई शिक्षित युवक उसके साथ विवाह करने पर सहमत न होता था।

लड़की की आयु अधिक हो गई। वह रात-दिन देवताओं की पूजा-अर्चना में लीन रहती थी। उसके पिता का स्वर्गवास हो गया और वह अपने चाचा के पास चली गई।

चाचा के पास नकद रुपया भी था और काफी मकान आदि भी। अब उसे सेवा के लिए मुफ्त की सेविका मिल गई। वह सवेरे से रात के बारह बजे तक घर के काम-काज में लगी रहती।

बिगड़ी दशा का शाहजादा उस लड़की के पड़ोस में रहने लगा। दोनों ने एक-दूसरे को देखा। प्रेम की जंजीरों ने उनके हृदयों से विवाह कर दिया। लड़की

जो अब तक पैरों से कुचली हुई कोमल कली की भांति थी उसने प्रथम बार संतोष और शांति की सांस लिया।

किन्तु धर्म के ठेकेदार यह किस प्रकार सहन कर सकते थे कि कोई दुखित स्त्री लोहे की जंजीरों से छुटकारा पाकर सुख का जीवन व्यतीत कर सके।

उसका विवाह क्या हुआ एक प्रलय उपस्थित हो गई। प्रत्येक दिशा में शोर मचा कि "धर्म संकट में है,"

चाचा ने मूछों पर ताव देकर कहा- "चाहे मेरी सम्पूर्ण संपत्ति नष्ट ही क्यों न हो जाये, अपने कुल के रीति-रिवाजों की रक्षा करूंगा।"

बिरादरी वाले कहने लगे- "एक समाज की सुरक्षा हेतु लाखों रुपया बलिदान कर देंगे", और एक धर्म के पुजारी सेठ ने कहा-"भाई कलयुग है, कलियुग। यदि हम अचेत रहे तो धर्म विलय हो जायेगा। आप सब महानुभाव रुपये-पैसे की चिन्ता न करें, यदि यह मेरा महान कोष धर्म के काम न आया, तो फिर किस काम आयेगा? तुम तुरन्त इस पापी चांडाल के विरुद्ध अभियोग आरम्भ करो।"

अभियोगी न्यायालय में उपस्थित हुआ। अभियोगी की ओर से बड़े-बड़े वकील अपने गाऊन फड़काते हुए न्यायालय पहुँचे। अभागी लड़की के विवाह के लिए तो कोई एक पैसा भी खर्च करना न चाहता था, किन्तु उसे और उसके पति को जेल भिजवाने के लिए रुपयों की थैलियां खुल गईं।

नौजवान अपराधी ने चकित नेत्रों से देखा।

विधान की किताबों को चाटने वाली दीमकें दिन को रात और रात को दिन कर रही थीं।

धर्म के ठेकेदारों ने देवी-देवताओं की मन्नत मानी। किसी के नाम पर बकरे बलिदान किये गये, किसी के नाम पर सोने का तख्त चढ़ाया गया। अभियोग की क्रिया तीव्र गति से आरम्भ हुई। बिगड़ी हुई दशा वाले शाहजादे की ओर से न कोई रुपया व्यय करने वाला था न कोई पक्ष-समर्थन करने वाला।

न्यायाधीश ने उसे कठिन कारावास का दण्ड दिया।

मन्दिरों में प्रसन्नता के घंटे-घड़ियाल बजाये गये, सम्पूर्ण शक्ति से शंख बजाये गये, देवी और देवताओं के नाम बलि दी गई, पुजारियों और महन्तों की बन आई। सब आदमी खुशी से परस्पर धन्यवाद और साधुवाद देकर कहने लगे-

"भाइयो! यह समय कलियुग का है परन्तु ईश्वर की कृपा से धर्म अभी जीवित है।"

शाहजादा अपनी सजा काटकर कारावास से वापिस आ गया किन्तु उसका लम्बा-चौड़ा पर्यटन अभी समाप्त न हुआ था। वह संसार में अकेला था, कोई भी

उसका संगी-साथी नहीं। संसार वाले उसे दंडी (सजायाफ्ता) कहकर उसकी छाया से भी बचते हैं।

सत्य है इस संसार में राज-नियम भी ईश्वर है।

फिर ईश्वर के अपराधी से सीधे मुंह बात करना किसे सहन हो सकता है?

लम्बी-चौड़ी मुसाफिरी तो उसकी समाप्त न हुई, किन्तु उसके चलने का अन्त हो गया। उसके जख्मी पांवों में चलने की शक्ति शेष न रही।

वह थककर गिर पड़ा, रोगी था...बहुत अधिक रोगी। उस असहाय पथिक की सेवा-सुश्रूषा कौन करता?

किन्तु उसकी अवस्था पर एक सुहृदय देवता का हृदय दुखा। उसका नाम "काल" था। उसने शाहजादे की सेवा-सुश्रूषा की। उसने सिर पर स्नेह से हाथ फेरा और उसके साथ शाहजादा उस संसार में पहुंच गया जहां न समाज है और न उसके अन्याय और न अन्यायी।

बच्चा आश्चर्य से अपनी मां की गोद में यह कहानी सुनता है और अपने फूल-से कोमल कपोलों पर हाथ रखकर सोचता है, कहीं वह शाहजादा मैं ही तो नहीं हूं।

22

सीमान्त

उस दिन सवेरे कुछ ठण्ड थी, परन्तु दोपहर के समय हवा गर्मी पाकर दक्षिण दिशा की ओर से बहने लगी थी। यतीन जिस बरामदे में बैठा हुआ था, वहां से उद्यान के एक कोने में खड़े हुए कटहल और दूसरी ओर के शिरीष वृक्ष के बीच से बाहर का मैदान दिखाई पड़ता है। वह सुनसान मैदान फाल्गुन की धूप में धू-धू करके जल रहा था। उसी से सटा हुआ एक कच्चा रास्ता निकल गया है। उसी पर एक खाली बैलगाड़ी धीमी चाल से गांव की ओर लौट रही थी और गाड़ीवान धूप से बचने के लिए सिर पर लाल रंग का गमछा लपेटे मस्ती में किसी गीत की कड़ियां दोहराता हुआ जा रहा था?

ठीक इसी समय पीछे से किसी नारी का मधुर और हास्य स्वर फूट पड़ा- "क्यों यतीन, क्या बैठे-बैठे अपने पिछले जन्म की किसी बात को सोच रहे हो?" यतीन ने सुना और पीछे की ओर देखकर कहा- "क्या मैं ऐसा ही हतभागा हूं पटल, जो सोचते समय पिछले जन्म के विचारे बिना काम ही नहीं चलेगा।"

अपने परिवार में पटल नाम से पुकारी जाने वाली वह बाला बोल उठी- "झूठी शेखी मत मारो यतीन, तुम्हारे इस जन्म की सारी बातें मुझे मालूम हैं। छिः! छिः! इतनी उम्र हो गई, फिर भी एक बहू घर में न ला सके। हमारा जो धनेसर माली है, उसकी भी एक घरवाली है। रात-दिन उसके साथ लड़-झगड़कर मोहल्ले भर के लोगों को वह कम-से-कम इतना तो बता देती है, कि उसका भी इस दुनिया में अस्तित्व

है। तुम तो मैदान की तरफ मुंह करके ऐसे भाव दर्शा रहे हो, मानो किसी पूनम के चांद से सलोने मुखड़े का ध्यान करने के लिए बैठे हो? तुम्हारी इन चालाकियों को मैं खूब समझती हूं। यह सब लोगों को दिखाने के लिए ढोंग रच रखा है। देखो यतीन, जाने-माने ब्राह्मण के लिए जनेऊ की आवश्यकता नहीं पड़ती। हमारा वह धनेसर माली तो कभी विरह का बहाना करके इस सुनसान मैदान की ओर दृष्टि गड़ाये बैठा नहीं रहता। जुदाई की लम्बी घड़ियों में भी उसे वृक्ष के नीचे हाथों में खुरपी थामे समय काटते देखा है। किन्तु उसकी आंखों में ऐसी खुमारी नहीं देखी। एक तुम हो, जिसने सात जन्म से कभी बहू का सलोना मुखड़ा नहीं निहारा। बस, अस्पताल में शव की चीर-फाड़ करके और मोटे-मोटे पोथे रट-रटकर उम्र के सुहावने दिन काट दिये। अब आखिर, इस चिलचिलाती दोपहरी में तुम इस प्रकार ऊपर की ओर टकटकी बांधे क्या देखते रहते हो, कुछ तो कहो? नहीं, ये सब व्यर्थ की चालाकियां मुझे अच्छी नहीं लगतीं। देख-देखकर सारा बदन-अन्तर की ज्वाला से जलने लगता है।

यतीन ने सुना और हाथ जोड़कर कहा-"चलो, रहने भी दो। मुझे व्यर्थ में वैसे ही लज्जित मत करो। तुम्हारा वह धनेसर माली ही सब प्रकार से धन्य रहे। उसी के आदर्शों पर मैं चलने का यत्न करूंगा बस, अब देर नहीं, सवेरे उठते ही सामने लकड़ियां बीनने वाली जिस किसी बाला का मुंह देखूंगा उसी के गले में स्नेह से गुंथी हुई फूलों की माला डाल दूंगा। तुम्हारे ये कटाक्ष भरे शब्द अब मुझसे नहीं सहन होते।"

"बात निश्चित रही न..." पटल ने पूछा।

"हां।"

"तब चलो मेरे साथ।"

यतीन कुछ भी न समझ सका। उसने पूछा- "कहां?"

पटल ने उसे उठाते हुए कहा- "चलो तो सही।"

परन्तु यतीन ने हाथ छुड़ाते हुए कहा-"नहीं, नहीं अवश्य तुम्हें कोई नई शरारत सूझी है। मैं अभी तुम्हारे साथ नहीं जाने का हूं।"

"अच्छा, तो यहीं पड़े रहो- "पटल ने रोष-भरे शब्दों में कहा और शीघ्रता के साथ अन्दर चली गई।

यतीन और पटल की आयु में बहुत थोड़ा अन्तर है और वह है सिर्फ एक दिन का। पटल यतीन से बड़ी थी, चाहे उसे यह बड़प्पन एक ही दिन का मिला

हो। लेकिन इस एक दिन के लिए यतीन को उसके लिए लोकाचार हेतु सम्मान दिखाना होगा, यह यतीन को बिल्कुल भी स्वीकार नहीं। दोनों का सम्बन्ध चचेरे भाई-बहन का है और बचपन एक साथ ही खेलकूद में बीता है। यतीन के मुख से "दीदी" शब्द न सुनकर पटल ने अनेकों बार पिता और चाचा से उसकी शिकायत की। परन्तु किसी प्रकार से भी इसका खास फल निकला हो, ऐसा नहीं जान पड़ता। संसार में इस एक छोटे भाई के पास भी पटल का छोटा-सा मामूली नाम "पटल" आज तक नहीं छिप सका।

पटल देखने में खासी मोटी-ताजी, गोल-मटोल लड़की है। उसके प्रसन्न मुख से किये जाने वाले आश्चर्यजनक हास-परिहासों को रोकने की ताकत समाज में भी नहीं थी। उसका चेहरा सास-मां के सामने भी गम्भीरता का साम्राज्य स्थापित नहीं कर सका। पहले-पहल वह इन बातों के कारण इस नए घर में चर्चा का केन्द्र बनी रही। अन्त में स्वयं पराजित होकर परिजनों को कहना पड़ा- "इस बहू के तो ढंग ही अनोखे हैं।"

कुछ दिनों के बाद तो इसकी ससुराल में यहां तक नौबत आ गई, कि इसके हास्य के आघात से परिजनों का गाम्भीर्य भूमिसात हो गया। क्योंकि पटल के लिए किसी का भारी जी और मुंह लटकाना देखना असम्भव है।

पटल के पति हरकुमार बाबू डिप्टी मजिस्ट्रेट हैं। बिहार के एक इलाके से उनकी तरक्की करके उन्हें कलकत्ते के आबकारी विभाग में उच्च पद पर ले लिया गया है। प्लेग के भय से कलकत्ता के बाहर उपनगर में एक किराये के मकान में रहते हैं और वहीं से अपने काम पर कलकत्ते आया-जाया करते हैं। मकान के चारों ओर बड़ी चारदीवारी है और उसी में एक छोटा-सा बगीचा है।

इस आबकारी के विभाग में हरकुमार बाबू को अक्सर दौरे के रूप में अनेक गांवों का चक्कर काटना पड़ता है। पटल इस मौके पर अकेली रह जाती है, जो उसे खलता है। वे इस बात को दूर करने के लिए किसी आत्मीयजन को घर से बुलाने की सोच रहे थे कि उसी समय हाल ही में डॉक्टरी की उपाधि से सुशोभित यतीन चचेरी बहन के निमन्त्रण पर एक सप्ताह के लिए वहां आ पहुंचा।

कलकत्ते की प्रसिद्ध अंधेरी गलियों में से होकर पहली बार पेड़-पत्तों के बीच आकर आज यतीन इस सूने बरामदे में फाल्गुन की दुपहरिया से आत्मविभोर बैठा था कि पटल पीछे से आकर यह नई शरारत कर गई। पटल के चले जाने के बाद वह कुछ देर के लिए निश्चिंत होकर बैठ गया। लकड़ी बीनने वाली लड़कियों का

जिक्र आ जाने के कारण यतीन का मन बचपन में सुनी परी-देश की रोचक कथाओं के गली-कूचों में चक्कर काटने लगा।

पर कहां? अभी कुछ क्षण भी नहीं बीते होंगे, कि पटल का हास्य से भरा हुआ चिर-परिचित स्वर यतीन के कानों में पड़ा। उसे सुनकर वह चौंक पड़ा। उसने मुड़कर देखा पटल किसी बालिका को खींचे ला रही थी? इतना देखकर यतीन में मुख फेर लिया। तभी पटल ने उस बालिका को यतीन के सामने करके पुकारा- "चुनिया!" बालिका ने अपना नाम सुन करके कहा- "क्या है दीदी?"

पटल ने चुनिया का हाथ छोड़ते हुए कहा- "मेरा यह भाई कैसा है? देख तो भला।"

चुनिया जो अब तक गर्दन झुकाये हुए थी निःसंकोच यतीन के चेहरे की ओर निहारने लगी।

उसे ऐसा करते हुए देख, पटल ने पूछा- "क्यों री, देखने में तो अच्छा लगता है न?"

चुनिया ने शान्त स्वर से सिर हिलाते हुए कहा- "हां! अच्छा ही है।"

यतीन ने देखा और सुना, फिर लज्जावश कुर्सी से उठता हुआ बोला- "ओह पटल! यह क्या लड़कपन है?"

"मैं लड़कपन कर रही हूं या तुम व्यर्थ में ही बुढ़ापा दिखला रहे हो। पटल ने यतीन के शब्दों को सुनकर निरूसंकोच कहा।

"अब बचना मुश्किल है" -यतीन के होंठों से शब्द निकले और वह वहां से भाग गया। पटल ने उसका पीछा किया और भागती हुई बोली। "अरे! सुनो तो, भय की कोई बात नहीं है, यकीन तनिक भी नहीं है। कौन तुम्हारे गले में अभी माला डाल रहा है? फाल्गुन-चौत में तो इस बार कोई लगन ही नहीं पड़ती, अभी बहुत समय है।"

वे दोनों उस जगह से चले गये। परन्तु चुनिया आश्चर्यचकित अवस्था में वहीं खड़ी रह गई। उसके इकहरे बदन ने तनिक भी जुम्बिश न की। उसकी आयु लगभग 16 ही वर्ष की होगी। उसके सलोने मुख का वर्णन पूर्णतया लेखनी से नहीं किया जा सकता। पर इतना अवश्य लिखा जा सकता है, कि उसमें ऐसी आकर्षण शक्ति है, जो देखते ही वन की मृगी की याद दिला देती है। साहित्यिक भाषा में कहने की आवश्यकता पड़े तो उसे निर्बुद्धि भी कहा जा सकता है। किन्तु मूर्ख के साथ उसकी उपमा नहीं दी जा सकती है। हां, अपने समाधान के लिए यह अवश्य सोचा जा सकता है, कि बुद्धिवृत्तिपूर्ण विकसित नहीं हुई है। लेकिन इन सब बातों से चुनिया का सौन्दर्य घटा नहीं। अपितु उसमें एक विशेषता ही आ गई है।

संध्या को हरकुमार बाबू ने कलकत्ते से लौटकर यतीन को देखा तो वे बहुत प्रसन्न हुए और उसी मुद्रा में बोले- "तुम आ पहुँचे, चलो बड़ा ही अच्छा हुआ।"

और फिर दफ्तर के कपड़े बदलकर जल्दी से उसके पास बैठकर कुछ व्यस्त भाव बोले- यतीन! तुम्हें जरा डॉक्टरी करनी होगी। अकाल के दिनों में जब हम पश्चिम की ओर रह रहे थे, तभी से एक लड़की को पाल रहे हैं। पटल उसे चुनिया कहकर पुकारती है। उसके मां-बाप और वह, सब बाहर मैदान के पास ही एक पेड़ के नीचे पड़े हुए थे। सूचना मिलते ही मैंने बाहर जाकर देखा, तो बेचारे मां-बाप दुनिया के झंझटों से मुक्ति पा चुके थे, सिर्फ लड़की के प्राण अभी बाकी थे। मैंने उस लड़की को वहां से उठाकर पटल को सौंप दिया। पटल ने अपना उत्तरदायित्व समझा और बड़ी सेवा-जतन के बाद उसे बचाने में समर्थ हुई।

उसकी जाति के विषय में कोई कुछ नहीं जानता? यदि उस ओर से कोई ऐतराज भी करता है तो पटल कहती है वह द्विज है। एक बार मरकर फिर से जो इस घर में जन्मी है। इसलिए इसकी मूल जाति तो कभी की मिट चुकी है।

पहले पहल उसने पटल को मां कहकर पुकारना शुरू किया था। पर पटल को इसमें लज्जा का भास होता था। अतः पटल ने उसे धमकाते हुए कहा- "खबरदार! मुझे अब से मां मत कहना। दीदी कहकर भले ही पुकार सकती हो, पटल कहती है, "अरे, इतनी बड़ी लड़की यदि मुझे मां कहेगी तो मैं अपने आपको बुढ़िया समझने लगूंगी।"

हरकुमार बाबू ने लम्बी सांस खींचकर पुनः कहा- "यतीन एक बात और भी है। शायद उन अकाल के दिनों में या फिर किसी अन्य कारणवश चुनिया को रह-रहकर एक शूल की तरह पीड़ा उठा करती है। असल बात क्या है, सो तुम्हीं को अच्छी तरह डॉक्टरी परीक्षा करके समझना होगा-अरे, ओ तुलसी, चुनिया को तो बुला ला।"

हरकुमार बाबू के इस लम्बे व्याख्यान की समाप्ति पर यतीन खुलकर सांस भी न ले सका था, कि चुनिया केश बांधती हुई, अपनी आधी बंधी बेणी को पीठ पर लटकाये कमरे में दाखिल हुई। अपनी बड़ी-बड़ी गोली आंखों को एक बार दोनों व्यक्तियों पर डालकर चुपचाप खड़ी हो गई।

हरकुमार बाबू सबकी चुप्पी को तोड़कर बोले- "तुम तो व्यर्थ में ही संकोच कर रहे हो यतीन। यह तो देखने भर की बड़ी है। कच्चे नारियल की तरह इसके भीतर सिर्फ स्वच्छ तरल द्रव्य ही छलक रहा है। कठोर गरी की रेखा मात्र भी अभी तक फूटी नहीं है। यह बेचारी कुछ भी समझती-बूझती नहीं है। इसे तुम नारी समझने की भूल मत कर बैठना। यह तो जंगल की भोली-भाली मृगी-मात्र है।"

यतीन चुपचाप अपने डॉक्टरी फर्ज को पूरा करने में लग गया। चुनिया ने भी किसी प्रकार का संकोच नहीं किया और न आपत्ति ही उठाई? यतीन ने थोड़ी देर तक चुनिया के शरीर की जांच-पड़ताल करके कहा- "शरीर यंत्र में कोई विकार पैदा हुआ हो? ऐसा तो दिखाई नहीं देता।"

पटल ने उसी क्षण आंधी के समान वहां पहुंचकर कहा- "हृदय-यंत्र में भी कोई विकार पैदा नहीं हुआ। यतीन परीक्षा करना चाहते हो क्या...अच्छी बात है।"

और फिर वह चुनिया के पास जाकर उसकी ठोड़ी छूती हुई बोली- "चुनिया! मेरा यह भाई तुझे पसंद आया न?"

चुनिया ने सिर हिलाकर कहा- "हां।"

पटल ने फिर पूछा- "मेरे इस भाई से विवाह करेगी?"

चुनिया ने इस बार भी वैसे ही सिर हिलाकर कहा- "हां।"

पटल और हरकुमार बाबू दोनों ही हंस पड़े। चुनिया इस खेल के मर्म को समझकर भी इन्हीं का अनुकरण किए, हंसी से घिरा चेहरा लेकर एकटक ताकती रह गई।

यतीन का चेहरा लज्जा से लाल हो उठा। वह कुछ परेशान-सा होकर बोला- "ओह, पटल! तुम बहुत ज्यादती कर रही हो। यह तो सरासर अन्याय है। हरकुमार बाबू भी तो तुम्हें बढ़ावा दे रहे हैं।"

पटल के कुछ कहने से पूर्व हरकुमार बाबू बोले- "यदि ऐसा न करूं तो मैं इससे प्रश्रय पाने की प्रत्याशा कैसे कर सकता हूं- तनिक बताओ तो सही? लेकिन यतीन, चुनिया को तुम नहीं जानते हो, इसी कारण तुम इतने हैरान हो रहे हो। दिखाई देता है, तुम स्वयं लजा-लजाकर चुनिया को भी लजाना सिखा दोगे। ज्ञान वृक्ष का फल उसे दया कर मत खिलाओ। आज तक हम सब ने सरल भाव से उसके साथ खेल किया है। अब तुम यदि बीच में आकर गम्भीरता दिखाने लगोगे तो उसके लिए बड़ा असंगत-सा मामला हो जायेगा...।"

तभी पटल बोली उठी- "इसी से तो यतीन के साथ मेरी कभी नहीं बनी। बचपन से लेकर आज तक सिर्फ झगड़ा ही हुआ है। यतीन आवश्यकता से अधिक गम्भीर है।"

हरकुमार बाबू किसी रहस्य के मर्म को समझते हुए बोले- "शायद इसी कारण से यह वाक्युद्ध करना तुम्हारी आदत बन गई है। जब भाई साहब नौ दो ग्यारह हुए तो फिर मुझ गरीब...।"

पटल ने तुनककर कहा- "फिर वही झूठ! भला आपसे झगड़ा करने में कौन-सा सुख पा जाती हूं- इसलिए मैं उसकी चेष्टा ही नहीं करती?"

मैं शुरू में ही हार मान लेता हूं- "हरकुमार बाबू ने पटल को चिढ़ाने के अभिप्राय से उत्तर दिया।

"बड़ी बहादुरी दिखाते हो न शुरू में हारकर, यदि मेरी अंत में मान लेते, तो कितनी खुशी मुझे होती। आपने कभी समझने का भी प्रयत्न किया है इसे। "इतना कहकर पटल चुनिया को लेकर वहां से चली गई। उसके जाते ही कमरे में नीरवता का आवरण छा गया। वे दोनों एक-दूसरे को देखते हुए शान्त बैठ रहे। थोड़ी देर के बाद तुलसी ने भोजन की सूचना दी। हरकुमार बाबू यतीन को लेकर तुलसी के पीछे रसोईघर में पहुंच गये। पटल वहां न थी। चुनिया ने ही खाना परोसने का काम किया। दोनों भोजन करने बैठ गये। खाते समय बातें करना सभ्यता के विरुद्ध समझकर हरकुमार बाबू ने बोलना उचित नहीं समझा-इस प्रकार वह वातावरण शान्त ही बना रहा।"

यतीन सारी रात अपने कमरे की खिड़कियां खोलकर जाने क्या-क्या सोचता रहा? जिस लड़की ने अपने मां-बाप को मरते देखा है। उसके जीवन पर कैसी भयंकर छाया आकर पड़ी होगी? ऐसी विदारक घटना के भीतर से आज वह इतनी बड़ी हुई है। उसे लेकर भला कहीं परिहास किया जा सकता है। यही अच्छा हुआ, जो विधाता ने कृपा करके उसकी विकसित बुद्धि पर एक आवरण डाल दिया। यदि किसी कारणवश वह आवरण कभी उठ जाये, तो भाग्य की रुद्र लीला का कैसा भयंकर चिन्ह लक्षित हो उठेगा?

यतीन जब फाल्गुन की दुपहरिया में वृक्षों के अंतराल से आकाश की ओर निहार रहा था और कटहल की कलियों की मादक सुगन्ध से मृदुतर होकर गंध-शक्ति को चहुंओर से घेर रखा था, तो उस समय उसके मन ने सारी दुनिया को माधुर्य के कुहरे से ढके हुए देखा था, लेकिन अब इस बुद्धिहीन लड़की ने अपनी हिरनी जैसी आंखों द्वारा उस सुनहले कुहरे को मानो पानी की काई की तह के समान हटा डाला है।

फाल्गुन के इस आवरण के पीछे जो विश्व भूख-प्यास से विकल, विषाद की भार-स्वरूप गठरी को देह पर लिये विराट प्रतिभा का रूप धरकर खड़ा है, आज वह उद्घाटित यवनिका के शिल्प-मधुरता के अंतराल से स्पष्ट दृष्टिगोचर हुआ है।

कब सवेरा हुआ और पूरा दिन बीतकर शाम होने को आई यह यतीन को ठीक से याद ही नहीं रहा? वह तो पटल के बुलाने पर जब अन्दर गया तो उसने देखा

कि चुनिया को वही पीड़ा उठी हुई थी। उसके हाथ-पांव सुन्न हो गये थे और उसका कोमल शरीर अकड़ गया था। यतीन ने दवा लाने के लिए तुलसी को भेजकर बोतल में पानी मंगवाया, पर पटल झट से बोल उठी- "कैसे डॉक्टर बने हो जी? पांवों में तनिक गर्म-गर्म तेल की मालिश भी तो करनी होगी। देखते नहीं, इस बेचारी के तलुवे कैसे बर्फ हो रहे हैं?"

यतीन ने विस्मित नेत्रों से पटल की ओर देखा और उसके हाथ में से गर्म तेल का बर्तन लेकर, रोगिणी के तलुओं में पूरी शक्ति से उस तेल की मालिश शुरू कर दी। इलाज करते हुए रात भी बीतने को आई पर...हरकुमार बाबू कलकत्ते से लौटने पर बार-बार चुनिया की अवस्था के विषय में पूछने लगे। यतीन समझ गया कि इस समय दफ्तर से लौटने पर पटल के बिना। हरकुमार बाबू की अवस्था कुछ ... इसीलिए बार-बार आकर चुनिया की अवस्था को पूछने का यही भेद है।

वह परिहास करता हुआ पटल से बोला-"हरकुमार बाबू छटपटा रहे हैं, तुम अब जाओ।"

उसी समय पटल ने मुंह बनाते हुए गम्भीर मुद्रा में कहा- "दूसरों की दुहाई तो दोगे ही। कौन छटपटा रहा है, सो मैं अच्छी तरह जानती हूं? मेरे चले जाने से ही अब तुम्हें रिहाई मिलेगी न? इधर बात-बात में चेहरे का रंग उषा की तरह लाल हो उठता है। तुम्हारे पेट में भी यह सब छिपा हुआ है, आज से पहले इसे कौन जान सका था?"

यतीन पटल के इस कटाक्ष से तिलमिला उठा। उसने हाथ जोड़ते हुए कहा- "अच्छा, दुहाई तुम्हारीय तुम यहीं रहो। मुझे क्षमा करो। तुम्हारे मुंह पर गम्भीर्य रहने से ही मेरी जान बचेगी मैंने समझने में भूल की थी। हरकुमार बाबू शायद इस समय सुख और शान्ति में हैं। ऐसा सुयोग उनके भाग्य में हमेशा नहीं बदा होता है।"

चुनिया ने तनिक आराम पाकर जब आंखें खोलीं तो पटल ने प्यार भरे स्वर में कहा- "पगली। तेरी हिरनी जैसी आंखें खुलवाने के लिए तेरा वर बड़ी देर से तलुवे सहलाकर तुझे मना रहा है। इसीलिए तूने देर की, अब समझी। छिः! छिः! उठ उसके पवित्र चरणों की धूलि ले।"

चुनिया ने मानो अज्ञात प्रेरणा से उसी क्षण उठकर छुपी हुई श्रद्धा के साथ यतीन के चरणों की धूलि माथे में लगा ली।

और दूसरे ही दिन से यतीन के साथ नए-नए उपद्रवों का श्री गणेश हो गया। यतीन जब भोजन के लिए बैठता तो चुनिया प्रसन्नचित्त विजन डुलाकर मक्खियों को दूर करने में जुट जाती। यतीन व्यस्त भाव से कह उठता- "रहने दो, रहने दो, इसकी आवश्यकता नहीं।"

चुनिया ऐसा सुनकर विस्मित नेत्रों से पार्श्व-कक्ष की ओर देखती और उसके बाद फिर से पंखा डुलाने लग जाती। यतीन जैसे खीज उठता और पटल को सुनाने के अभिप्रायः से कहता- "पटल! तुम यदि इसी प्रकार मुझे तंग करोगी तो मैं कदापि भोजन नहीं करूंगा। यह लो, मैं उठता हूं।"

लेकिन एक दिन यतीन के उठने का उपक्रम देखकर चुनिया ने विजन को एक ओर फेंक दिया। यतीन को उसी क्षण उसके चेहरे पर विषाद की रेखाएं दृष्टिगोचर हुईं। खिन्नावस्था में उसी क्षण वह फिर बैठ गया। चुनिया कुछ भी नहीं समझती है, लजाना उसे आता नहीं है, विषाद् का भार सम्भालने की उसमें क्षमता नहीं है- सबके समान इन बातों पर यतीन के हृदय ने भी विश्वास करना आरम्भ कर दिया था।

किन्तु आज मानो उसे सहसा दिखाई दिया, कि सारे नियमों का व्यक्ति-क्रम करके अकस्मात कब क्या घटित हो जाता है, इसे पहले से कभी नहीं जाना जा सकता है? चुनिया ने फिर विजन नहीं डुलाया। उसे वहीं फेंककर तत्काल ही दूसरे कमरे में चली गई।

यतीन बरामदे में बैठा था। आम के पत्तों के बीच में छिपी हुई कोयल ने उच्च स्वर में अपना तराना छेड़ दिया था। आम मंजरियों की सुगन्ध से सवेरे की हवा भारी हो गई थी। तभी उसने देखा, चुनिया चाय का प्याला हाथ में लिये समीप आने से मानो कुछ झिझक-सी रही है। उसकी भोली और कजरारी आंखों के छोरों में कहां का एक सकरुण भय छुपकर आ बैठा है। उसके चाय लेकर आने से यतीन रीझेगा या खीझेगा, इसे जैसे वह ठीक-ठीक समझ ही नहीं पा रही थी।

यतीन ने सुस्थिर चित्त से उठकर आगे बढ़ते हुए उसके हाथ से चाय का प्याला ले लिया। भला इस हिरनी जैसी आंखों वाली मानवी को किसी क्षुद्र कारणवश कहीं वेदना दी जा सकती है! किन्तु उसने चाय का प्याला हाथ में पकड़ा ही था, कि देखा बरामदे के दूसरे किनारे से सहसा प्रगट होकर पटल ने मौन हास्य द्वारा उंगली दिखाई। भाव बिल्कुल स्पष्ट थे, अब कैसे हारे तुम?

उसी संध्या को यतीन किसी पत्रिका के पृष्ठ पलट रहा था, कि पुष्पों की सुगन्ध से चकित होकर उसने सिर उठाया। देखा मौलसिरी के पुष्पों का हार हाथ में लिये चुनिया धीरे-धीरे उसके कमरे में प्रविष्ट हो रही है।

यतीन के मन-ही-मन में सोचा। यह तो बहुत ज्यादती की जा रही है। पटल के इस निष्ठुर मनोरंजन को अब और अधिक बढ़ावा नहीं देना चाहिए। अतः उसने

चुनिया से कहा- "छिः छिः! चुनी! तुम्हें बनाकर दीदी अपना मनोरंजन किया करती हैं, सो क्या तुम इतना भी नहीं समझ पाती?"

बात समाप्त होने से पहले ही चुनिया ने त्रस्त मन और संकुचित भाव से अन्दर की ओर लौट जाने का उपक्रम किया। यतीन ने तब शीघ्रता से उसे बुलाकर कहा- "देखूं तनिक! तुम्हारे इस हार को।"

हाथ आगे करके उसने हार ले लिया। चुनिया के मुख पर से विषाद के बादल फट गये और आनन्द की उज्ज्वल रेखा-सी फूट पड़ी। ठीक उसी समय दूसरे कमरे में से किसी के अट्टहास की उच्छ्वसित ध्वनि सुनाई दी?

दूसरे दिन सवेरे उपद्रव करने के अभिप्रायः से पटल ने यतीन के कमरे में जाकर देखा, कि कमरा सूना पड़ा है। सिर्फ मेज पर पड़े कागज पर लिखा है- "भागा जा रहा हूं, यतीन।"

"अरी ओ चुनिया! तेरा वर तो भाग निकला। उसे तू रोक भी नहीं पाई।" बाहर जाकर पटल ने चुनिया की वेणी पकड़कर डुलाते हुए कहा और फिर घर के काम-धन्धों में लग गई।

किन्तु चुनिया को इस छोटी-सी बात समझने में कुछ समय लगा। वह पाषाण प्रतिमा के समान खड़ी स्थिर दृष्टि से सामने की ओर देखती रही। इसके उपरान्त धीरे-धीरे यतीन के कमरे में जाकर उसने देखा। कमरा खाली पड़ा है और पिछली शाम को उसका दिया हुआ हार उसी तरह मेज पर रखा है।

उस दिन फाल्गुन मास का सवेरा स्निग्ध एवं सुन्दर दिखाई पड़ रहा था कम्पित कृष्ण वृक्ष की शालाओं के भीतर से छनकर और छाया के साथ घुल-मिलकर सवेरे की धूप बरामदे में आ रही थी। गिलहरी अपनी मुलायम पूंछ को पीठ की ओर मोड़े हुए इधर-उधर कुछ पाने की आशा में दौड़ रही थी। पक्षियों का समूह संगठित रूप में अपने मधुर रागों द्वारा भी अपने वक्तव्य को मानो किसी तरह सम्पूर्ण नहीं कर पा रहे थे। किन्तु महान विश्व के इस छोटे से कोने में इस पल्लव समूह काया और धूप के द्वारा बने विश्व के तनिक खंड के भीतर प्राणों का आनन्द पूर्णरूप से खिल उठा था।

उसी एक कोने के बीच यह बुद्धिहीन लड़की अपने जीवन का अपने इर्द-गिर्द के सम्पूर्ण परिवेश का कोई समीचीन अर्थ नहीं खोज पा रही थी? उसके लिए सभी कुछ एक पहेली बन गया था। यह क्यों हो गया?...और ऐसा हुआ क्यों? फिर उसके बाद यह सवेरा, यह घर, सब कुछ एक साथ ही भला इतने सूने क्यों हो गये? जिसके अन्तर में समझने की शक्ति इतनी कम दी थी, उसी को अकस्मात एक दिन हृदय

की अतुल वेदना के रहस्य-गर्भ के गाढ़ अन्धकार में बिना ज्योति सहसा किसने उतार दिया? विश्व के इस सहज उच्छवसित जीवमय समाज में इन तरुपल्लवों, मृग-खगों के आत्म-विस्मृत कलरव के भीतर इस प्रगाढ़ अन्धकार से उसे फिर कौन खींचकर बाहर लायेगा।

पटल ने एकाएक पहुंचकर विस्मित स्वर में कहा- "यह क्या हो रहा है, चुनिया?"

चुनिया ने सुना मात्र लेकिन उठी नहीं, कुछ बोली भी नहीं, जैसी थी वैसी ही रही। पटल ने समीप पहुंचकर स्पर्श किया तो उच्छवसित हो वह फूट-फूट कर रोने लगी। अश्रु आंखों के बांध को लांघकर अविरल गति से बहने लगे।

पटल ने आश्चर्यचकित-सी अवस्था में कहा- "अरी कलमुंही, तूने तो बिल्कुल ही सत्यानाश कर लिया। तू क्यों भला मरने गई थी?"

और फिर चुनिया की इस अवस्था से अवगत करने के अभिप्रायः से पटल ने अपने पति के समीप जाकर कहा- "यह तो, अच्छी मुसीबत बैठे-बिठाये गले से बांध ली। आखिर! आपकी अक्ल पर भी क्या पत्थर पड़ गये थे, जो मुझे उस समय रोका नहीं।"

हरकुमार बाबू ने पटल की खीझपूर्ण बात को सुनकर कहा- "तुम्हें रोकने की मेरी कभी आदत ही नहीं रही, फिर रोकने से ही ऐसा कौन-सा हल निकल आता?"

"आप कैसे हो जी- "पटल ने तुनककर कहा- "मैं यदि गलती करूं तो आप जबर्दस्ती नहीं रोक सकते क्या?"

फिर वह उत्तर पाये बिना ही, दौड़ती हुई आकर यतीन के कमरे में विरह-व्यथा से पीड़ित लड़की को आलिंगनबद्ध करती हुई बोली- "मेरी रानी बहन! तू क्या चाहती है। सो एक बार तो दिल खोलकर मुझसे कह?"

परन्तु चुनिया के पास ऐसी कौन-सी भाषा है, जिससे वह अपने हृदय के व्याघात को बाणी के द्वारा सुना सके। वह हृदय की सारी वेदना लिये मानो किसी अनिर्वचनीय वेदना पर जा पड़ी है। यह कैसी वेदना है? विश्व में और भी किसी को क्या ऐसी ही अनुभूति होती है? संसार उसके विषय में क्या सोचता होगा? ...किसी भी विषय में चुनिया कुछ भी तो नहीं जानती वह तो केवल अपने इन आंसुओं के द्वारा ही कुछ कह सकती है। मन की पीड़ा को दर्शाने का और तो कोई उपाय उसका जाना हुआ नहीं है।

फिर पटल के ही ओष्ठ हिले- "चुनिया तेरी दीदी बड़ी उछृंखल है, लेकिन स्वप्न में भी नहीं सोचा था। कोई भी कभी उसकी बात पर भरोसा नहीं करता, फिर

तूने ही ऐसी भयंकर भूल क्यों की? चुनिया! एक बार बस एक बार अपनी दीदी की ओर मुंह उठाकर तो देख, उसे क्षमा कर दे बहन।"

किन्तु चुनिया का मन इस अकस्मात घटना से बिल्कुल ही विमुख हो चुका था। इसलिए वह किसी भी तरह पटल के मुख की ओर न देख सकी। सारी बातें अच्छी प्रकार से नहीं समझने पर भी उसने एक प्रकार के गूढ़ भाव से पटल पर क्रोध प्रकट किया था। वह उसी अवस्था में अपने हाथों में जोरों से सिर गढ़ाये रही।

पटल तब धीरे-धीरे अपनी लम्बी भुजाओं को हटाकर चुपचाप उठकर चली आई। पाषाण प्रतिमा की तरह खिड़की के किनारे स्तब्ध भाव से आकर खड़ी हो गई। फाल्गुन की धूप से चिकनी चमकीली सुपारी वृक्ष की पल्लव को निहारते-निहारते उसके दोनों नेत्रों से अश्रु बहने लगे।

और अगले दिन चुनिया उसे बिल्कुल दिखाई नहीं दी। पटल उसे बड़े प्यार से अच्छे-अच्छे आभूषणों और वस्त्रों से अलंकृत किया करती थी। वह स्वयं बड़ी बेतरतीबी से रहती, अपनी स्वयं की सजावट के विषय में कोई यत्न नहीं करती थी। लेकिन सजावट की अपनी आकांक्षा को वह चुनिया को सजाकर ही पूरा कर लेती थी। आज बहुत दिनों के संचित वह सारे आभूषण और वस्त्र चुनिया के कमरे में पड़े हुए थे। अपने हाथों के कंगन और चूड़ियां तथा नाक की लोंग तक वह उतारकर डाल गई थी। अपनी पटल दीदी के इतने दिनों के लाड़-प्यार को मानो उसने अपनी देह से बिल्कुल ही चिन्ह-रहित कर डालने का भरसक प्रयत्न किया है।

हरकुमार बाबू ने पता लगाने के लिए पुलिस में सूचना भेजी। उन दिनों प्लेग की महामारी से भयभीत होकर इतने आदमी इतनी विभिन्न दिशाओं में जीवन की साध लेकर भाग रहे थे। उन भगोड़ों के समूह में से किसी खास व्यक्ति को ढूंढ़ निकालना पुलिस के लिए कठिन कार्य बन गया था। दो-चार बार गलत व्यक्ति का पता पाने पर हरकुमार बाबू को काफी दुखी और लज्जित होना पड़ा।

अन्त में उन्होंने चुनिया के मिलने की आशा को त्याग दिया। एक दिन जिसे अज्ञात की गोद में पड़ा पाया था, वही आज फिर किसी अज्ञात में ही अर्न्तध्यान हो गई थी?

सरकारी प्लेग अस्पातल का डॉक्टर यतीन दोपहर का भोजन करके अस्पताल पहुंचा ही था, कि सूचना मिली, जनाने वार्ड में कोई नई रोगिनी आई है। पुलिस उसे रास्ते से उठाकर लाई है।

यतीन देखने गया। लड़की के मुंह का अधिकांश भाग चादर से ढका हुआ था। यतीन ने हाथ उठाकर नाड़ी को टटोला। ज्वर अधिक नहीं था, लेकिन कमजोरी

अधिक थी। विशेष परीक्षा के अभिप्रायः से जब उसने मुख पर से चादर हटाकर देखा तो चकित रह गया, वह चुनिया थी।

यतीन अब तक पटल से चुनिया के विषय में सब-कुछ सुन चुका था। मरीजों की भीड़ से फुर्सत पाते ही यतीन के मानस पटल पर, अव्यक्त हृदय तरंग के घूंघट से ढकी हुई चुनिया की मृगी जैसी दोनों सुन्दर आंखें प्रायः सदा एक प्रकार की अश्रुहीन कातरता को बिखरा दिया करती थी...

आज रोगी की नेत्रों की बड़ी-बड़ी पलकें न चुनिया के शीर्ण कपोलों पर गहरी छाया रेखा खींच रही है। देखते ही यतीन के वक्षस्थल के भीतर मानो किसी ने सहसा मेरु जैसे कोई बोझ दबाकर रख दिया है। इस एक लड़की को भगवान ने स्वयं ही फूल की तरह कोमल रूप में गढ़कर फिर दुनिया से खींचकर प्लेग जैसी महामारी के स्रोत में कैसे बहा दिया? आज उसके क्षीण-मृदु प्राण इस रोग से ग्रसित होकर बिस्तरे पर पड़े हैं। उसकी इस छोटी-सी आयु ने विपदाओं के इतने बड़े आघात, वेदना का इतना भारी बोझ, आखिर कैसे सह लिया? यह सब समा कैसे गए? यतीन ही भला उसके जीवन में तीसरे संकट की तरह कहां से आकर लग गया था?

रुद्ध दीर्घ सांसें यतीन के रुद्ध द्वार पर निरन्तर धक्के देने लगीं। किन्तु उसी आघात की वेदना से उसके हृदय के तार में किसी अज्ञात सुख की होड़ सी लग गई? जो स्नेह विश्व में मिलना कठिन होता है, वही फाल्गुन की किसी दोपहरिया में पूर्ण विकसित बसन्ती मंजरी के समान अयाचित और अकस्मात ही उसके चरणों के निकट खिसककर जा पड़ी है। जो निश्चल स्नेह इस प्रकार यम के द्वार तक आकर मूर्छित होकर गिर पड़ता है, ऐसे देवयोग नैवद्य का सच्चा अधिकारी दुनिया में इस तरह अनायास ही भला और कौन हो सकता है?

यतीन चुनिया के पार्श्व में बैठकर उसे थोड़ा-थोड़ा गर्म दूध पिलाने लगा, पीते-पीते काफी देर के बाद चुनिया ने दीर्घ सांस लेकर नेत्र खोले। यतीन के चेहरे की ओर देखकर किसी सुन्दर स्वप्न की तरह उसने उसे याद करने का प्रयत्न किया, किन्तु यतीन ने जैसे ही उसके ललाट पर हाथ रखकर हिलाते हुए कहा- "चुनिया।" वैसे ही उसकी बेहोशी की आखिरी खुमारी भी अकस्मात टूट गई। यतीन को उसने पहचान लिया और उसी के साथ उसकी दृष्टि पर किसी सुकुमार मोह का आवरण आ पड़ा। पहले कजरारे बादलों के समागम के साथ आषाढ़ के सुगम्भीर गगन में जैसी गहरी छाया अंकित हो जाती है, चुनिया की काली आंखों पर वैसी ही सुदूर व्यापी सजल स्निग्धता घनीभूत हो गई।

टाइमपीस के टिक-टिक शब्द के बीच यतीन चुपचाप बैठा सोचने लगा। अपनी हृदय की बात को छिपाने का यह प्रथम प्रयास है। चुनिया मानो पहले एक मृगछोना थी। मालूम नहीं किस घड़ी हृदय भार से आतुर हो यौवन की मादकता का रूप धारण कर बैठी? किस धूप के उजाले में उसकी ज्वाला की तीक्ष्ण लपटों से चुनिया की समझ पर आच्छादित कुहरा हट गया। उसकी लज्जा, शंका, वेदना, सभी एकदम प्रकाशित हो उठे।

और इन्हीं विचारों में खोये चौकी पर बैठे-ही-बैठे, न जाने कब यतीन की पलकें नींद के बोझ से दब गईं। वह रात्रि के अन्तिम पहर में अचानक द्वार खुलने की आवाज से चौंककर उठ गया। उसकी आंखों ने देखा पटल और हरकुमार बाबू बड़ा-सा बैग लिए कमरे में दाखिल हो रहे हैं।

हरकुमार बाबू ने बैग को कमरे में रखकर और यतीन के पास पहुंचकर कहा-"तुम्हारा पत्र पाकर सवेरे ही चल देने का मैंने विचार किया था। लेकिन जब रात को सो रहा था तो करीब ग्यारह-बारह बजे पटल ने जगाकर कहा- "अजी, सुनते हो, कल सवेरे जाने पर चुनिया को नहीं देख पाएंगे। हमें इसी समय पहुंचना होगा।" उसे मैं किसी प्रकार भी समझा नहीं पाया। तब चटपट एक गाड़ी भाड़े पर लेकर हम लोग उसी क्षण घर से निकले।"

पटल ने तभी अपने पति से कहा- "चलो, यतीन के बिछोने पर आप आराम करें।"

हरकुमार बाबू तनिक-सी आपत्ति का भान करते हुए यतीन के कमरे में जाकर लेट गए और फिर पलक बन्द करते हुए तनिक भी देर नहीं लगी।

रोगिनी के कमरे में वापस आने पर पटल ने यतीन को एक कोने में बुलाकर पूछा- "कुछ आशा है।"

यतीन ने चुनिया की नाड़ी को टटोल सिर हिलाते हुए जताया- "नहीं।"

पटल ने चुनिया के निकट अपने को प्रगट किये बिना ही यतीन को फिर ओट में करके पूछा- "यतीन! सच कहना तुम क्या चुनिया को नहीं चाहते?" इस बार यतीन ने पटल के प्रश्न का उत्तर नहीं दिया। वह वहां से हटकर चुनिया के बिछौने के छोर पर बैठ गया। उसका हाथ अपने हाथों में धीरे से दबाता हुआ बोला- "चुन्नी! चुन्नी! चुन्नी!"

चुनिया ने आंखों पर से पलकों का आवरण हटाकर चेहरे पर शांत मधुर हंसी का आभास लाते हुए कहा- "क्या है?"

यतीन आशातीत स्वर में बोला- "चुन्नी! अपना यह हार मेरे गले में पहना दो।"

वह निर्निमेष एवं विमूढ़ नेत्रों से केवल यतीन के चेहरे की ओर ताकती रह गई।

यतीन ने फिर कहा- "अपना यह हार क्या मुझे नहीं पहनाओगी चुन्नी?"

यतीन के निकट इस तनिक से दुलार का सहारा पाकर चुनिया के मन में पहले किए गए अनादर का थोड़ा-सा अभिमान जाग उठा, बोली- "इससे क्या होगा?"

यतीन ने उसके दोनों हाथों को अपने हाथों में समेटते हुए कहा- "मैं तुम्हें प्यार करता हूं चुन्नी।"

यतीन के इस वाक्य को सुनकर पल भर के लिए चुनिया स्तब्ध रह गई। फिर उसके दोनों नेत्रों से अविरल खारा जल बहने लगा। यतीन बिछौने से उतरकर भूमि पर घुटने टेककर बैठ गया और चुनिया के हाथों के पास उसने अपना सिर रख दिया। चुन्नी ने अपने गले का हार उतारकर यतीन के गले में पहना दिया।

तब पटल ने चुनिया के पास आकर पुकारा- "चुनिया।"

स्वर को पहचानते ही चुनिया का कांतिहीन मुख चमक उठा, बोली- "क्या है, दीदी?"

पटल उसके क्षीण हाथों को अपने हाथों में थामकर बोली- "अब तो तू मुझसे नाराज नहीं है बहन।"

चुनिया ने स्निग्ध कोमल दृष्टि पटल के चेहरे पर फेंकते हुए कहा- "मैं नाराज कहां थी, दीदी?"

पटल की ओर कोई उत्तर नहीं मिला। वह मुड़कर यतीन से बोली- "यतीन! तुम थोड़ी देर के लिए उधर वाले कमरे में जाकर बैठो।"

यतीन बिना किसी संकोच के चुपचाप चला गया। पटल ने उसके जाते ही बैग खोलकर उसमें से सारे आभूषण और वस्त्र निकाले। फिर रोगिनी को बिना हिलाये-डुलाये खूब सावधानी से उसके कमजोर हाथों में कुछ चूड़ियों को पिरोकर दो कंगन भी पहना दिए। इसके बाद आवाज दी- "यतीन!"

यतीन आ गया। तब उसे शैया पर बिठकार पटल ने उसके हाथों में चुनिया का एक सोने का हार थमा दिया। यतीन ने धीरे-धीरे चुनिया का सिर ऊंचा करके हार उसके गले में पहना दिया।

उषा की लाली में जब सूर्य की प्रथम किरण चुनिया के चेहरे पर पड़ी, तब उसे देखने के लिए वह वहां नहीं थी। उसके अम्लान मुख की कांति देख कर ऐसा

प्रतीत नहीं होता था, कि वह मरी पड़ी है। यही जान पड़ता था, मानो किसी अतलस्पर्शी सुखद स्वप्न में वह पूर्णरूप से लीन हो चुकी है?

जब उसके शव को लेकर चलने का समय आया। तब पटल चुनिया की छाती पर पछाड़ खाकर गिर पड़ी और क्रन्दन स्वर में बोली- "बहन! तेरे भाग्य अच्छे थे जीवन की अपेक्षा तेरा मरण ही अधिक सुखद हुआ।" और चुनिया की शान्त-स्निग्ध मृत्यु छवि की ओर निहारते हुए यतीन के अन्तर में बारम्बार यही भाव उठने लगा- जिसका यह धन था, उसी ने ही वापस ले लिया। किन्तु उसने मुझे भी उससे वंचित नहीं रखा।

श्मशान घाट पर पहुंचकर शव जल उठा। शोकातुर अवस्था में यतीन ने अज्ञात प्रेम की सीमा का अन्त कर दिया।

23

विद्रोही

लोग कहते हैं अंग्रेजी पढ़ना और भाड़ झोंकना बराबर है। अंग्रेजी पढ़ने वालों की मिट्टी खराब है। अच्छे-अच्छे एम.ए. और बी.ए. मारे-मारे फिरते हैं, कोई उन्हें पूछता तक नहीं। मैं इन बातों के विरुद्ध हूं। अंग्रेजी पढ़-लिखकर मैं डॉक्टर बना हूं। अंग्रेजी शिक्षा के विरोधी तनिक आंख खोलकर मेरी दशा देखें।

सोमवार का दिन था। सवा नौ बजे मेरे मित्र बाबू सन्तोषकुमार बी.एस-सी. एक नवयुवक रोगी को साथ लिये मेरे दवाखाने में आये। उस रोगी की आयु अठारह-उन्नीस से अधिक न थी। गेहुआं रंग, बड़ी-बड़ी आंखें, गठीला शरीर, कपड़े स्वदेशी, किन्तु मैले थे। सिर के बाल लम्बे और रूखे। उस युवक को देखकर मुझे बहुत प्रसन्नता हुई।

सन्तोषकुमार ने युवक का परिचय कराते हुए कहा- "आप जिला नदिया के निवासी हैं, नाम ललित कृष्ण बोस है, किन्तु ललित के नाम से प्रसिद्ध हैं। एम. ए. में पढ़ते थे। परन्तु किसी कारणवश कॉलेज छोड़ दिया।"

मैंने मुस्कराते हुए पूछा- "आजकल आप क्या करते हैं?"

सन्तोषकुमार ने उत्तर दिया- "दो महीने पहले यह किरण प्रेस में प्रूफरीडर के काम पर थे परन्तु इस काम में जी न लगने के कारण नौकरी छोड़ दी। परसों से ज्वर से पीड़ित हैं, कोई अच्छी औषधि दीजिए।"

आज से पहले भी मैंने इस युवक को कहीं देखा है, परन्तु कहां देखा है और कब? यह स्मरण नहीं। रोग की छान-बीन के पश्चात् मैंने ललित से कहा- "मालूम

होता है, आप आवश्यकता से अधिक परिश्रम करते हैं, खैर, कोई बात नहीं दो दिन में आराम हो जायेगा।"

ललित बहुत मधुर-भाषी था। मैं उसकी बातों पर लट्टू हो गया। मैंने कहा- "हर तीन घण्टे के अन्तर से दवा पीजियेगा। दूध और साबूदाने के सिवाय कोई और चीज खाने की आवश्यकता नहीं। कल फिर आने का कष्ट कीजियेगा।"

ललित हंसने लगा। जाते समय मैंने उससे कल अवश्य आने के लिए कहा, परन्तु ललित ने शाम ही को आने का वचन दिया।

ललित प्रतिदिन सुबह-शाम मेरे यहां आने लगा। मैं उसके व्यवहार से बहुत प्रसन्न था। घंटों इधर-उधर की बातें होती थी। ललित वास्तव में ललित था। वह मनुष्य नहीं देवता था।

ललित अब मेरे घर पर ही रहने लगा। मेरा लड़का उमाशंकर आठवीं कक्षा में पढ़ता था। ललित ने कहा- "मैं इसको बंगला सिखाऊंगा बंगला बड़ी मधुर भाषा है।" मैं स्वयं भी यही चाहता था। उमाशंकर ने बंगला पढ़ना शुरू कर दिया, ललित आज से उमाशंकर का अध्यापक हो गया।

कलकत्ता जैसे बड़े नगर में यों तो प्रत्येक त्यौहार पर बड़ी रौनक होती है किन्तु दुर्गा-पूजा के अवसर पर असाधारण धूमधाम और चहल-पहल दिखाई देती है। दशहरा के दिन प्रायः सारे रास्तों पर जन-समूह होता है। बड़े-बूढ़ों में भी उस दिन एक विशेष हर्ष की भावना होती है, लड़कों और युवकों की तो चर्चा ही व्यर्थ है। प्रत्येक व्यक्ति अपनी धुन में मस्त दिखाई देता है। जिस समय दुर्गा की सवारी सामने से आती है तो "काली माई की जय" के उच्च जय-घोष से आकाश गूंज उठता है, हृदय में एक अनुपम आवेश उत्पन्न होता है।

उस दिन दुर्गा पूजा थी। हम सब व्यक्ति भी शोभा देखने गये थे, ललित साथ था। पहले की अपेक्षा ललित में आज अधिक प्रदर्शन था। प्रत्येक स्थान पर वह देवी की मूर्ति को नमन करता, कभी उसके नेत्र लाल हो जाते और कभी उनमें आंसू उमड़ आते। मैंने देखा, कभी वह हर्षातिरेक से नाचने-कूदने लगता और कभी सर्वथा मौन हक्का-बक्का होकर इधर-उधर देखता। मैंने बहुत प्रयत्न किया, परन्तु उनकी इन चेष्टाओं को न समझ सका। उससे मालूम करने का साहस न हुआ।

हमारे पीछे एक गरीब बुढ़िया एक आठ-नौ साल के बच्चे को साथ लिये खम्भे की आड़ में खड़ी थी। सम्भवतः अथाह जन-समूह के कारण उसको किसी ओर जाने का साहस न होता था। वह भिखारिन थी। गरीबी के कारण पेट पीठ से लग गया था। उसने अपना दाहिना हाथ भीख के लिए पसार रखा था। बच्चा अनुनय-विनय

स्नेह और करूण मिश्रित स्वर में यतीन ने कहा-"चुन्नी! यह थोड़ा-सा दूध और पी लो।"

उसी क्षण चुनिया उठकर बैठ गई, फिर प्यार से प्यारे यतीन के मुख की ओर दृष्टि रखे हुए धीरे-धीरे दूध का शेष भाग भी खत्म कर दिया।

अस्पताल का विशेष डॉक्टर यदि एक ही रोगी के सिरहाने बराबर बैठा रहे, तो काम भी नहीं चले और अच्छा भी प्रतीत नहीं होता। इसलिए दूसरी जगहों पर भी अपना फर्ज निभाने के लिए यतीन जब उठा तो भय और निराशा से चुनिया की दोनों आंखें व्याकुल हो उठीं। यतीन ने उसका हाथ थामकर दिलासा देते हुए कहा- "मैं अभी वापस आता हूं चुन्नी। भय की कोई बात नहीं है?"

यतीन ने अस्तपाल के अधिकारी को सूचित किया, कि इस नई रोगिनी को प्लेग नहीं है। वह केवल क्षुधा से पीड़ित होने के कारण ही इतनी क्षीण हो गई है। यहां प्लेग के अन्य रोगियों के साथ रखने से उस पर प्लेग के कीटाणु का आक्रमण हो सकता है।... इस प्रकार समझा-बुझाकर उसे वहां से दूसरे स्थान पर ले जाने के लिए यतीन ने विशेष तौर से इजाजत ले ली और अपने आवास-गृह में ले आया। फिर इस समाचार से सूचित करने के लिए उसने उसी दिन पटल के पास एक पत्र डाल दिया।

उस दिन संध्या को घर में रोगिनी और डॉक्टर के सिवा कोई नहीं था। सिरहाने के पास रंगीन कागज के आवरण से घिरा हुआ मिट्टी के तेल का लैम्प धीमी रोशनी फैला रहा था। कॉर्नस पर रखीं हुई टाइमपीस निस्तब्ध कमरे में टिक-टिक शब्द का सुन्दर राग अलाप रही थी।

यतीन ने चुनिया के ललाट पर हाथ फेरते हुए पूछा- "अब कैसा लगता है चुन्नी?"

चुनिया ने इसका कोई उत्तर नहीं दिया। परन्तु यतीन का वह हाथ अपने क्षीण हाथों से ललाट पर ही दबा रखा।

यतीन ने पुनः पूछा- "अच्छा लगता है।"

चुनिया ने सुन्दर आंखों पर पलकों के तनिक कपाट बन्द करते हुए कहा- "हां।"

यतीन ने उस उंगली से संकेत करके पूछा- "चुन्नी, तुम्हारे गले में यह क्या है?"

चुनिया ने शीघ्रता के साथ साड़ी का पल्लू खींचकर उसे ढकने का यत्न किया। यतीन ने देखा, उसके गले में मौलसिरी के फूलों का सूखा हुआ हार पड़ा है।

करते हुए कह रहा था- "बाबा, भूखे की सुध लेना, परमेश्वर तुम्हारा भला करेगा।" किन्तु संसार में गरीबों की कौन सुनता है? गरीब बुढ़िया की ओर किसी ने आंख उठाकर भी न देखा, प्रत्येक मनुष्य अपनी प्रसन्नता में प्रसन्न था। बच्चे ने बुढ़िया से कहा- "घंटों बीत गए परन्तु अब तक दो पैसे मिले हैं, सोचता था आज दुर्गा-पूजा है कुछ अधिक ही मिल जायेगा। किन्तु खेद है कि चिल्लाते-चिल्लाते गला बैठ गया। कोई सुनता ही नहीं। जी में आता है यहीं प्राण त्याग दूं।" यह कहकर बच्चा रोने लगा।

बुढ़िया की आंखों में आंसू झलकने लगे। उसने कहा, "बेटा! अपना भाग्य ही खोटा है, कल सत्तू खाने के लिए छरू पैसे मिल गये थे आज उसका भी सहारा दिखाई नहीं देता। आज भूखे पेट ही रहना होगा। हाय! यह हमारे पाप का फल है।"

बुढ़िया ने एक ठंडी उसांस ली और अपने फटे मैले आंचल से अपनी और बच्चे की आंखें पोंछीं। बच्चा फिर उसी विनती से कहने लगा- "बाबा, भूखे की सुध लेना, परमेश्वर तुम्हारा भला करेगा।" परन्तु नक्कारखाने में तूती की आवाज कौन सुनता? इतना अधिक जन-समूह था। किंतु इस विनती पर कोई कान देकर सुनने वाला न था।

ललित उस समय बुढ़िया की ओर देख रहा था। उसकी दुखित दशा देखकर उसका हृदय विकल हो गया। उसने अपनी जेब टटोली, उसमें फूटी कौड़ी भी नहीं थी, बहुत व्याकुल हुआ। उसने अपनी दूसरी जेब में हाथ डाला, कुछ आवश्यक कागजों के बीच में एक अठन्नी निकल आई। ललित की निराशा प्रसन्नता में परिवर्तित हो गई, मुखड़ा खिल गया। वह अठन्नी उसने बुढ़िया के हाथ पर रख दी।

जिस प्रकार दस-पांच रुपये लगाने वाले को लाटरी में दस-बीस हजार रुपये मिल जाने पर प्रसन्नता होती है, जिस प्रकार एक युवती नये आभूषण पहनकर प्रसन्न होती है, जिस प्रकार एक सूखे हुए खेत में वर्षा हो जाने से किसान हर्ष से फूला नहीं समाता, जिस प्रकार कोई नया कवि अपनी कविता को किसी पत्रिका में छपा हुआ देखकर प्रसन्न होता है। उससे कहीं अधिक उस गरीब बुढ़िया को अठन्नी पाकर प्रसन्नता हुई। प्रसन्नता के मारे उसकी आंखों में आंसू भर आए, वह निर्निमेष ललित की ओर देखने लगी। उसका मग्न हृदय ललित को सहस्र आशीष दे रहा था।

यह दशा देखकर मुझे बहुत आश्चर्य हुआ। मैंने अनेकों बार उस बुढ़िया को देखा था, उससे मुझे सहानुभूति भी थी किन्तु कभी यह साहस न हुआ कि उसकी सहायता करूं। कभी हृदय में आता कि उसको कुछ देना चाहिए, कभी यह कहता कि इसमें क्या रखा है, संसार में लाखों गरीब हैं किस-किसकी सहायता करूंगा?

ललित, जिसे कभी-कभी भूखे तक रहना पड़ता, जिसको मैंने कभी एक पैसे का पान तक चबाते न देखा था और जो मेरी दृष्टि में बहुत कंजूस था, उसका यह दान देखकर मेरे आश्चर्य की सीमा न रही।

स्वप्न में उस दिन मुझे ललित की बहुत-सी विशेषताएं दिखाई दी। मालूम नहीं वे सत्य थी या असत्य, किन्तु ज्योतिषी के हिसाब से उनको सत्य ही समझना चाहिए। इसका कारण यह है कि रात मुझे ढाई बजे नींद आई और वह स्वप्न मैंने रात के अंतिम पहर में देखा था।

ललित के सहयोग से उमाशंकर में आश्चर्यजनक परिवर्तन हो गये। कहां तो वह बिना मोटर के घर से बाहर न निकलता था पर अब यह दशा थी कि ललित के साथ वायु-सेवन के लिए प्रतिदिन कोसों पैदल निकल जाता, सिनेमा देखने का चस्का जाता रहा, व्यक्तिगत विलास सामग्री और प्रदर्शन के व्यसन को भी तिलांजलि दे दी। अंग्रेजी शिक्षा से अब उसे घृणा हो गई।

रविवार के दिन मेरे यहां कुछ मित्रों की गार्डन-पार्टी थी, खूब आनंद रहा। मैं अपने मित्रों के सत्कार में लगा हुआ था। उधर उपेन्द्रकुमार, गोपाल, उमाशंकर और ललित में चुपके-चुपके बातें हो रही थीं। ये लोग क्या बातें कर रहे थे यह बताना कठिन है, क्योंकि प्रथम तो पार्टी की झंझटों में उलझा हुआ था, उनकी ओर अधिक ध्यान न था, दूसरे वे मेरे से दूर थे और धीरे-धीरे बातें कर रहे थे, बीच-बीच में जब ये लोग खिल-खिलाकर हंस पड़ते तो मुझे भी हंसी आ जाती।

गोपाल बाबू को मैं काफी समय से जानता हूं, रिश्ते में यह सन्तोषकुमार के बहनोई होते हैं। प्रथम श्रेणी के शौकीन प्रेमी स्वभाव के हैं। आज देखा तो कलाई रिस्टवाच से खाली थी, रेशम की कमीज में से सोने के बटन गायब थे, होंठों की लाली गायब, बाल भी फैशन के न थे। मैंने सन्तोषकुमार से धीरे से कहा- "आज तो भाई साहब का कुछ और ही रंग है वह पहली-सी चटक-मटक दिखाई नहीं देती, क्या बात है? कुछ समझ में नहीं आता।"

सन्तोषकुमार ने मुस्कराते हुए उत्तर दिया- "आजकल इन पर स्वदेशी भूत सवार है। कई महीने से यह इसी रंग में रंगे हुए हैं, क्या आपने आज ही इन्हें इस वेश में देखा है?"

मैंने उत्तर दिया- "हां! और इसीलिए मुझे आश्चर्य भी हुआ।"

सन्तोषकुमार ने किसी सीमा तक उपेक्षा-भाव से कहा- "हमें क्या मतलब? जो जिसके जी में आए करे, बार-बार समझाने पर भी यदि कोई न सुने तो क्या किया जाए। अधिक कहने-सुनने से अपनी प्रतिष्ठा पर आंच आती है। जैसी करनी वैसी

भरनी प्रसिद्ध है। जब बन्दी-गृह में चक्की पीसनी पड़ेगी तो आटे-दाल का भाव मालूम हो जायेगा।"

मैंने कहा- "सन्तोषकुमार तुम बिल्कुल सत्य कहते हो, जमाने की हवा कुछ बदली हुई दिखाई देती है। ललित को भी कुछ स्वदेश की सनक है। यद्यपि मैं स्वदेशी का विरोधी हूं और देश-भक्त मुझे एक आंख नहीं भाते तब भी मैं ललित की स्पष्टवादिता और सात्विकता पर मुग्ध हूं। उसकी रुचि मुझे बहुत भाती है।"

सन्तोष कहने लगा- "किन्तु आपकी भांति उसकी धाक नहीं बंध सकती। आप जब पाश्चात्य वस्त्र पहनकर बाहर निकलते होंगे तो अशिक्षित मनुष्य भय से कांप उठते होंगे और अशिक्षित व्यक्ति आपसे नमस्कार करके आकाश पर पहुंच जाते होंगे।"

मुझे हंसी आ गई, सन्तोषकुमार भी हंसने लगा।

उस दिन रात को मैं अचेत सोया हुआ स्वप्न देख रहा था कि किसी ने मुझे झंझोड़ा, मैं चौंक गया। आंखें खोलकर देखता हूं तो मेरा नौकर रामलाल हाथ में लालटेन लिये खड़ा है।

मुख पर हवाइयां उड़ रही हैं, शरीर थर-थर कांप रहा है। मैंने घबराकर मालूम किया- "क्यों रामलाल क्या बात है, तुम कांप क्यों रहे हो?"

रामलाल ने उत्तर दिया- "बाबू, पुलिस ने सारा मकान घेर रखा है, कोई बात समझ में नहीं आती। मैं कोई चोर या बदमाश न था, पुलिस का नाम सुनकर घबरा गया। दो-एक बेईमानियां जो छिपकर की थीं वे आंखों के सामने फिरने लगीं। पूर्ण विश्वास हो गया कि पुलिस मुझे गिरफ्तार करने आई है।"

पुलिस की हलचल सुनकर मेरी चेतना जाती रही। साहस करके नीचे आया। रामलाल बोला- "आज्ञा हो तो दो-चार हाथ दिखाकर पुलिस वालों को पृथ्वी पर लिटा दूं?"

मैंने कहा- "सावधान! भूलकर भी ऐसा न करना, पुलिस से बिगाड़ करना अच्छा नहीं होता।"

द्वार खोल दिया। दो-तीन सार्जेण्टों के साथ एक श्वेत वस्त्रधारी बंगाली और आठ-दस सिपाही कमरे के अन्दर घुस आये।

बंगाली बाबू ने जेब से एक बादामी कागज निकालकर मुझे दिखाते हुए कहा-"यह गिरफ्तारी-वारंट है, आपके यहां विद्रोहियों की गुप्त मंत्रणा का स्थान है। विद्रोही तुरन्त गिरफ्तार किया जाएगा।"

मुझ पर बिजली-सी टूट पड़ी। मैं समझा सम्भवतः मैं ही विद्रोही हूं और मेरी गिरफ्तारी का यह वारंट है, मुझको पुलिस गिरफ्तार करने आई है। आह! अब कुशल नहीं, यदि फांसी से बच रहा तो काला पानी अवश्य भेजा जाऊंगा।"

मैंने कंपकपाते हुए कहा- "विद्रोही और वह भी मेरे मकान में? आप क्या कह रहे हैं। मैं सरकार का शुभाकांक्षी हूं। इसी वर्ष मुझे राय साहब की उपाधि मिली है आपको भ्रम हुआ है।"

एक सार्जेण्ट ने त्योरी बदलकर कहा-"अम काला आदमी नहीं है, गोरा आदमी कभी झूठ नहीं बोल सकता।"

बंगाली बाबू ने तनिक रुष्टता की मुद्रा में कहा- "पुलिस का भ्रम नहीं हो सकता, भ्रम प्रायः डॉक्टरों को हुआ करता है।"

मैंने पूछा- "विद्रोही का नाम क्या है?"

कहा- "शरद्कुमार।"

"बंगाली है?"

"हां।"

"कहां का रहने वाला है?"

"श्री रामपुर का।"

मेरे सिर से जैसे विपत्ति-सी टल गई। नाम सुनते ही होंठों पर हंसी खेलने लगी। मैंने कहा- "महाशय, इस नाम का कोई व्यक्ति मेरे घर में नहीं है।"

"कोई और बंगाली आपके मकान में है?"

"हां, सीधा-साध नवयुवक है जो उमाशंकर को बंगला भाषा पढ़ाता है।"

उस श्वेत वस्त्रधारी बंगाली ने कहा-"हां, उसकी ही खोज है। उसका असली नाम शरद्कुमार है। पुलिस महीनों से उसके पीछे परेशान है, हाथ ही न आता था।"

मैंने आश्चर्य से कहा- "वह तो जिला नदिया का रहने वाला है और आप कहते हैं कि अपराधी श्री रामपुर का निवासी है।"

"सब उसकी चालें हैं, वह श्री रामपुर का निवासी है। उसके पिता का नाम हृदयनाथ है जो एक प्रसिद्ध जमींदार हैं।"

मैंने फिर पूछा- "उस पर क्या अपराध है?"

इंस्पेक्टर ने उत्तर दिया- "विद्रोह, एक गुप्त संस्था से उसका संबंध है। बम बनाना, चोरी, डकैती, कत्ल, लूटमार यह उनकी देशसेवा है।"

□□□